D1828573

Julie Schrader's gesammelte Köstlichkeiten

Julie Schrader's gesammelte Köstlichkeiten

Herausgegeben von
Berndt W. Wessling

R. Piper & Co. Verlag
München Zürich

Mit 20 Abbildungen auf Tafeln
und 12 Faksimiles

ISBN 3-492-02589-7
© R. Piper & Co. Verlag, München 1980
Gesetzt aus der Trump-Antiqua
Gesamtherstellung: Kösel, Kempten
Printed in Germany

Inhalt

Ach, es war nur die Laterne

Wenn ich liebe, seh' ich Sterne;
ist's getan, seh ich den Mond.
Ach, es war nur die Laterne!
Trotzdem hat es sich gelohnt!

D. P. Meier-Lenz

In Deinem Taschenbüchlein bin ich ein roter Strich

Julie Schrader und die bürgerliche Moral

Julie Schrader wird als das welfische Pendant zum »schlesischen Schwan« (Friederike Kempner) angesehen und deshalb auch ironisch als »welfischer Schwan« apostrophiert. Jedoch hat sie eine ganz andere Entwicklung (und auch ein anderes Ende) als die wohlbegüterte Rittergutsdame genommen. Julie stammte aus kleinbürgerlichem Milieu, stieg aber um das Jahr 1900 als Vorleserin und Hausdame zur »Randfigur« innerhalb der verschiedensten Bürgerfamilien auf. In den 12 Jahren ihrer Tätigkeit als Hausangestellte hat sie die Atmosphäre en famille kennengelernt und auch entsprechend über ihre Rolle als »Domestik« in ihren Briefen und Gedichten reflektiert.

Amouröse Abenteuer nicht nur mit den männlichen Mitgliedern der »Herrschaft«, sondern auch mit angesehenen Künstlern und Schriftstellern der bürgerlichen high society, wie Sternheim, Wedekind, Arno Holz, Emil von Schönaich, Paul Lincke, Münchhausen, Leo Fall u. a. haben sie zu erotischen Versen und Tagebuchnotizen inspiriert, die in ihrer Offenheit und Ehrlichkeit den Leser gefangen nehmen und durch unfreiwilligen Humor brillieren.

Dem zweifelhaften Vergnügen des Bürgers, sich am Unvollkommenen, Naiven und Plastisch-Burlesken zu delektieren, »verdanken« wir es, daß es zur Veröffentlichung von nunmehr sieben Julie-Schrader-Bänden gekommen ist. Heute wird Julie bereits konsumiert, da sie eine Marktlücke füllt in der Sparte des unfreiwilligen Humors.

Der heutige Leser geht vorwiegend mit der gleichen Einstellung an Julie heran wie ihre Liebhaber zu ihrer Zeit: Sie wird belächelt, man läßt sich von ihr kulinarisch stimulieren, und ihre Naivität wird dazu ausgenutzt, sie schließlich zu »vernaschen«. Auf dem literarischen Markt ist sie eine exotische Delikatesse. Aber mehr als Gaumenkitzel und Gelächter vermochte diese Literatur bisher dieser Art von kulinarischen Lesern nicht abzugewinnen, obwohl ihrer Dichtung auch tragische Aspekte zugrunde liegen. Diese werden aber um des delektierenden Effektes willen vom Leser bewußt und unbewußt verdrängt.

Julie Schrader hat jedoch mit sozialen und politischen Konflikten gelebt, die bisher noch nicht dargestellt und zusammengefaßt wurden. Diese andere Seite ihrer »Erfahrungen« hat aber nicht unbedingt dieselbe Wirkung wie unfreiwilliger Humor. Sie ist vielmehr für kulinarische Leser enttäuschend, weil sie etwas »Normales« von Julie kennenlernen und sie sich in ihrer Bildungsarroganz nicht bestätigt finden. Gerade deshalb soll hier darauf eingegangen werden, weil auch hierdurch vernachlässigte Hintergründe ihrer naiven Dichtung deutlich werden.

Gravierende Widersprüche ergaben sich schon aus ihrem welfisch-monarchistischen Selbstverständnis und Lokalpatriotismus: einmal mit dem preußischen Kaisertum, zum anderen mit den sozialdemokratischen Ideen ihres Bruders Willi und dessen Freund »Fritze Ebert« (später Reichspräsident). In diesem politischen Spannungsfeld zwischen welfischem Lokalpatriotismus – Bürgertum – Kaisertum und Revolution sind eine ganze Reihe von Texten entstanden, die die Zeitsituation – freilich aus ihrer subjektiven Sicht – in unvergleichlicher Weise widerspiegelt. Ihre Äußerungen sind gleichzeitig seismografische Aufzeichnungen aus dem letzten wilhelminischen Jahrzehnt. Sie schildert besonders in ihren Tagebüchern das spezifische Zeitkolorit dieser Zeit, und zwar aus der Perspektive des »Domestiks«. Die Verlogenheit des Bürgertums, die »doppelte« Moral und die Klassenwidersprüche werden mehr oder weniger ungewollt evident. Zwar sieht sie nicht alle Ursachen der sozialen Mißstände und Konflikte, aber sie bemerkt mit sehr feinem Gespür die Phänomene des Systems. Daher erkennt sie bald, daß die künstlich erhaltenen Unterschiede und die Heuchelei sich schon in der Sprache äußern:

Geld wollen sie nicht sagen, da sagen sie Salair. Vielleicht deshalb, weil es so wenig Geld ist, das sie geben. Wenn man vornehm und gediegen ist, so nennt man ganz wenig Geld Salair! *(aus den Tagebüchern, 1906)*

Man soll eigentlich nicht Kekse schreiben, wie es Herr Piening gesagt hat, sondern Cakes. Das ist englisch und vornehm, obwohl es der gleiche Teig ist, aus dem die Kekse und die Cakes gemacht sind. *(aus einem Brief an ihre Mutter, 1898)*

Auch inhaltlose Rituale in feiner Gesellschaft und die gekünstelte

Vornehmheit und Aufgeblasenheit der »gesellschaftlichen« Sprache mußten ihr auffallen:

Abends kommt Herr Muck und Dichter Dehmel, indem sie dem Herrn Baron was Gescheutes an Männern aufzeigen wollen. Madammchen ist seit heute Morgen ganz gebildet. Sie spricht nur noch von oben herab und ihr schiefes Französisch, was wie ein verrücktes Algebra klingt. *(aus einem Brief an ihre Schwester Emma, 1905)*

Die Umgangssprache innerhalb der bürgerlichen Familie stand dazu in besonderem Widerspruch:

Da sage ich nur mit dem Herrn Julius: Caque! Bei allerfeinster Herrschaft ist dieses an und für sich schreckliche und gemeine Wort jetzt doll in Mode. Man sagt es sogar bei der Tafel. Jedenfalls unser Madammchen und der Herr Julius. Was hätten wir für Strafen bekommen, wäre es uns in Gegenwart unserer lieben Mutter aus kindlichem Munde entschlüpft! – Du brauchst ihr diesen Brief nicht vorzulesen, damit sie es nicht in den falschen Hals kriegt. *(aus einem Brief an ihre Schwester Emma, 1905)*

Ihre soziale Stellung als »Domestik« war für sie nicht unproblematisch. Deshalb identifiziert sie sich auch mit den Nöten anderer »Domestiken«. Mit dem Gedicht Domestiken *übt sie kompromißlose Solidarität. Scheinbar um des Reimes willen gebraucht sie hier das Wort »quieken« im Sinne von »schreien« oder »weinen«. Sie verbindet jedoch aus ihrer dörflichen Erfahrung mit »quieken« den Todesschrei des Schweines beim Schlachten. Man sollte also beim Lesen des Textes »quieken« zumindest durch »weinen« ersetzen.*

Domestiken
In der Nacht
Einsam quieken
Keiner lacht.

Auch sie lieben:
Frau und Mann
Früh bis sieben
Dann und wann.

Arme Sünder
Auf der Welt!
Kommen Kinder,
Fehlt das Geld.

Domestiken
Seid gescheit:
Euer Quieken
Niemand reut!

Quiekt im Stillen,
Wenn ihr's müßt.
Gottes Willen
Bei euch ist!

Julie hat das bürgerliche Milieu zunächst wie eine Offenbarung aufgenommen. Einem sozial Höherstehenden dienen zu dürfen, war für sie laut bürgerlicher Moral ein Privileg. Und sogar von einem Adligen begehrt zu werden, schmeichelte nicht nur ihrer Eitelkeit, sondern war auch eine gesellschaftliche Auszeichnung. Doch schon bald kam die Ernüchterung, als sie merkte, daß sie in ihrer Rolle als Untergebene (mit einigen wohlproportionierten weiblichen Vorzügen) nur ausgenutzt wurde:

In Deinem Taschenbüchlein
Bin ich ein roter Strich.
Gleich neben Zahl und Monat
Findet man mich.

Kommt so ein Tag geschlichen,
Da Amor mit uns rauft,
Dann werde ich gestrichen,
Als wär' ich ausverkauft.

Julies Liebhaber unter sich schätzten ihren »Wert« noch etwas frivoler ein und dokumentieren damit das nur kulinarische und nicht menschliche Interesse des adligen Lüstlings an dem »Dingchen« niederen Standes:
»Superbes Dingchen, knusprig, auf dem Lande gebacken. Guten Appetit, mein Verehrtester! Und: wohl bekomme ›es‹.« (Freiherr Börries von Münchhausen an Prinz Emil von Schönaich, 1901).
Der Umgang mit den Herren von Adel und die Erkenntnis des Ausgebeutetwerdens ließen Julie zu klassenkämpferischen Überlegungen kommen:

So sind die Herren von Adel: Erst umpfauen sie uns mit ihrer Würde, wenn sie uns aber geknechtet haben, zeigen sie, daß sie die Gerte zu schwingen wissen. Hinein in euer dummes Fleisch, Domestiken...! Willi hat geschrieben, daß es bald anders wird. Sie wollen eine Revolution machen. Wenn das ja man gut geht. Er ist ein ganz schlimmer Socialdemokrat! Hoffentlich wird er nicht auch noch katholisch. *(aus den Tagebüchern, 1907)*

Sozialdemokratisch oder katholisch zu sein, war durch die klischierten Vorurteile des norddeutschen Bürgertums dermaßen mit pejorativen Epitheta belastet, daß es Julie nicht schwerfiel, sie in einen Topf zu werfen. Immerhin hat ihr Bruder Willi, dessen Freund und Genosse der Sattlergeselle »Fritze Ebert« war, für eine gewisse politische Aufklärung Julies gesorgt. Daß alle Menschen gleich sind oder sein sollten, wurde deshalb auch zu ihrem Problem:

Und vielleicht ist es doch richtig, daß alle Menschen gleich sind. Vor Gott sind sie es auch... und den Hintern haben sie alle in zwei Hälften. *(aus den Tagebüchern, 1906)*

Und diese einleuchtende Gleichheitshypothese wird allmählich und insbesondere durch den Umgang mit königlichen Herrschaften auch ganz profan zur Gewißheit:

Da hat sie *(gemeint ist die Königin von Rumänien, d. Verf.)* gesagt: »Sehr erfreut!« Und da bin ich wieder in die Knie, bis sie mir sagte, daß ich nun auf einem Sessel Platz nehmen sollte, welcher hinter der Konsulin und hinter der Hofdame stand, welche nach einem Puma roch, was von ordinärem Schweiße kommt, der unter den Armen ausbricht. Es zeigt wieder einmal, daß auch die hohen Herrschaften wie wir gemacht sind und genau so stinken können wie eine Bäuerin, die sich die Füße nicht wäscht und den Hals nicht badet. *(aus den Tagebüchern, 1906)*

Schon als Sechzehnjährige sah sie in einem Prinzen auch nicht mehr als einen Frisöhr:

Obwohl ich Dir sagen muß, daß Prinzen wie ganz gewöhnliche Männer sind und nichts an Vorfind haben, was sie unterscheidet. Du gehst dahin und denkst, da kommt ein Frisöhr. Es ist aber kein Frisöhr, sondern ein Prinz, der Dir gar nicht an die Haare will. *(aus einem Brief an ihre Schwester Emma, 1898)*

Bei dieser naiv-kritischen Distanz zur herrschenden Klasse war es unvermeidbar, daß ihr auch die Widersprüche innerhalb ihres Lebensbereichs auffallen mußten. Und auch hier scheinen Bruder Willi und »Fritze Ebert« Hilfestellung geleistet zu haben:

...und überhaupt hätte sein Vater auch erst richtig geehelicht, als er schon mächtig in den Jahren gewesen. Was stimmt, denn Herr W. war schon mit einigen Schwestern längst auf der Welt, als seine Eltern sich zum Jawort entschlossen. Das hätte mal bei einem einfachen Sterblichen passieren sollen! Ich weiß, daß sie Niemanns Dorette haben zur Hure ausrufen lassen, als sie drei Kinder unehelich geboren hatte. Und hier...? Schändlicher Betrug! Der vornehme Pudding hat immer den Vorteil, was nicht nur Fritze Ebert sagt, sondern auch mein Bruder Willi, welcher in Berlin die Gesellschaft studiert. *(aus den Tagebüchern, 1906?)*

Jedoch schien ihr eine radikale Lösung der gesellschaftlichen Probleme noch undenkbar. Zwar hatte sie ein gestörtes Verhältnis zum preußischen Kaisertum. Es war belastet durch Bismarck, der den armen blinden Welfenkönig aus seinem Land Hannover vertrieben hatte. Jedoch führte das zu keiner republikanischen Gesinnung, sondern zu welfischem Lokalpatriotismus. Deshalb konnten der Kaiser mit dem kurzen Arm, Bismarck und Moltke bei ihr auf keinen grünen Zweig kommen:

Friedrichsruh

Willst Du einem rechten Welfen
Schnell aus dieser Welt verhelfen,
Brauchst Du nur mit lauten Tönen
Jenes Friedrichsruh erwähnen.

Hier auf seinen Ruhesitzen
Tat der Preußen Kanzler schwitzen,
Welcher – wie ein Fall berichtet –
Hat Hannovers Thron vernichtet.

Bismarck heißt der Sohn der Hölle,
Welcher warf des Schicksals Bälle,
Der uns harte Leiden fügte,
Schluckte uns. Und das genügte!

Preußen müssen wir uns nennen!
Möge dieser Gau verbrennen
– Der uns schikaniert seit Jahren –,
Bis in Preußen Preußen waren!

Friedrichsruh, Du reizt die Galle.
Wenn sie läuft, schnappt zu die Falle.

Hach, dann sollt ihr Preußengecken
An der Welfen Speck verrecken!

Moltke war sein Spießgeselle,
Welcher trank der Welfen Blut.
Auch er fahre schnell zur Hölle,
Sonst erwacht in mir die Wut.

Sollte ich sein Denkmal schänden,
Wie es schlimme Banden tun?
Nein, mit meinen Welfenhänden
Will ich stets nur Gutes tun.

Andererseits mußte ihr innerhalb der Hierarchie des bürgerlich-preußischen Staates eine Revolution, wie sie Willi und »Fritze Ebert« vorschwebten, noch sehr utopisch bleiben. Die Rituale der bürgerlichen Lebensformen mit allen Vorurteilen hatten sie soweit vorprogrammiert, daß sie eine radikale Gleichheit sehr skeptisch betrachtete:
Willi sagt, daß wir Gerechtigkeit und Brüderlichkeit in unserem Volke haben müssen, und daß es keine Reichen mehr geben darf. Alle gleich. Der Stallknecht soll beim Grafen das Menu nehmen, der Domestik mit der Fürstin speisen, der Lampenputzer mit dem Fabrikanten, die Magd mit der Gnädigen... Das kann doch nicht gutgehen! *(aus den Tagebüchern, 1906)*
Trotz aller Ambivalenz zwischen welfischer Treue und sozialdemokratischem Einverständnis wird doch in einem Gedicht expressis verbis deutlich, daß ihr Herz links schlägt, und wir dürfen sogar vermuten, daß sie (sozial-)demokratisch votierte, wobei das »sozial-« aus metrischen Gründen geopfert wurde:

Sedan

Wieviel Liebe ist begraben
Dort bei Sedan auf dem Feld!
Keinen kann man wiederhaben,
Nicht für Gut und nicht für Geld.

Blaue Augen, blonde Haare...
Gott, was hast Du nur getan?

Sahen Dich auf jeder Bahre
Nicht der Unschuld Augen an?

Rechnest Du bei jedem Toten
Dessen Liebeskonto nach?
Du mit Deinen zehn Geboten ...!
Sechs davon sind äußerst schwach.

Ja, ich liebe meinen Bruder,
Wenn er auch mein ärgster Feind.
Die Kokotte und das Luder ...
Hast Du sie nicht mitgemeint?

Deine Sache steckt voll Fehler!
Sedan durfte nicht gescheh'n.
Dafür gibt es jetzt viel Wähler,
Die auf and'rer Seite steh'n.

Meistens bist Du mir sympathisch ...
Aber hier hast Du gefehlt.
Selbst ich habe demokratisch
Gegen Dich, mein Gott, gewählt!

Mit Gott stand Julie auf du und du. Ihm sagte sie auch unverblümt ihre Meinung. Er blieb immer der Kumpel-Gott, mit dem sie als Kind durch die Heide von Rosche streifte. Diese dörfliche Bewußtseinsatmosphäre ist in etwa mit der von Ehm Welk geschilderten in »Die Heiden von Kummerow« vergleichbar. Das lokal bedingte partnerschaftliche Verhältnis wurde jedoch später immer mehr von seiten Gottes durch einige Inkonsequenzen gestört. Ihr naiver, gesunder Menschenverstand konnte sich nicht damit abfinden, daß Liebe als schönste und natürlichste Sache von der Welt Sünde sein sollte. Sobald also die bürgerliche Moral, die ja im Christentum evangelischer und katholischer Provenienz fest verankert ist, mit ihrem kindlichen Naturgott und Beschützer in Konflikt geriet, begann sie partiell an seinem Verstand zu zweifeln. Deshalb klammerte sie ihren Gott zunächst aus und verstand die Moral als gesellschaftliche Erscheinung:
Das ist das Marodeste, was die Welt gemacht hat! Sie sollten es schnell wieder abschaffen, denn ich habe mit meinem schwachen Leben festgestellt, daß viele Dinge, die bös' sein sollen, sehr gut

sind. Zum Beispiel die Liebe unter vier Augen. Man tut dabei, was man kann, und es ist schön, wenn Haken und Öse ineinanderpassen. Und dann sagt die Welt: das ist schlecht! Was wissen denn die! Gar nichts (aus den Tagebüchern, 1911).

Liebe ohne Lust und ohne Genuß war für sie etwas Unnatürliches. Daß gar ein »Geist« der Maria beiwohnte, um Christus hervorzubringen, gehört zu den unlösbaren Rätseln ihres recht heidnischen Glaubens. Ihr bleibt nur eine magische Erklärung, die sie in aussichtslosen Fällen anzuwenden pflegt: Aber bei Gott ist kein Ding unmöglich. Damit räumt sie ihm mildernde Umstände ein. Aber der Akt des Zeugens durch den heiligen Geist bleibt für sie lustlos, ja geradezu pervers:

Ein Geist wohnt der Maria bei!
An ihrer Brust,
Ganz ohne Lust
Liegt er, als ob's Gemüse sei!

Der Zölibat bleibt ihr suspekt, und auch der angeblich zölibatäre Priester ist ihr nicht heilig:

Im April

Ein Priester liebt sein Seelenheil,
Weil es der Papst so will.
...und manchmal auch das Gegenteil.
Was macht er im April?

Der Papst erscheint ihr als völlig ungöttliche, weltliche Ausgeburt. Nur Luther akzeptiert sie, allerdings mit mehr als 50prozentiger Einschränkung:

Der Papst ist nicht von Gott gewollt,
Ist ein Geschöpf der Welt-Cour.
Er lebt auf Erden unverzollt
Und siehet auf das Geld nur.

Luther

95 Thesen schlugst Du an.
Neulich hab' ich sie gelesen.
Und ich denke dann und wann:
40 wären auch genug gewesen.

Die Herrschenden haben Christentum und Moral zum Herrschaftsinstrument gemacht. Julie hat den totalitären Anspruch der bürgerlich-religiösen Moral als höchst brutal empfunden. Zwar unterzieht sie sich formal dem Akt der Unterwerfung unter einen autoritären Gott, gleichzeitig deckt sie intuitiv-naiv seine Diktatur aber auch auf, denn als Schnüffler wird er als Büttel der Macht entlarvt:

Der Schnüffler

Sei auf der Hut!
Gott schnüffelt auch in jene Ecken,
Die Du dem Nächsten oft versteckst.
Nichts nützen Dir die schönsten Decken,
Wenn unter ihnen Kehricht wächst.

Sei auf der Hut!
Gott sieht auch Deine falschen Spiele,
Mit denen Du Dich selbst betrügst.
Er kontrolliert auch die Gefühle,
Mit denen Du Dich oft belügst.

Sei auf der Hut!
Gott sieht auch Deine Seidenstrümpfe,
Die schamlos Du zur Schau gestellt.
Gott richtet selbst die dicksten Sümpfe,
Gleich wie er richtet Hof und Feld.

Sei auf der Hut!
Gott hört auch Deine schlimmen Reden,
Mit denen Du dem Nachbarn Schaden fügst.
Er schlichtet mit Gerechtigkeit die Fehden,
Doch straft er Dich, wenn Du so lügst.

Sei auf der Hut!
Gott sieht auf alle Deine Glieder
Und zählt am Abend sie, ob keines fehlt.
Er prüft den Herzschlag unterm Mieder,
Gleich wie er Deine Pulse zählt.

Sei auf der Hut!
Gott läßt nichts unbeachtet, nein!
Er spürt, wenn Du vor Sündenlust erbebst.
Du kommst zum Himmel nur herein,
Wenn Du ihm gleich zu werden strebst.

In einem weiteren Gedicht werden sogar Parallelen zu einer totalitären Staatsreligion deutlich, und der »große Bruder« in Orwells »1984« scheint hier schon antizipiert:

Gott ist dabei . . .!

Gott ist dabei,
Wenn Du Dein erstes Lächeln lächelst;
Gott ist dabei,
Wenn Du am Ende still verröchelst;
Gott ist dabei,
Wenn Du gesegnet wirst . . .
Gott ist dabei!

Gott ist dabei,
Wenn Dich die erste Liebe suchet;
Gott ist dabei,
Wenn Deine Zunge zankt und fluchet;
Gott ist dabei,
Wenn Du zum Sünder wirst . . .
Gott ist dabei!

Gott ist dabei,
Wenn Du den letzten Hafer mähest;
Gott ist dabei,
Wenn Deine fromme Frau Du schmähest;
Gott ist dabei,
Wenn Du zum Räuber wirst . . .
Gott ist dabei!

Gott ist dabei,
Wenn Du moralisch auf den Hund gekommen;
Gott ist dabei,
Hat Fiskus Dir das letzte Geld genommen;
Gott ist dabei,
Wenn Du zum Teufel gehst...
Gott ist dabei!

So treffend sie hier die Atmosphäre und Methode bürgerlicher Disziplinierung des einzelnen vorführt, versucht sie doch selbst, sich von solchen göttlichen Horrorvorstellungen zu lösen. Ihr schwebt ein Gott vor, der den Genuß bejaht, ein lebensfroher, epikureischer Gott. Mozart scheint ihr geeignet zu sein, seine Stelle einzunehmen:
...dieser Mozart wäre ein besserer Gott für alle als der Herr Zebaoth, dem sie's in der Kirche geben! Obwohl ich sagen muß, daß es auch schön ist, der Krippe zu dienen. Das ist wie mit der Torte: man wünscht sie sich und man ißt sie. Den Christus wünscht man sich, den Mozart ißt man. Was ist da besser? Ich will lieber essen, essen, essen, als immer nur wünschen, wünschen, wünschen...! *(aus den Tagebüchern, 1906)*
Mozart ist der einzige wahre Gott der Musik: Wolfgang Jesus Amadeus Christus Mozart! *(aus den Tagebüchern, 1911)*
Julies »Religion« ist eine Mischung aus gesundem Materialismus, Sublimierung des Genusses und viel Gefühl. Das Ganze ist mit liturgischen Floskeln garniert und sieht oberflächlich ganz evangelisch aus. Aus diesem Grunde kann ihr die bürgerliche Moral nicht viel anhaben. Eigenwillig hat sie sich eine spezifische, pragmatische Philosophie zurechtgelegt, die, so einfach sie auch sein mag, ihre individuelle »Persönlichkeit« bestätigt. Mangel an Bildung hat sie mit Ehrlichkeit kompensiert. Man kann sie dafür tadeln oder ignorieren, weil sie die Ästheten beleidigt, die Moralisten entrüstet und die Christen vergrämt. Man kann sie aber auch gerade deswegen lieben.

(»Die Horen« 4/1974)

Die liebe Familie

Es kam nun so, daß Elisabeth Lüders, die Bauerntochter, und Philipp Dietrich Schrader, der Eisenbahnbeamte, miteinander versprochen wurden. Ein stattliches Brautpaar, das aber von der ersten Begegnung her nicht viel voneinander hielt. Es heißt sogar, daß Elisabeth Lüders etliche Trachten Prügel von den kupplerischen Eltern habe einstecken müssen, bis sie mürbe geworden sei und das Jawort eingestanden habe.
Was ihr an Philipp Dietrich Schrader nicht gefiel, war, daß er ein wenig schludrig, verträumt und weichherzig geraten; das genaue Gegenteil der hoheitsvollen, soliden, wachen Elisabeth.
Philipp Dietrich hatte eine Anstellung bei der Eisenbahndirektion in Hannover erhalten, war beamtet worden und konnte nach etlichen Jahren sogar avancieren, so daß die Schrader-Familie in der Jacobistraße eine größere Wohnung »mit Balkon, Entrée und Chambre« beziehen konnte. Hier wurden zwischen 1875 und 1884 vier Mädchen geboren: Frieda, Irene, Emma und Julie.
Wenn er ihr auch nicht kommode war, *schreibt Julchen später in ihrem Tagebuch über das Verhältnis ihrer Eltern zueinander,* so ließ sich die gute Mutter von ihm doch in jenen Jahren mit Liebe spicken, denn es steht nun einmal in jeder menschlichen Natur, daß sie dann und wann nach dem Ergänzenden lechzt, wie die Kuh den Ochsen, der König die Königin, der Sozialdemokrat die Sozialdemokratin und die Schraube die Mutter braucht.
Am Weihnachtsabend des Jahres 1884 geschah, was Julchen uns so übermittelt:
Dieses grausige Geschehen habe ich erst sehr viel später erfahren, als mein Geist von erster Aufgenommenheit erfüllt war und ich das Schreckliche in meinem Hirne fassen konnte. Ich war erst zwei Jahre alt und ziemlich marode – auf der Brust und in den Beinen, die scheinbar englisch wachsen wollten, dann aber doch deutsch und stramm gediehen. Unsere gute Mutter hatte mit den Vorbereitungen für die Bescherung und das Weihnachtsessen längst begonnen.

Sie wartete auf den Gemahl, unseren Vater, der bis acht Uhr auf dem hannöverschen Bahnhofe seines beamtlichen Dienstes oblag.
Gegen neun Uhr war er immer noch nicht erschienen, so daß die würzige Festtagsgans wie eine Taube zusammengeschmort. Statt dessen kamen zwei Beamte von höheren Chargen, die mit feierlichen und blassen Mienen der armen Frau und ihren vier kleinen Mädchen mitteilten, daß der Ernährer von einem Schnellzug überfahren worden und demzufolge plötzlich und selig im Herrn entschlafen sei, daß man noch einige Stücklein von ihm aufgelesen habe, welche die Mutter in einer Halle des Bahnhofes besichtigen könne. Zwar lohne das Übriggebliebene kaum zu einer richtigen Beerdigung, aber dennoch sei wohl ein christliches Begräbnis anzuempfehlen, denn jeder wolle schließlich seinen Platz in der Erde, einen von der Gnade Christi vorgewärmten, gleichgültig, ob er mit all seinen Gliedern vorhanden oder nicht.
Die arme Mutter lief also am Weihnachtsabend zum Bahnwerk, besorgte alles heldenhaft und fürsorglich und war kaum nach ein paar Wochen von dem Entsetzen befreit, als bei einer Diphtheritis-Epidemie meine lieben Schwestern Irene und Frieda dahingerafft wurden.
Ja, grausam ist des Todes Meuchelgerte, wenn sie auf eine Sippe niederfährt! Freund Hein, der klapprige, er schlief mit uns und sang uns in den Schlaf. Daß er uns vollends nicht ins dunkle Grab verbuhlte, war dann die Tat der Mutter. Sie packte alles zusammen, verließ voller Angst die Stadt und zog mit uns nach Rosche in die Heide, von wo sie wenige Jahre zuvor aufgebrochen war.
Julchen hat ihrem so tragisch umgekommenen Vater einen gereimten Nachruf gewidmet, An meinen lieben Vater, welcher durch einen Schnellzug in den Tod ging, *den sie als Achtzehnjährige verfaßte:*

Gott ließ einen Schnellzug fahren,
Welcher über Dich geriet.
Ach, wie jung warst Du an Jahren
Und so freundlich im Gemüt.

Lieber Gott, ist so was richtig,
Daß so Schreckliches geschieht?
Wozu sind die Züge wichtig
Überall auf dem Gebiet?

Wenn Du einen lässest fahren,
Siehe, bitte, erstens nach,
Ob da keine Menschen waren,
Die nichts hören bei dem Krach.

Zweitens – schicke einen Engel
Für Beamte auf die Erd',
Daß im Eisenbahn-Gedrängel
Keiner überfahren werd'!

Zu Rosche in der stillen Heide läßt sich alles famos an. Zunächst! Auch hier stellen sich die berühmten »widrigen Umstände« ein, kraft deren man die städtischen Gewohnheiten, die man in den hannöverschen Jahren angenommen hatte, wieder auf das dörfliche Niveau zurückschrauben mußte. Julie beschreibt die Situation:

Mit feinen Näharbeiten und der noch feineren Pension, welche uns nach dem geschwinden Tode des Vaters und Ernährers von staatlicher Seite zustand, unterhielt uns die liebende Mutter aufs Vorzüglichste. Sie war immer emsig, las viel in der Bibel und in anderen Büchern labenden Inhalts, welche von den frömmsten Männern unserer Gegend, Theodor und Louis Harms, verfaßt waren, welche ihr der Schulmeister D. zu Rosche auslieh, dessen Sinne dahinstanden, sich mit allerhand Poesei über Liebesweh und einsame Heidenächte zu beschäftigen. Der Herr Schulmeister, welcher von stattlicher Figur, männlichem Gesichte und von gediegener Fingerfertigkeit, lenkte die Sinne unserer lieben Mutter bald auch von den Betrübnissen und dunklen Dingen hinfort, indem er ihr frische Blumen, zum Beispiel Tränende Herzen, Aurikeln und Sumpfdotter, das herrliche Buch »Goldene Äpfel in silbernen Schalen« von unserem Gottesbruder Louis, dem Hermannsburger Jünger Christi, welchen unsere gute Mutter noch von persönlichem Angesichte gekannt, nebst seinem prallen Herzen zu Füßen legte. Immer, wenn er des Sonntags den Dienst an der Kirchenorgel, welche durch einen getretenen Balg aus Leder ihren frommen Atem ausströmt, mit Inbrunst und Kunstfertigkeit vor dem Herrn der Heerscharen vollbracht hatte, lenkte er seine Schritte in das Haus, welches wir mit einer Familie Burgdorf bewohnten, und las mit der Mutter in der Bibel, wobei wir Kinder nicht stören durften, weil das, wie jedermann weiß, jegliche intime Andacht unterbricht.

Wenn dich die Stürme des Lebens umtoben,
Wenn dich das Liebste auf Erden verläßt,
Richte die Blicke nur gläubig nach oben,
Vertrau auf den Vater nur kindlich und fest.
Zwar wird das Schicksal wohl manches dir rauben,
Was dich hienieden beglückt und erfreut,
Aber mit festem und innigem Glauben,
Siehst du hinweg über das bitterste Leid.

Rosche, den 6." Januar 1900 Deine Schwester
Julie.

So hat der wackere Schulmeister D. mit unserer guten Mutter sicherlich manchen goldenen Apfel aus der silbernen Schale unseres Glaubens herausgenommen und zu geistigem Wachstum genossen. Das hörte erst auf, als unser lieber Bruder Wilhelm das Licht der Welt erblickte und die Frau Gemahlin des Herrn Schulmeisters sich alle Andachten verbat, was sie wahrlich vor Gott nicht verantworten kann; aber wegen des Geredes, das über das arme Dorf und unsere gute Mutter hereinbrach, denn das Kind, unser lieber Bruder, war über die Zeit und unser armer Vater vor zwölf Monaten zu Tode gekommen. Oh, dörfliche Zwietracht, schändliche Menschheit! Ich sage Euch, wer eine arme Witwe bei aufgeschlagener Bibel begehrt und besitzt, ist nicht des Teufels, sondern: er macht alles in Gottes Ratschluß und nach dem heiligen Willen der von Gott gemachten Natur!

Der nacheheliche Bruder, Himmelsknabe Edelstein – *wie Julie ihn schwärmerisch titulierte –, wurde zum Mittelpunkt der Familie. Er gedieh prächtig, wurde verhätschelt und vertätschelt, zeigte wachen Geist, brachte es als Kaufmann recht weit, zeugte vor seiner Einberufung zum Kaiserlichen Heeresdienst im Jahre 1914 eine Tochter zur linken Hand, einen Sohn zur rechten, und erkannte, wie es aus einem Brief hervorgeht, den er wenige Tage vor seinem »Tode auf dem Felde der Ehren« in der Somme-Schlacht*

von 1916 verfaßte, was es mit der Dichtkunst seiner Schwester auf sich hatte:
»Sie macht alles sehr schön, hat Talent, Frische, Begeisterung und gute Vorbilder, die sie manchmal zu wörtlich nimmt, wenn sie mit dem Junker von Münchhausen all dessen Reime in seiner Kammer einzeln durchgenommen hat. Woran sie krankt, ist natürlich ein Mangel an bedeutender, hoher Bildung, was man alles besitzen muß, wenn man eine ganz große Dichterin sein will.
Dennoch liebe ich ihre Gedichte, weil sie Innigkeit und Fröhlichkeit besitzen und oftmals Humor, was sie ja – zum Deibel! – nicht einsehen will! Humor ganz besonderer Sorte, den man nicht kann und nicht will, sondern: der von alleine kommt und wächst. Bei ihr schießt der Humor wie der Spargel über Nacht ...«

Sie nahm überhaupt nie ein Blatt vor den Mund, besang und bereimte alles, was sie und ihre Umwelt tangierte. So wurde sie, wie Willy Haas sagte, zum »größten komisch-naiven Talent deutscher Zunge«.
(Klaus Pillnitz in »Welt am Sonntag«, 12. 10. 1975)

Das Hühnerhofspielen

Karl Schrader (1880–1936) war Julchens Cousin. Aus dem Jugendbriefwechsel zwischen Julchen und Karl sind nur Bruchstücke erhalten geblieben. Oft fehlen auch die Datumszeilen. Man kann aber aus dem Inhalt schließen, daß alle Briefe in einem bestimmten Zeitraum gewechselt wurden, so um 1897 herum, bevor Julchen in das Ballenstedter Internat kam. Karl Schrader besuchte damals das Leibniz-Gymnasium in Hannover.

Mein süßer, himmelstäuiger Karl!
Nicht wahr, wir sind allzumal Sünder und Geschöpfe in Gottes Hand! *(So beginnt der Roman »Haimonskinder« von Nathalie von Eschstruth)* Aber Deine Hand ist auch nicht ohne, mein süßer, derber Karl, mein Karlimännchen! Gestern hatten wir Concert und der Herr Pianöhr hat eins aufs Blumenlied von Lange gemacht, welches Emmakindchen so schön spielen kann, wenn sie auf die Töne losgeht. Und da ist es mir gekommen, das schöne Gedicht auf das Deinige. Liese sie und nimm sie hinein in Deinen Geist, damit derselbe blühe, wachse und gedeihe!

Das folgende Gedicht war möglicherweise die Ode, die Julchen ihrem Freund damals sandte:

Nun hat mein Karl mich angefaßt
Mit seinen schmucken Händen!
Die Wangen sind mir drauf erblaßt:
Wie soll das Ganze enden?

Mein Karl, mein bittersüßes Karlimännchen,
Warum hast Du mir das geraubt?
Der Deckel fehlt zum Kaffekännchen...
Jetzt wird das Schönste angestaubt!

Wer soll in künft'gen, fernen Zeiten
Der Holden in die Augen seh'n?
Ich will, mein Held, nicht mit Dir streiten,
Doch war die Sache nicht sehr schön!

Schön war sie erst, als Du mir lachtest
Hinein ins traute Angesicht.
Da spürte ich, daß Du mir machtest
Das allerschönste Festgedicht!

Ach, Karlchen, dichte mich auf vielen Seiten,
Laß mich Dir eine Ode sein!
Es kommen and're, bitt're Zeiten,
Da bleibt Dir nichts als Mondenschein.

Dann, in der prallen, weißen Lune
Sinnst Du vergang'ner Zeiten nach,
Da ich Dir ward zum Eigentume:
Ein holder Engel, mild und schwach!

Suderburg, den 9ten September 1898

Du Palme meines Lebens! Wann höre ich wieder von Dir? Karlimännchen, was denkst Du über Deine Herzensjule? Denkst Du Schokolade über sie oder saure Bonsches? Wenn saure Bonsches, will ich nichts mehr mit Dir zu tun haben! Lasse mich zubaldigst wissen, ob Schokolade oder das Saure. Dein Goldkäferchen Julchen.

Rosche, den 10ten Dezember...

Mein Karliliebi!
Das verstehe ich gar nicht, warum Dir der Knopf von der Hose abspringt, wenn Du meinen Brief liest! Vielleicht hat ihn Dir Deine Mama nicht fest genug angenäht. Oder Du hast ihn gezwickelt und gewirbelt, daß er abgedreht ist. Das soll man nicht tun! Deine Mama hat soviel Arbeit an Dich, daß Du nicht noch immerzu die Knöpfe zwirbeln mußt, daß sie abspringen. Warum nennst Du mich immerzu Helene? Es ist dieses kein schöner Name und verletzt mich bis auf die Seele, indem ich Julie und auf die christliche Natur im Menschen getauft bin, was eine richtige Anständigkeit von meinen Eltern ist, sintemal wir eine kannten, die Lenchen hieß und es doll mit Mühle Timms Knecht getrieben hat, welcher buckelig und ganz schmierig, was aber in der Liebe wohl nicht schadet, wie

man sieht. Nenne mich Julie, was gut ist. Aber nenne mich ja nicht wieder Helene! Sonst bin ich Dir ganz böse und Du darfst nicht mehr an das Ohrläppchen heran, damit es mich killert. Es killert mich jetzt auch, obwohl Du gar nicht da bist und auch keine andere Zunge an demselben sich wriemelt. Ich lasse keine andere Zunge dran, weil es für die Deine reicht. Bis bald, Dein Engelchen.

Rosche...

Mein Karli!
Ich habe den Schnuf, ganz fürchterlich! Und er macht mir die ganze Nase und die Lippen rauh, daß ich schon denke, Du wirst mich gar nicht küssen, wenn Du nächste Woche kommst. Vielleicht kriege ich den Schnuf abort, wenn ich die Füße in heißes Essigwasser stecke. Willy hat auch den Schnuf gehabt und da haben wir ihm die Füße ins Wasser gesteckt, da ist der Schnuf weggezogen und es war nur noch ein Schnuben, welcher nicht so schlimm ist.
Kommst Du nächste Woche? Ich habe ein neues Leibchen von Schemiehse, was schön prall sitzt und mich ganz drall macht. Du kannst es mal anfassen und mir sagen, ob es gut ist. Bringst Du die rote Brause mit, welche wir hier nicht haben? Wir trinken dieselbe zusammen und muß auch Emma zusehen, weil es immer erst nach paar Schlucken so kribbelt und es nicht genug ist, wenn eine Flasche ist, daß drei sie trinken. Besser wir beiden, aber nicht, daß ich wieder von Deinem Munde trinken soll, weil Du riechst und ich es nicht will, daß ich Brause und den Riech trinke.
Bringe die rote Brause mit und den Knallfrosch, daß wir Mama ärgern und ihn auf das Sopha traktieren. Du kannst ihn untertun, daß ich es nicht gewesen bin. Nicht vergessen: rote Brause und den Knallfrosch. Jetzt habe ich das mit der Hose verstanden, weil Burgdorfs Ferdinand mir das gezeigt hat. Pfui! Du bist auch nicht anders. Dein Julchen.

Rosche...

Oh, Du seltsames Kamel!
Nein, was Du über mich gesagt hast, daß ich wie ein Sieb sein soll, finde ich gar nicht nett. Du bist ein alter Pümpel und Deine Mama ist auf Recht, wenn sie Dich Kamel schimpft. Was Dein Schulnachbar gesagt hat, interessiert mich nicht, weil er so dünn wie ein Rhabarberstrunk ist und auch solche Ohren hat, daß er eine ganz häßliche Karnallje ist. Du kannst sagen, was Du willst, aber nicht so einen Unsinn auf mich, weil ich das nicht ertragen kann und Herr Schulmeister Piening auch sagt, daß ich genau so in Bildung bin wie

Du, auch wenn ich nicht das Gymnasium betrete. Herr Piening geht jetzt mit mir in die Litaratur und sagt mir schöne Gedichte auf, auch muß ich bei ihm malen und Klavier treten. Wenn ich noch weiter bin, sagt er, soll ich in das Französische, weil es besser als das Englische ist, wo auch der Kaiser gesagt hat, daß da dieser schlimme Albinon wohnt, der uns was will.
Ich bin jetzt in großer Bildung und Du kannst mir gar nichts sagen. Was Du mir sagen kannst, ist von Deinen Gefühlen. Hast Du Gefühle? Wenn Du welche hast, sage es mir. Dein Julchen.

Roggen-Lied

Der Roggen piel nach oben steht.
Er hat was in der Ähre.
Wenn dieses doch von früh bis spät
Bei meinem Karl so wäre!

Im Roggen jetzt die Muhme geht.
Sie giert nach meiner Ehre.
Wenn dieses doch von früh bis spät
Bei meinem Karl so wäre!

Der Sommerwind im Roggen weht.
Am Strauche reift die Beere.
Wenn dieses doch von früh bis spät
Bei meinem Karl so wäre!

Gar bald den Halm die Sense mäht.
Man rühmt die Frucht, die schwere.
Wenn dieses doch von früh bis spät
Bei meinem Karl so wäre!

Beim Drusch das faule Korn verweht,
Damit es keinen störe.
Wenn dieses doch von früh bis spät
Bei meinem Karl so wäre!

Aus Roggen Brezel wird gedreht,
Daß Kinder man beschere.
Wenn dieses doch von früh bis spät
Bei meinem Karl so wäre!

Dafür steigt auf ein Dankgebet
Und rührt die Himmelschöre.
Wenn dieses doch von früh bis spät
Bei meinem Karl so wäre!

Rosche, den 2ten Februar 1899

Mein lockigter Karl!
Es tut mir wehe, daß Du so marode von der Medizin bist, die Tante Marie Dir auf die Nacht gegeben hat. Grummuttée und wir sind auch nicht für die Medizin, weil unser Willy davon Hitzepickeln gekriegt hat.
Es wird schon wieder gut. Emma sagt, Du sollst das Jachtern lassen, daß Du Ruhe hast ... und die Hände schön auf das Bettuch, daß sie nicht da nachsuchen, wo ich lieber nachsuchen will. Postmeyer gibt mir Deine Briefe immer solo, daß Grummuttée nicht auf den Wind kommt. Er kriegt eine Mark dafür, daß er sich was priemen kann. Er sagt immer, daß der »Herr Gemahl« geschrieben hat, wenn Du geschrieben hast. So bist Du also mein Herr Gemahl, in was Du Dir große Einbildung machen kannst.
Ich lese jetzt »Die Glocke«. Du sollst sie auch lesen. Es bildet. Auch machen wir Konversation von einem, der Paul Heyse heißt, aber sehr schwer ist, weil er zu sehr gebildet ist. Herr Piening sagt, daß er Doktor Heyse heißt und ein Ackerdemicker ist. Vielleicht kannst Du es auch werden und dann dichten. Du kannst zwei Küsse von mir kriegen (mit Zungenstieber). Deine Julemule.

..., den 4ten April 1899

Karlibommelchen!
Du sollst auf den Kaiser hören und nicht auf die Demokraten, die ihn nicht wollen. Sagt Herr Piening auch, den ich getroffen habe. Er hat mich gefragt, ob die Bildung in Ballenstedt anders ist als in Rosche. Sie ist anders. Sie ist genau so wie bei Euch auf dem Gymnasium. Wieso schreibst Du, daß du jetzt »Prima« bist? Ich finde, Du bist schon immer prima gewesen, was ich oftmals festgestellt habe. Siehst Du auch nicht zu sehr auf die Amanda vom Gymnasialprofessor? Sie hat schiefe Beine und tritt in die Kuhle. Lasse sie! Du weißt, daß Du für mich wächst.
Ich muß nächste Woche, wenn Ostern war, wieder nach Ballenstedt, weil die Bildung weitergeht. Schreibe mir, warum Du zweimal sagst, daß Du jetzt prima bist. Ich will es wissen. Sofort! Deine Herzensjule.

P. S.: Das Besagte denkt auch an Dich. Wo ich schreibe, zwickt es sehr. Was zwickst Du jetzt, wo Du liest?

An die Freundin Hermine Müller-Habenicht (1904)

Meine geliebte Hermi!
Fortfahren soll ich nun dort, wo wir beim letzten Briefe stehen geblieben. Die Geschichte vom »Hühnerhofmachen«. Karlchen hatte sie alle ausgezählt. Da schlug er der Gänserin den Rock hoch und ich sah, daß er es den Bullen und Ziegenböcken abgesehen, der räudige Bengel Übermut! Ich raffte meine Sinne und enthob mich aus seiner Nähe, weil ich den Unart sah, daß er mich zu packen kriegte. Da aber ward mir die Schicklichkeit vor. Und doch ist er auf mich zu, mit Hasten und Prusten und hat mich derbe auf den Grund gedrückt, daß ich bald gestickt wär' und keine richtige Luft habe nehmen können. Aber er ist nur auf mich gelegen und hat geschnörchelt, daß ich Angst hatte, es kommt ihn das Hitzige Fieber an oder sonst was. Ja, weiter wußte er auch nicht, der Gauner!
Zuerst war er dann ganz ruhig und ich dachte nanu. Nanu dachte ich und das war alles. Nach zehn Minuten sagte er, daß ich nun glucken muß und unter einen Korb soll. Das war wieder alles. Tatsächlich alles!
Du siehst aber, liebe Hermi, was die Geschichte uns erzählt! Sie erzählt uns, daß der städtische Mensch, welcher nicht so ganz mit den Schlichen und Kräften der regelrechten Natur Bescheid weiß, von dem Hühnerhofspielen keinen richtigen Effekt nimmt. Karlchen hat mich auch noch voriges Jahr, da er nicht mehr den Fips hat und schöne Locken sein Haupt umwehen, zur Fasanin haben wollen. Aber da ist mir die Schicklichkeit der Verwandtschaft vor. Ich habe ihm Meldung getan: Ich lasse mich nicht! Nie und nimmer!
Du siehst, meine liebe Hermi, was einem das Schicksal alles zufügen kann. Aber ... ich bin ihm immer ausgewichen, diesem Mauseschicksal! Und ich will ihm immer ausweichen, wenn es mich einfangen will. Dieses sollst gerade Du gut verstehen, wo Dich das Schicksal so tritt, daß Du nicht mehr weißt, wo Du noch getreten werden sollst. Meine Arme!
Aber ich denke, daß auch Du nicht mehr lange die Maus bist, die vom Schicksal verachtet ist. Auch für Dich kommt der Speck, an dem Du nagen kannst, wann Du Lust hast.

Sei geherzt und umarmt von Deinem Julchen, das Dich immer liebt!

P. S.: Ich lege Dir das Gedicht bei, das Herr Kummlehn in der Lüneburger Zeitung eingedruckt hat. Herr Piening sagt, daß es sehr gut ist und bei Goethe liegt.

Es hat geklopft an meine Tür
Und klopft seit vierzehn Wochen.
Doch ich ..., ich komme nicht herfür
Und fällt das Fleisch vom Knochen!

Es hadert draußen vor sich hin,
Das böse, böse Schicksal!
Ich lass' es rasen: dick und dünn,
Gönn' ihm nicht einen Blick mal!

Es kann sich tummeln auf Kompost,
Der Hofhund soll es fressen.
Mir frommt der frische, kühle Most ...
Das and're wird vergessen.

Doch kann ich nie mehr aus der Tür,
Ich muß im Hause rasten.
Mein Leben liegt an einer Schnür',
Und endet noch im Kasten.

Oh, Schicksal, fleuche von dem Haus,
Ich muß die Lüfte haben!
Ich kann sonst nicht zur Tür heraus.
Willst Du nicht mal nach Schwaben?

Geh' mal auf Reisen nach Berlin,
Dort kannst Du, Schicksal, toben.
Wo Kaisers ihre Rüben zieh'n,
Kannst grünen Klee Du loben.

Lass' mich hinaus, Du böser Gast!
Zuletzt krieg' ich das Fieber.
Hast Du die Tür schon angefaßt?
Wenn ja, dann lass' ich's lieber!

Bremen, den 20. Oktober 1907

Mein lieber Karl!

Zu Deinem Wiegenfeste wünsche ich Dir das Allerallerbeste. Wo Du nun Herr Direktor wirst, sind Deine lieben Füße nicht mehr für das Wollene. Ich schenke Dir zwei Paar Mauser aus Zwirn, daß Du richtig vornehm wirst, denn, was die Gesellschaft ist, so sieht sie auch auf die Füße: die krummen und die geraden! Ich bin in großer Eile, weil wir heute die Frau Hofopernsängerin Scheele-Müller zum Lönsch haben. Machst Du jetzt auch Lönsch? Du solltest es machen. Alle Direktors in Bremen machen Lönsch. Es gehört sich so. Indem ich Dir recht warme und vornehme Füße wünsche und alles Gute für das nächstselbige Jahr, verbleibe ich in bester Erinnerung Deine ewige Julie.

Karl ist jetzt schon eine Weile
Unter feineren Mussjöhs.
In Hannover-Linden macht er
Hochmoderne Gummipneus.

Diese tut man unter Wagen,
Welche Mobiles genannt.
Karl, was soll ich dazu sagen?
Gummi ist doch nicht genannt?

Ist es wirklich eine Ehre,
Dieses Amt mit Gummipneus?
Welches ist des Geistes Lehre,
Die Du schaffst aus dem Erlös?

Karl, was suchst Du die Moderne,
Bleibe lieber bäuerlich.
Auch die Heimat kennt ein Gerne,
Wenn auch etwas säuerlich.

Kehr' zurück und denk' an Mienchen,
Die sich wirklich nach Dir sehnt.
Dieses treue, fleiß'ge Bienchen
Hat sich Wochen schon gegrämt.

Schleife hin sie zum Altare.
Das ist doch die beste Wahl.
Gummipneus sind keine Ware,
Morgen schreib' ich noch einmal.

Der Pfad der höheren Bildung

Als die gute Mutter hinter das Geschäft ihrer Tochter kam, beriet sie sich hinterrücks mit dem Herrn Schulmeister, der etliche Tage nachsann und dann zu dem Beschluß kam, Julchen müsse in ein Internat, um wieder auf den Pfad der Tugend gebracht zu werden und sich in höherer Bildung und Gewissenhaftigkeit zu üben. Man wählte ein renommiertes Haus zu Ballenstedt am Harz, in das die sechzehnjährige Julie eines schönen Herbsttages einzog.

Mit Magdalene Sutitt aus Perleberg bei Berlin teilte unsere Roscherin ein kleines, aber behagliches Zimmer, das von der Oberin, Mademoiselle Amanda Knille-Kuhloo, täglich – und bisweilen auch nachts – mit Argusaugen inspiziert wurde, denn Amanda lebte der Devise: »Was der Tag dir nicht zeigt, mag die Finsternis dir enthüllen.«

Lenchen Sutitt überredete Julchen dazu, ein Journal anzulegen. »Darinnen kannst du alles verzeichnen, was dich berührt«, sagte die Perlebergerin. »Es ist dein Buch der Geheimnisse. Verstecke es irgendwo auf dem Boden, damit Amanda es nicht findet. Sie würde dich, erführe sie den Inhalt, zu Tode schinden.«

»Mein Gott, wie aufregend!« sagte Julie zitternd. »Ich will es mir morgen sogleich besorgen und dann tun, wie du mir geraten hast.«

Und so geschah es. Am 20. Oktober 1898 vertraute Julchen ihrem »Buch der Geheimnisse« die ersten Sätze an: Schon nascht der König Herbst an Baum und Sträuchern. Wäre ich ein Baum oder nur ein winziger Strauch! König Schleckermäulchens Zunge hätte sein Mannah. Magdalene Sutitt ist von fleischlicher Figur; ihre linke Brust hängt tiefer als die rechte. Sie sollte ein Gewicht dranhängen, dann würden beide gleich. Es ist nämlich nicht schön, wenn der Mensch etwas hat, was so ungleich ist. Ich weiß: Gott macht nichts so schön, daß es nicht doch einen Fehler gäbe. Was sollte es werden, wenn alle Busen in den Himmel wachsen würden? Nun will ich noch was über die Gegend hinschreiben. Schöne Berge, aber noch keine Alpen, welche erst in Bayern anfangen. Die Wiesen sind ganz schön geblümt, auch im Herbst noch. Das Vieh auf den Weiden ist ähnlich wie in Rosche. Die Kühe machen die gleichen Pamflete, obwohl sie braun sind. Kuhmagen ist Kuhmagen, Pamflete ist Pamflete!

Auch die Bullen sind wie bei uns in Rosche. Sie gehen mit der Kuh von hintenauf wie der Gärtner vor der Schubkarre. Schweine haben sie hier mager. Und Amanda sagt, daß Speck schlechte Haut macht. Daher machen sie die Bratkartoffeln mit schwarzem Kaffee. Amanda sagt, daß schwarzer Kaffee die Haut schön macht. Der Kaffee ist von Kathreiner mit dem schönen Bilde drauf, welches wie Martin Luther aussieht, aber Luthers nicht ist. Das kommt davon, weil Luther nichts mit Kaffee zu tun hatte, sondern mit Glauben, was ein gewisser Unterschied ist.

Lieber Gott, hab' mich lieb. Erhalte mir die liebe Mutter und meine liebe Emma und meinen lieben Bruder. Wenn du sie nicht erhältst, schreibe ich dir was Schlechtes in diesem Buche rein.

Ballenstedt, den 23. Oktober: Ich ergreife wieder die Feder. Magdalene Sutitt hat noch immer kein Gewicht dran. Amanda Knille-Kuhloo braucht überhaupt keine Gewichte. Sie hat nichts, wo sie sie aufhängen soll.

Heute gab es Brotsuppe zum Mittag. Da ich sie nicht aß, soll ich sie zum Abend wieder nochmals auf dem Teller sehen. Ich werde sie aber nur sehen und ihr dann auf immer Valet sagen. Brotsuppe ist was Scheußliches. Sie ist eine Sünde und nur in der Bibel als solche vergessen worden. Amanda ist jetzt unruhig. Ich glaube, daß sie entweder die Kriebelkrankheit hat oder zu einem Gebieter gebracht werden muß. Bald kriege ich auch die Kriebelkrankheit ...!

Den 29. Oktober: Zartes August hat Emmy Tickenbeen geheiratet. Hat mir Emmakindchen gestern geschrieben. Da soll ihr der Deubel reinfahren; aber es wird August's sein, denn es gibt keine Hölle, auch wenn Louis Harms es schreibt. Woher will er es denn wissen? Hat er sie gesehen? Auch eines Teufels Großmutter gibt es nicht. Dann hätte er auch einen Großvater. Von selbigem habe ich auch noch nichts in Erfahrung bringen können. Das mit der Hölle jagen sie uns nur ein, damit wir die Sünde nicht schöner finden als den Keusch. Wer aber den Keusch hat, der weiß nicht, daß die Sünde besser als Schnuckenbraten riecht und schmeckt.

Hannover, den 31. Oktober 1898: Es ist langweilig hier. Tante Marie hat einen Spitz, welcher immer unter den Rock geht. Er will was riechen. Bei mir nicht! Bei Tante Marie kann er alles haben, was es an Gerüchen gibt. Sie wäscht sich nur zu Weihnachten, glaube ich. Sie hat gesagt, es ist gefährlich, sich im Winterhalbjahr die Füße zu waschen. Davon ist der hannoversche König blind geworden. Sein Vater sitzt auf einem Steinroß, dessen Füße in einem Denkmal stecken, vor dem neuen Bahnhof, welcher wie ein Schloß aussieht. Der Vater heißt Ernst August und ruht in einem Mausoleum in Herrenhausen, welches so aussieht wie der Kartoffelbunker von Landrost Fincke. Sie haben ihn einbalsamiert. Tante Marie sagt, daß sie das bei allen Königen tun. Sie schneiden ihnen den Bauch auf und nehmen alles Gedärme weg, weil das sonst riecht. Und dann tun sie Sägespäne und Gips darein, damit er wieder hart wird. Zuletzt kriegt er eine schöne Uniform an und sieht wie lebendig aus.

Auch seine Frau haben sie mit Sägespäne und Gips zurechtgemacht. Sie heißt Friederike und war die lustvolle Schwester der Königin Luise, welche sich nicht mit so vielen Offizieren und Lakaien abgegeben hat. Nun kann sie ihren Leib nicht mehr dazu gebrauchen, weil er leblos ist. Und Sägespäne wird keinen Mann reizen, weil keiner ein Hirschkäfer ist, welchen man auch Bohr-, Dreh-, Spindel- oder Hornkäfer nennt.

Cousin Karl ist jetzt achtzehn, aber nicht so in Schuß wie es Zartes August war. Er geht im Walde so für sich hin ... und dichtet. Sein Vater hat früher in Kanonen gemacht. Jetzt arbeitet er in Gummi bei Excelsior, wovon er Räder macht, die Pneus heißen. Seine Uhrkette hängt ihm da, wo sie Aufsehen von sich macht. Sie ist von purem Golde, was ich für eine Verschwendung halte. Aber Tante Marie hat es ja mächtig auf dem Konto – wie unser lieber Vetter Mendelssohn, der an die 10000 Dukaten hat.

Ballenstedt, den 4. November 1898: Amandas Zimmer hat mich wieder. Lenchen hat ein Verhältnis gepflogen mit einem Postboten, welcher drei Kinder hat. Sie hat es mir anvertraut, weil sie einige Minuten darüber geweint hat, daß ihr schon Stunden an ihren Tagen fehlen. Sie soll nun Knoblauch und heiße Milch nehmen, was wir aus der Küche gestohlen haben. Das bringt ihr die Bescherung durch. Wahrlich: wer am Heiligen Abend zu frühe klingelt, dem sind die Lichter hinabgebrannt, noch ehe er das rechte Kleinod aus Niklaas' Sack gewählet! Dieser Tag kam der Kronprinz durch von Sachsen. Er sieht aus wie Karlen von Hannover und hat auch solche dünnen Beine, obwohl er schon verheiratet ist. Zwei Beine dieses Prinzen sind wie ein Bein von Zartes August. Da mach' einer was dran! Ich glaube, daß dieser Kronprinz auch sonst man dünne ist, obwohl er schon Kinder mit der Kronprinzessin hat. Er sorgt für die Dümastie, sagt Amanda. Damit seine Dümastie nicht ausstirbt.

15. November 1898: Sie heizen hier so schlecht, daß man sich

gegenseitig warm reiben muß. Wenn Lenchen reibt, ist sie immer ganz prall. Sie macht dabei den Mund auf wie August. Wenn du einem Frosch auf den Bauch trittst, macht er den Mund auch so auf. Das ist zum Schießen!
Dieses kommt von dem Genusse, welcher bei manchen Menschen im Zustande des Reibens und Geriebenwerdens auftritt.
Wir sollen jetzt Goethe lesen. Er liest sich schwer, weil man nicht sogleich dahinterkommt, was er meint. Das Buch heißt »Werthers Leiden«. Ich meine, daß W. so einer ist wie der Kronprinz von Sachsen oder Karlen aus Hannover. Nicht viel los. Sie schmachten nur. Was fürn Theater! Schmachten auf die Dauer ist zum Weinen! Aber über Werther weine ich nicht. Er hat es alles selber verschuldet. Er redet auch immer so daher wie unser Pastor, der es mit der Leber und seiner Haushälterin hat. Mademoiselle Hitzig, bei der wir Literatur und Werthern haben, sagt, daß Werther wie Goethe ist. Ein und derselbe. Warum nennt er sich denn nicht beim Taufnahmen: Goethes Leiden? Ich kann ja auch nicht sagen, ich sei Magdalene. Die Knille-Kuhloo sagt zu ihr immer »Macht-alleene«, das kommt daher, weil sie von Berlin-Wedding stammt. Hat sie gesagt. Das ist die Gegend, wohin der Kaiser nur einmal im Jahre kommt. Hat sie gesagt.
Die Knille-Kuhloo ist zu geizig. Sie nimmt Zeitungspapier mit, wenn sie wohin geht. Gestern war sie mit Wilhelm W. im Holzstall. Nachher hatte sie Späne im Haar. Sie hat mit ihm gesägt!
12. Dezember 1898: Wir rüsten jetzt auf Weihnachten. Am 20. dürfen wir fahren, damit wir die Bescherung zu Hause haben. Ich habe für die liebe, gute Mutter ein hübsches Zwiebelnetz gehäkelt – mit Goldfäden drin. Dann kriegt sie ein Licht, damit sie sich in ihrer Einsamkeit der Kammer mal was leuchten kann. Für Emma habe ich einen Schal aus Schnuckenwolle und zwei Stiefelspangen aus Bierwith's Geschäft für zwei Mark, achtzig Pfennige (mit Goldschaum noch etwas feiner gemacht!). Das Brüderchen kriegt Strümpfe, welche ich nach Anweisung von Amanda mit Zopfmuster verziert habe. Er kriegt auch eine Dose mit Bonbons, welche hier Dropse heißen, was ich nicht begreifen kann. Aber sie benennen hier viele Dinge anders. Einen Kuß heißen sie hier »Küschi«, was mir der Malerlehrling Theodor Reibenstein berichtet hat, als er mich beim Eßsaalmalen mit dem Pinsel betupft hatte, was mir den ganzen Atlas meines Kleides verdarb. Wenn sie das tun, was die Tauben auf dem Dach machen, nennen sie das »sie bosseln«. Amanda ist ganz lila geworden, als ich sie nach diesem Begriffe gefragt habe. Sie hat gesagt, ich wäre eine Ganz-Schöne.

Schnee ist noch nicht gefallen. Er sitzt aber schon hinter den Wolken, als wenn die Hose bald platzen sollte! Ich mag den Schnee gern. Goethe hat geschrieben, daß der Schnee ein Leichentuch ist. Nein! Er ist ein Tafeltuch, so fein, so rein, so schön. Drum hab' ich das gedichtet:

Erster Schnee

Der Schnee fällt auf die Türme,
Fällt auf die Dächer gar.
Welch' märchenhafte Stürme,
Wie ist das wunderbar!

Er fällt dir auf das Haupte
Und krönt dich hehr und licht.
Du bist die Vollgestaubte
Und kennst dich selber nicht.

Bald hängt am Ohr dir Eise,
Die Nase tröpfelt schlimm.
Du hörst der Eng'lein Weise:
Klimbim! Klimbim! Klimbim!

Du siehst nicht mehr die Orte,
Die sonst im Schmutz erstarrt.
Wie Sahne auf der Torte
Liegt unser Schnee. Apart!

Der Erde wildem Fluche
Hat die Natur gebeut.
Mit ihrem Tafeltuche
Hat Dunkles sie zerstreut.

Ja, lieber Schnee, du milder,
Du änderst uns're Welt.
Ich hab' mir tausend Bilder
Von deinem Fall bestellt.

Mein Geist war trächtiger und trächtiger, *schreibt Julchen summierend über das Jahr 1899.* Mein Gemüt wurde gediegener, auch

empfand ich, daß ich mich hier und da von den Meinigen zu Rosche sonderte, welche fromm und geduldig ihre Tage dahinlebten. Goethe ist mir gewogen geworden, auch Schiller, mit dessen Carlos ich manche Nacht glutvoll und wie von Sinnen verbracht habe.
Von Nutzen ist mir, daß Mademoiselle Plühmann mich im Spiele des Pianofortes unterrichtete nach dem Gustav Dammschen Verfahren, welches mir die Perlen des Sanges der Meerweiber aus »Oberon«, den göttlichen »Letzten Gedanken Webers« und den Frühlings-Walzer von Felix Mendelssohn bescherte. Ich habe einen schnellen Ring-Finger, wie Mademoiselle Plühmann bestätigte. Es sei dieser ansonsten ein ganz übler Banause, ein Nicht-Woller, ein Zager und Zucker, Mauser und Mucker, durch dessen Versagen der göttliche Schumann, Robert mit Vornamen, in geistige Wildnis und Finsternis geraten, so daß er sich eines Tages von der Rheinbrücke stürzte und die »polarische« Nässe seinen Geist unterkühlte, wonach man ihn, den Armen, in die Nervenkarthause zu Endenich verfrachtet, was er nicht zur Kenntnis nehmen konnte, da er absolut marode und von den Genien verlassen. Mich schmerzte diese Erzählung von Mademoiselle Plühmann außerordentlich, so daß ich Tage und Nächte damit verbrachte, mich des armen, trübsinnigen Schumanns zu erinnern, welcher nicht mehr wußte, ob er Kaiser Wilhelm oder Königin Victoria hieß.
Mademoiselle Plühmann, die Piano-Aktrice, zeichnete sich durch das bemerkenswerte Talent aus, mit den Mädchen des Ballenstedter Instituts vom ersten Augenblicke an in eitel Harmonie zu schwelgen, was nicht allein auf ihren hohen Grad musischer Empfindsamkeit zurückzuführen war, sondern in erster Linie auf ihre durchtriebene Vorliebe für zartjüngferliche Flanken, Fesseln, Grübchen und Brustansätze.
Die Plühmann, von den Girls meist zärtlich und mit einem gewissen Anflug von Mondainität »Plüschi« geheißen, besaß ein tiefes, fast viriles Organ. Und mit ihrem wohltimbrierten Contra-alto – ihre Sprache hatte gelegentlich etwas Schlürfendes und Grunzendes an sich – raunzte sie den »kleinen Quirlen« und »Hasche-Duzchens« die Erkenntnisse der klassischen Musiktheorie ins Ohr. Sie sprach über die Komponisten. Und wenn ihr einer nicht gefiel – wie zum Beispiel Meyerbeer –, dann grunzte sie mit einem vielsagenden Augenaufschlag dazu: »Na, der war ja einer!« oder: »Dem wäre ich doch nicht im Dunkeln begegnet!«
Nach der elften oder zwölften Stunde pflegte Mademoiselle Plühmann ihren Schülerinnen die Funktion des Pedals am Klavier zu erklären, wobei sie es sich niemals entgehen ließ, mit ihren

schlanken Händen das linke – oder entsprechend das rechte – Bein ihrer Schülerinnen in die gehörige Gegend zu lancieren. Dann sagte sie: »Hübsches Beinchen ist zur Stell', Füßchen macht knicks, Spitzchen drückt runter, Händchen schlägt an ... ei, ei, ei, da haben wir's!«

Manchen Schülerinnen mußte sie die Pedalfunktion etliche Male erklären, wie sie es auch bei Julchen tat, obwohl diese den Trick beim ersten Versuch bereits kapiert hatte. Mademoiselle ergriff ihr linkes Knie, drehte es ein wenig hin und her, bog dann das Bein elegant zur Seite, um sogleich den Fuß, der in Silber-Opanken stak, auf die Pedalzunge zu setzen.

»Mein Julchen-Quirlchen«, sagte sie oboig, »ergreife hurtig mein Knie, damit ich es noch einmal in der vorgeschriebenen Art und Weise führe. Es geht dir damit diese Bewegung besser ins Bewußtsein ein. Alles, was man – ich meine es wörtlich – mit den Händen ergriffen hat, das wird man auch mit dem Geist begreifen.«

Julchen streckte die Hand aus und packte Mademoiselles Knie. Eher etwas unsanft.

»Aua, Kindchen!« schmollte die Klaviertante, wobei ihre Nüstern vibrierten wie ein pumpender Maikäfer. »Du tust mir ja weh! Sicherlich habe ich ganz blaue Flecke.« Ungeniert ergriff sie die Schleppe ihres Kleides und riß es samt Unterkleid in die Höhe, so daß ihr nacktes, nicht unschönes Bein bis zum Oberschenkel entblößt wurde. »Und wie es blau wird!« seufzte sie, während es in ihrem Rachen zu brodeln begann. »Schau dir das genau an, was du Garstige mir angetan hast!«

Julchen schaute, aber sie sah gar nichts. Rein gar nichts. »Fühle mal!« sagte die Plühmann mit weinerlicher Stimme. »Es ist ganz heiß an der Stelle.« Julchen fühlte. Sie fühlte gar nichts. Rein gar nichts.

»Himmel!« zischte Mademoiselle, »Je t'adore! – C'est exquis!« Julchen erschrak. Des Französischen war sie nicht mächtig. In den Stunden von Madame Arthur hatte sie gefaulenzt. »Eine schreckliche Sprache«, dachte sie jetzt bei sich. »Ich werde etwas verkehrt gemacht haben.« Flugs griff sie noch einmal zum Knie von Mademoiselle, damit diese den Gang zum Pedal abermals vollführe. Kaum aber hatte Julie das Bein der Klaviertante berührt, da wandte diese sich mit entwaffnender Robustheit zu der Elevin um, schloß sie derb in die Arme und röhrte der Verdutzten ins Ohr: »Mais ça c'est suprême! – Herzens-Jule! Schnuppermäuschen, Schniefnäschen, Kuschelwind, Sausibrausi, Kraulimauli ... du

entehrst deine alte Lehrerin – und das mit einem Eifer, den ich in dir, du kleines Biest, niemals vermutet hätte!« Dabei schmatzte sie dem Mädchen durchs ganze Gesicht, suchte auch die Ohrmuscheln mit der Zunge ab und vergrub ihr puterrotes Antlitz im Ausschnitt der wie zur Salzsäule Erstarrten.

Mademoiselle Plühmanns Finger begannen Etuden zu spielen. »C'est un amour tragique!« röchelte sie, wobei sie in die Knie ging und ihren Kopf in Julchens Schoß drückte. Dann biß sie zu.

Julchen fühlte einen grausamen Schmerz in ihrem linken Oberschenkel. Ihr Mund öffnete sich wie von selbst. Ein ohrenbetäubender Schrei schrillte durchs Haus. Die Vorsteherin Knille-Kuhloo stolzierte just an der Tür des Musiksalons vorbei. Sie riß hastig beide Flügel auf und stand wie Urmutter Erda vor den Sünderinnen.

»Bagage!« schrie sie. »Treibt man solche Scherze in der Atmosphäre, in der die Töne Mozarts und Bachs zu neuem Leben gedeihen sollen? Fort, mir aus den Augen...!« Das galt Julie, die sich spornstreichs erhob und weinend aus dem Salon eilte.

Wie Sauerkäs' im Gesicht, Gummiknie, das Herz in den Beinkleidern, den Schnellpuls bis in den großen Zeh, so gelangte ich in das Zimmer, wo mich Lenchen Sutitt wie einen leibhaftigen Geist empfing, *schreibt Julchen in ihrem Journal.* Solche Kanallje! Entweder ist die Plühmann von Affen gemacht oder von Ratten. Magdalene kühlte mir die Fleischwunde, die Mademoiselle mir mit ihren scharfen Porzellanzähnen beigefügt, wobei Lenchen sich nach einigen Minuten auch das Kleid schürzte und mir – Teufel und alle Höllen – eine gleiche Wunde an ihrem Ober-Po-Bein nachwies. Hat doch die Plühmann es bei allen versucht, auch bei Eleonore von Gammeln, Hertha Müller-Schönau, Emerentia Wismeyer und Theresa Knolle, welche auf unserer Etage zu Hause sind.

Noch Wochen später steht Julie unter dem Eindruck des an sich Teuflischen, *denn sie schreibt per 20. November 1899 in ihrem Journal:*

Die Plühmann flieht mich wie ein räuder Hund. Das Pianoforte schlage ich nun bei Mademoiselle Vertikow, welche ansonsten das Nähgeschäft unter sich hat, aber einen guten Geschmack in der Musik beweist. Sie spielt mir die Walzer von Komschack und Translateur vor, welche mich jucken. Translateur ist der bessere, was die Erfindung anbetrifft. Er ist ein Beethoven unter den Walzer-Machern!

Die Vertikow weiß von den tollen Sachen der Plühmann. Sie hat mich ausgefragt und mir gesagt, daß es besser sei, wenn ich nach einem richtigen Hahn Ausschau hielte, als mich von einer Henne mit Hahnenkamm und Trotteln berauschen zu lassen. Nun frage ich die Vertikow, was sie mit solchen Sachen meint. Denkt sie, daß ich mit der Plühmann Hühnerhof spielen wollte wie das Karl Schrader-Hildesheim in seiner Jugend mit uns Mädchen zu tun pflegte? Ich sage dir, liebes Buch meiner Geheimnisse, alle diese Mademoiselles sind von grausamen Geschicken geplagt. Sie tun wie die Prinzessinnen, die mit französischem Hintern gemacht sind, und haben es faustdick hinter den schmutzigen Ohren, die sie sich sauber lecken lassen. Und dann lesen sie Goethe und Schiller und stöhnen sich eins wegen ihrer Bildung. Da fahre der Satan hinterher. Ich bin froh, daß diese Art für mich alsbald ein Ende haben wird. Das Jahr schickt sich an zu sterben. Und mit dem Jahr stirbt mein Aufenthalt in Ballenstedt am Harze, wo ich in das höhere Leben einstieg.

In Julie Schrader parodiert ein ganzes Zeitalter sich selbst: seine Bildungsbeflissenheit, seine Korsettmentalität, seine Gartenlaubenseligkeit, seinen großmäuligen Patriotismus. Julie aber tut, wozu sie gerade Lust hat, gibt sich ihren Freuden und Freunden hin und dichtet, dichtet, dichtet...
(Philipp Wolf-Windegg in »Stuttgarter Zeitung«, 22. 7. 1977)

Emil

Ballenstedt, den 29. November 1899: ... als ich von der Besorgung in Willes Ladenstube meine Schritte wieder zum Pensionate lenkte, trat ein feiner Herr auf mich zu, machte einen ordentlichen Diener und sagte: »Mein Fräulein, ich bitte um Verlaub, mit Ihnen einen Augenblick reden zu dürfen...« Ich erwiderte: »Das schickt sich nicht, mein Herr. Es schickt sich auch nicht, daß Sie ein wohlanständiges Mädchen auf offener Chaussee überfallen und sie um ein Rendezvous bitten.« Darauf lächelte der Herr, welcher zwar schon in gewissen Jahren, aber von gewaltiger Männlichkeit und Distinguiertheit war. Mademoiselle Amanda pflegt von wirklichen Herren zu sagen, sie hätten Distinguiertheit. Ich glaube, daß sie damit meint, die Kerle haben etwas, was sich lohnt. Im Großen und im Ganzen. Der Herr ließ sich nicht wegbringen und erbat sich, mich bis vor das Tor des Pensionats bringen zu dürfen, was voll und ganz schicklich sei, denn eine junge Dame müsse sich im Schutze eines Kavaliers geborgen fühlen ... und außerdem könne er mein Vater sein ... was ich wegen seiner Distinguiertheit aber gar nicht wollte.

Kaum war Julie dem unbekannten Begleiter enteilt und durch die Haustür des Pensionats geschlüpft, da kam ihr die Knille-Kuhloo wie eine Furie entgegen: »Wie kommen Sie zu dieser Begleitung?« schrie sie aufgebracht. »Ich habe Sie vom Fenster aus beobachtet. Sie haben sich doch nicht etwa unterstanden, den Prinzen anzusprechen, wie?«

Julchen ließ verblüfft den Unterkiefer sacken. »Den Prinzen?« fragte sie. »Welchen Prinzen?«

»Nun tun Sie nicht so, als wüßten Sie von gar nichts!« geiferte Amanda. »Geht dieses Lork am hellichten Tage mit dem göttlichen Dichter, welcher unserer Stadt die Ehre seines Besuches erweist, spazieren und weiß nicht einmal, welch hohen Geblüts dieser Poet ist. Julie, Sie sind eine Schande für mein unbeflecktes Haus, welches ich mit Anstand und Würde seit fünfundzwanzig

Jahren führe. Ich hatte Baronessen, Bankierstöchter, vier Freifräuleins und sogar eine Wildgräfin ... und da kommen Sie und ruinieren mich!«
»Aber Frau Vorsteherin!« unterbrach Julie den Schwall an Worten, den Amanda mit Gezische, Gekreische und Gejaule herausstieß. »Wie können Sie nur so schlecht von mir denken. Der Herr, den Sie einen Dichter und einen Prinzen nennen, hat mich vor Willes Ladenstube angesprochen. Ich habe ihm einen deutlichen Verweis erteilt, doch ließ er sich unter fadenscheinigen Vorwänden nicht davon abhalten, mich bis zum Hause zu begleiten. Er war von besonderer Höflichkeit und Liebenswürdigkeit und bat mich, ihn am Sonnabend in Pohlmeyers Konditorei begleiten zu dürfen, wo er mir eine französische Schokolade zu spendieren gedächte.«
Amanda kämpfte wie ein Karpfen, der an der Angel sitzt. »Großmächtige Mutter Gottes!« trompetete sie. »Das wird ja eine regelrechte Entführung! Das mir, das mir, das mir...!« In diesem Augenblick klopfte es. Mademoiselle Vertikow erschien. »Ich hörte Schreie«, sagte die Vertikow dezent. »Da trat ich ein.« Sie machte ein paar zaghafte Schritte auf Amanda zu, die sich wie die Duse als sterbende Manon auf die Lehne eines Prunksessels stützte.
»Denken Sie sich...«, hauchte Amanda, ihr Battisttaschentuch zitternd an den Mund führend, »... denken Sie sich, meine Liebe, wie ich entehrt bin mit meinem Institut. Julie ... und der Prinz Emil ... es ist nicht auszudenken!« Mit einem Plumps ließ sie sich auf die Stuhlpolster fallen.
»... und der Prinz Emil?« rief die Vertikow erschreckt aus. »Wo denn, um Gottes willen? Hat er sie überfallen?«
Amanda winkte müde ab. »Das natürlich nicht. Er ist ja schließlich ein Prinz, der weiß, wie weit er zu gehen hat. Aber sie ist mit ihm spazieren gegangen und hat sich mit ihm ... ich kriege den Aussatz! ... am Sonnabend in Pohlmeyers Konditorei zu französischer Schokolade verabredet.« Amanda betonte jede Silbe einzeln: fran-zö-si-sche Scho-ko-la-de! Die Vertikow zuckte mit den Schultern. »Daran wäre doch nichts auszusetzen. Oder?«
Amanda fuhr wie von einer Tarantel im Ischiasnerv gestochen hoch: »Mir das in Gegenwart dieses Balgs! Vergessen Sie denn alle pädagogischen Prinzipien, Mademoiselle Vertikow? Sie sind und bleiben eine Russin. Und ich sage Ihnen: an der Laxheit pädagogischer Prinzipien wird noch Ihr ganzes Zarenreich zerbrechen. Wie sagt doch unser Fürst von Bismarck: ›Zeige die Knute, wenn du die Sozialdemokraten zur Raison bringen willst!‹«

»Frau Vorsteherin«, entrüstete sich die Vertikow. »Sie beleidigen mein Vaterland. Und ... außerdem sind weder Fräulein Schrader noch ich Sozialdemokratinnen. Wir sind monarchischtreu bis aufs Blut, nicht wahr, meine Kleine?« Die Vertikow trat auf Julie zu und strich ihr sanft über die Schultern.
»Genug!« raunzte Amanda. »Man gehe auf seine Zimmer. Ich werde mir ein erzieherisches Exempel überlegen.«
Mademoiselle Vertikow und die in Tränen aufgelöste Julie verließen geschwinde den Raum.
Amanda Knille-Kuhloo aber schlug sich wild an die Brust und stöhnte herzzerreißend: »Emil!«

Ballenstedt, den 2ten April 1898

Meine allerliebste Grummuttée, mein goldiges Emmakindchen!
Habt Dank für Euer Paketchen, welches sogleich nach dem Eintreffen durch die Kraft meiner Hände geöffnet ist worden. Ich habe alles mit Genuß erhalten und gesehen und bin sehr froh, indem ich so verwöhnt werde. Die Schokolade ist von bestem Geschmacke und liegt wie Mannah auf der Zunge. Das Leibchen von Häkeltwist, was Emma gemacht hat, liegt schön eng an und macht gewisse Figur, was ich jetzt hier gut gebrauchen kann, denn es spricht mich seit Tagen ein Herr an, welcher so alt wie Lehrer Piening ist, aber viel vornehmer und auch schöner im Ganzen, weil er nicht so einen Bauch hat und sehr gerade Beine, die in adretten Beinkleidern stecken.
Ich weiß noch nicht, in welchen Belang er mit mir treten will. Aber ich habe es im Gefühle, daß er treten will. Wir werden sehen, obwohl die Vorsteherin gesagt hat, daß wir keinen Menschen grüßen dürfen oder mit ihm reden, wenn er von männlicher Natur ist. Auch den Konditter Pohlmeyer dürfen wir nicht mehr ansehen als eine Sekunde, weil die Knille-Kuhloo sagt, daß es sich nicht schickt.
Der Herr hat ein leidvolles, aber nicht marodes Gesicht mit Bartsproß. Es nimmt sich sehr elegant aus, so daß man denken könnte, er ist ein Schausteller oder Frisöhr.
Genannt hat er sich noch nicht, man nur gehüstelt und gegrüßt, wenn er vorbeigeht, was er sehr oft tut, daß es schon auffällt. Wenn er was sagt, schreibe ich Euch gleich, damit Ihr wißt, daß ich nichts Unrechtes tue. Vielleicht schreibt Euch die Vorsteherin, daß mich ein Herr grüßt. Dann wißt Ihr gleich Bescheid, daß sie sich was denkt, was Ihr Euch nicht gleich denken sollt.

Die Bildung geht weiter. Sie ist jetzt bei Seite 75 in Schillers »Maria Stuart«, was eine Königin war, die in Schottland in den Sack nießen mußte. Sagt Mademoiselle Plühmann, die es wissen muß, weil sie ihre Nase in jeden Dreck steckt. Das mit dem Sack ist nur ein Bild. Hat sie gesagt. In Wirklichkeit ist der Sack gar kein Sack, sondern der, wo hinein ihr Kopf gefallen ist, als sie ihn abgehackt haben.
Ob sie ihn wirklich abgehackt haben, weiß ich nicht. Ich habe schon hinten in dem Buch gelesen und da steht nichts davon drin. Vielleicht ist es so ein Jokus wie mit dem Sack von Knecht Rupprecht, der auch keinen in Wirklichkeit hat und bloß denselben von den Eltern kriegt, die ihre Kinder damit fexieren oder Kekse geben.
Man soll eigentlich nicht Kekse schreiben, wie es Herr Piening gesagt hat, sondern Cakes. Das ist englisch und vornehm, obwohl es der gleiche Teig ist, aus dem die Kekse und die Cakes gemacht sind.
Ich muß jetzt auf die Malerei gehen, weil Mademoiselle von Klasen morgen etwas sehen will. Wir sollen eine Vase mit Blumen machen, was sehr schwer ist, weil man Veilchen und Hüarsinten nicht von der freien Leber weg zeichnen kann. Man kann sie um sich herum zeichnen, aber nicht, was innen drin ist. Ich muß mich sehr anstrengen, daß was aufs Papier kommt. Wenn nichts aufs Papier kommt, kriegt Mademoiselle von Klasen Habichtaugen und sagt, daß wir Otterngezücht sind und keine Furcht im Herrn haben. Die habe ich aber. In derselben grüßt Euch Euer Julchen, Pensionistin.

Ballenstedt, den 7ten Mai 1898

Mein liebstes Emmakindchen!
Wie es Deinem Zuckerjulchen geht? Es geht ihm sehr, sehr gut. Vor ein paar Tagen, da ist sie mit einem wahren Prinzen auf Spazier gewesen. Du glaubst es nicht? Die Frau Vorsteherin hat die grüne Tobsucht gekriegt und zwei Tage lang nichts essen können und auch nichts von sich gegeben.
Ein wahrer Prinz! Ich bin auch sehr erschrocken, daß er ein echter Prinz ist, aber er hat es mir gesagt ... und die anderen in Ballenstedt wissen auch, daß er ein Prinz ist. Dazu ein Dichter wie Gottlieb Müller aus Suderburg. Er heißt Emil und hält sehr auf sich.
Aber er geht nicht sehr weit mit mir, nur ein Stück und sagt dann »Habe die Ehre«. Was der immer mit seiner Ehre hat! Er soll mal was anderes mit mir haben. Aber er denkt, daß er mit einer Pensionistin in keinen weiteren Belang treten darf. Nun gut. Es wird sich zeigen.
Wenn ich wieder mal einen Prinzen habe, schreibe ich es Dir. Es ist

besser, Du sagst Grummuttée nichts von der Sache, weil sie es nicht verstehen wird, daß ich mit wahren und echten Prinzen gehe. Ich bin mit Emil ganz privat und sage es nur Dir, damit Du von meiner Fassong weißt. Nun weißt Du alles. Dein Julchen.

»Die Natur hat Sie, mein kleines Fräulein, mit allerliebsten Dichteraugen begabt«, flüsterte Prinz Emil, der Ältliche, Julchen zu. »Sie sind ein Geschöpf des Glücks. Nehmen Sie noch etwas von der köstlichen Schokolade, mein Herz?«
Julie nickte zaghaft. Bisher hatte sie nicht mehr als Danke und Bitte hervorgebracht, obwohl das Rendezvous schon über eine halbe Stunde dauerte – wie Konditor Pohlmeyer auf seiner Schweizer Westentaschenuhr feststellte.
»So wenig gesprächig?« fragte der Prinz. »Oder ... gefällt Ihnen vielleicht irgend etwas nicht an mir?«
»Oh, doch, alles«, antwortete Julchen errötend. »Nur, nur ...«
»Nun?«
»Nur ... ich hatte bisher noch nie die Ehre, mit einer Hoheit die Schokolade zu nehmen. Das ist es, Hoheit. Und deswegen wollen Hoheit mir verzeihen, wenn ich ...«
»Papperlapapp!« sagte Prinz Emil und zwirbelte seinen immer noch dunkelbraunen Backenbart. Er schnippste mit den Fingern, worauf Konditor Pohlmeyer mit tiefen und häufigen Verbeugungen an den Tisch kam.
»Noch ein Stück von dem Salzwedeler Baumkuchen für das junge Fräulein«, sagte Prinz Emil.
»Mit dem allerlauchtigsten Vergnügen!« antwortete Pohlmeyer. »Ich werde dem Wunsche von Hoheit stantepede willfahren.« Rückwärts und abermals tief dienernd bewegte sich Pohlmeyer zu seinem Tresen zurück.
»Sie essen doch noch?« fragte der Prinz.
»Ich werde dem Wunsche von Hoheit stantepede willfahren«, echote Julie. Der Satz von Meister Pohlmeyer hatte ihr ausnehmend gut gefallen. Jetzt lachte der Prinz und zeigte eine Reihe wohlgeformter schneeweißer Zähne. »Aber, mein herziger Schneck!« sagte der Prinz. »Warum so förmlich? Ich bin auch nur ein Mensch, wenn ich auch ein Dichter dazu bin. Haben Sie es, mein Fräulein, mit der Dichtkunst auch schon einmal probiert?«
Julie nickte errötend. »Mehrfach«, sagte sie leise. »Aber ich bin im Versmaß und in der Schönheit der Worte noch nicht allzu weit gediehen. Auch mangelt es mir an Einfällen. Man kann ja nicht alles bedichten, was es gibt.«

»Da haben Sie recht, mein entzückendes Dichterengelchen«, sagte der Prinz. »Vielleicht holen Sie sich so angelegentlich von mir einen Rat, wie man es macht. Bevorzugen Sie Daktylos oder Anapäst?«
»Anna – was?« fragte Julie, zuckte zusammen, um die Leicht-Entrüstete zu spielen. »Wenn es das ist, was Mademoiselle Plühmann bei mir versucht hat, dann bin ich entschieden für den anderen«, sagte Julchen. »Aber davon können Sie ja nichts ahnen, Hoheit.«
Hoheit ließen sich berichten. Nach der Beichte ergriff er Julchens Hand, bog ihr den Zeigefinger hoch und stippte diesen in die Schokoladentasse. Dann führte er ihre Hand an seinen Mund und schleckte mit harscher Zunge den Sud von ihrem Fingerlein, wobei er »ah«, »bon!« und »delicious!« stöhnte. Dann sah er ihr streng in die Augen. »Mein gutes Kind«, sagte der Prinz, »Sie haben schon manches aus der Schule des Lebens erfahren. Manches. Nicht alles. Es bleibt Ihnen noch vieles zu entdecken. Schönes, Minder-Schönes, Schmutziges. Vertrauen Sie sich meiner Führung an. Ich werde Ihnen die Gipfel des Lebens zeigen.«
Julie hatte Tränen in den Augen. »Sie reden wie in einem Roman, Hoheit«, schluchzte sie. »Der feine Prinz erhebt das arme Aschenputtel. Ja, zeigen Sie mir die Gipfel. Ich werde es Ihnen bis an mein Lebensende zu danken wissen!«
Der Prinz küßte ihre Hand. »Nicht doch«, sagte Julie. »Wenn Herr Pohlmeyer das sieht, erzählt er's der Vorsteherin. Ich hätte darunter zu leiden.«
»So werde ich mir Pohlmeyers Schweigen erkaufen«, sagte der Prinz. Er schnippte abermals mit den Fingern, der Konditormeister erschien, devot katzbuckelnd, mit einem süffisanten Lächeln auf den Wulstlippen. »Nehmen Sie das«, sagte der Prinz und drückte Pohlmeyer einen blanken Dukaten in die Hand. »Dafür vergessen Sie alles, was Sie an diesem Nachmittag hier gesehen haben, verstanden?«
Pohlmeyer dienerte. Er spie auf den Dukaten und murmelte: »Hoheit sind die Güte in Person!«
Prinz Emil winkte ab. »Und nun werde ich Sie zum Pensionat zurückbegleiten«, sagte er. »Geben Sie mir Ihren Arm.« Julie zitterte, als sie mit seinem Körper in Berührung kam.
Vor dem Pensionat stand Mademoiselle Amanda Knille-Kuhloo: seit einer Viertelstunde, seit einer halben? Wer weiß es. Sie wartete auf das Paar. Und als der Prinz ihr »den kleinen Engel« ablieferte, da versank sie in einem tiefen Hofknicks, aus dem sie sich erst

wieder erhob, als Emil, der Dichter-Prinz, längst wieder aus der Gegend verschwunden war.
Julie stand träumend neben der Vorsteherin, die sie süß-säuerlich anlächelte. »Sie sind eine Ganz-Gerissene«, sagte Amanda. »Sie werden Karriere machen, denn es geschieht nur selten, daß ein Prinz einem in die Arme läuft. Und wie mir scheint, ist der alte Bock ganz Feuer und Flamme. Nur kann ich es nicht dulden, daß Sie diese Liaison sozusagen unter meinem Dache und unter meinen Augen fortsetzen. Mein Haus ist schließlich kein Puff!« Amanda schickte sich an, in das Haus zu gehen.
»Was ist Ihr Haus nicht?« fragte Julie irritiert. Amanda besann sich: »Ich sprach von einem Etablissement, welches in Paris für solche Zwecke, wie Sie sie mit dem Prinzen anstreben, dient. Man nennt sie die Bouffes Parisiens. Der Komponist Offenbach hat sie erfunden. Demzufolge ist seine Musik auch entsprechend. Ich gehe jetzt.« Und damit war sie auch schon im Entrée verschwunden.
»Haben Sie je etwas von den Pariser Bouffes gehört?« fragte Julchen die vorbeiwallende Mademoiselle Vertikow. Mademoiselle musterte die Elevin von unten bis oben und zischte sie an: »Shocking!« Und als Julie aus ihrem Augenbereich war, fügte sie hinzu: »Schackreffcolerapirunjesacra, in diesem Hause züchtet man keine anständigen Frauen heran, sondern Kurtisanen!«

Ballenstedt, den 14ten Mai 1898

Mein Goldemmalein!
Wir sind schon ein gutes Stück weiter ... Emil und ich. Obwohl ich Dir sagen muß, daß Prinzen wie ganz gewöhnliche Männer sind und nichts an Vorfind haben, was sie unterscheidet. Du gehst dahin und denkst, da kommt ein Frisöhr. Es ist aber kein Frisöhr, sondern ein Prinz, der Dir gar nicht an die Haare will. Mein Prinz ist hier auf Kur, weil er eine hitzige Leber hat. Er trinkt jeden Tag zwei Kannen Wasser, damit die Hitze von ihm geht. Kaum hat er eine Kanne aus, drückt es ihm auf die Blase, daß er pien muß. Dann errötet er und sagt: »Pardon, mein Fräulein, Sie können mich wohl einen kleinen Moment entbehren!« Dann entbehre ich und ich weiß, wo er war, denn er piet sich immer auf das rechte Hosenbein.
Nun frage ich Dich, warum piet sich ein Prinz immer auf das rechte Hosenbein? Er wird nach der anderen Seite nicht können ... wie bei Onkel Cleomildus, der Steine davor hat, daß sein Kuckuck nicht rauskommen kann, um zu sagen, was es geschlagen hat. Ich hoffe, daß mein Emil solche Steine nicht hat und daß sein Kuckuck noch schön mobil ist. Aber er piet nach rechts. Was meinst Du?

Vielleicht macht er deswegen die Kur. Er fuscht schon vier Jahre jeden Frühling und Sommer in Ballenstedt. Bald muß es aber doch genug sein, denn ... wenn er nach vier Jahren immer noch rechts einpiet, dann hat es nichts geholfen!
Emil ist sonst noch sehr schön im Geschirr, wenn er auch einen sehr dicken Peau-Peau hat. Das macht nichts aus. Er trägt einen Kötterweg *(Cut away?)*, was die Blähung hinten wegmacht, daß er schlank aussieht wie eine Tanne. Sonst hat er schöne Augen und trinkt mit mir, wenn's keiner sieht, französische Schokolade.
Wenn ich einmal reich bin, trinke ich mit Euch auch französische Schokolade, welche Bäcker Hein in Ülzen nicht hat, aber noch kriegen kann, wenn ich reich bin und es ihm sage.
Ich kriege hier viel Pfeffer in alles und ich habe den Schnuf davon, welcher überhaupt nicht weggehen will. Emil sagt, es kommt von dem jungen Heu. So ein Blödsinn! Wie kann man vom Heu den Schnuf kriegen!? Dann müßten ja alle Kühe dauernd denselben haben. Ich glaube aber, daß er weg ist, wenn ich Euch das nächste Mal schreiben tue. Es küßt Dich für heute Dein Zuckerjulchen.

Ballenstedt, den 17ten Juni 1898

Meine liebe Schwester!
Seit gestern lenkt Emil meine Schritte. Er sagt, daß ich die Ballenstedter Bildung in Person bin. Ich soll zu seiner Frau Tante nach Hannover als Vorleserin, weil dieselbe keine hat und immer alles vorgelesen haben muß, weil sie schon alt ist und lieber hört als liest. Emil sagt, es ist vornehm, wenn man sichs lesen läßt.
Wie soll ich das unserer Grummuttée sagen? Ich habe ihm gesagt, daß ich noch ein Jahr als Pensionistin hier in Ballenstedt die Bildung haben will. Vielleicht nimmt mich dann seine Frau Tante nach Hannover, damit ich ihrs lese. Wenn ich Ende Juli komme, will ich es mit Euch besprechen. Sage aber noch nichts, weil sie hier schon genug sagen. Schade, daß Du Emil nicht kennst! Er ist perfekt mit mir und sagt sogar, daß ich seine Zuckererbse bin. Er hat nur solche vornehmen Ausdrücke und bewirft mich damit. Konditter Pohlmeyer dienert immerzu, wenn wir auf französische Schokolade zu ihm kommen. Er sagt Durchlaucht und Hoheit. Emil ist beides, weil er von beiden Seiten adelig ist.
Nun muß ich schließen, weil die Dinten stockig wird. Es küßt Dich Dein liebes Julchen.

Ballenstedt, den 30ten Juni 1898

Liebe Grummuttée!

Seit gestern habe ich es mit der linken Brust, weil der Zitz ganz rot ist und scheuert. Ich habe kalten Umschlag gemacht, geht aber nicht weg. Ob ich den Rotlauf habe? Schreibe mir schnell mit Extrapost, was ich tun soll. Die Vorsteherin hat mich ganz krüsch angesehen und tut gar nichts. Sie hat nur gesagt »Kind! Kind!« und die Arme zum Himmel ausgestreckt. Als wenn ich die Räude habe! Nachher hat sie mir in die Augen gesehen und geseufzt: »Dieser dolle Prinzendichter!« Ich habe nichts getan und bin ein Kind der Tugend. Selig sind, die da Leid tragen!

Also schreibe mir sehr rasch, damit ich besser werde. Es umarmt Dich Dein liebes Kind Julie.

Ballenstedt, den 15. Dezember 1899: Heute war mein Abschied. Magdalene Sutitt hat Sturzbäche geweint. Und ich auch. Sie wird von ihren Eltern mit einem Landwirt aus Neubrandenburg verlobt, welcher drei Güter und zweihundertfünfzig Kühe besitzt. Wenn sie heiratet, will sie mich einladen.

Amanda und die Vertikow haben geweint, als sie mich entließen. Sie haben mir ein schönes Zeugnis mitgegeben, in dem zu lesen steht, daß ich nun »reif fürs Leben« sei. Ich nehm's drum.

Emil, mein Hüon, fuhr mich zum Bahnhof. Er kehrt morgen zu seiner Familie zurück, in den Schoß seiner treusorgenden Gattin. Er hat mir einen Empfehlungsbrief für die Baronin von S. in Hannover mitgegeben, wo er mich untergebracht wissen möchte. Die Baronin ist mit ihm verwandt. Ich soll ihr vorlesen und ihr beim Handarbeiten helfen. Sonst nichts. Ach, Emil, ach, Leben, ach, Liebe ...! Er hat mich zum Schlusse geküßt, daß ich an seiner großen, langen Männerzunge fast erstickt wäre. Und dann hat er mich in den Busen gekniffen und geseufzt: »Ach Julchen ...!« Dann ist er davon. Ich hatte sechs Tränen in den Augen, vier für ihn und zwei für mich.

Hannover, den 28. Januar 1900: Nun weile ich seit vierzehn Tagen in der Stadt, die mich hervorgebracht hat. Die Baronin von S. ist sehr nett. Sie ist ein Ableger des hiesigen Königshauses, welches aber von den Preußen verjagt worden ist, was auf Bismarcks Konto geht. Dieser Knüppelausdemsack! Wir kriegen immer vornehme Briefe, welche uns der Diener Johann – er tritt ein wenig in die Kuhle – auf silbernem Tablette in den Salon reichen muß, wo wir Richelieu machen, was die liebste Handarbeit der Frau Baronin ist. An Gästen haben wir die alte Gräfin von der Schulenburg, welche an einem bösen Reizhusten kränkelt, was sie von der ewigen Jagd hat, wo sie es immer zu hitzig getrieben hat. Sagt die Frau Baronin, welche man mit Excellenz anreden muß, weil ihr verstorbener Herr Gemahl ein selbiger gewesen ist. Die Frau von der Wense, welche sehr viel ißt und auf der Oberlippe einen Räudepickel hat, kommt freitags zum Jour, den wir um fünfzehn Uhr beginnen. Auch kommt der alte, sehr liebenswürdige Herr Hofschauspieler Barnay, welcher meine Stimme gelobt und mir gesagt hat, daß ich verkehrt in die Welt gesetzt worden sei, indem ich zum Theater hätte müssen, was wir einmal in der Woche heimsuchen. Ich habe ein Stück von Madame Birch-Pfeiffer gesehen, worüber ich den ganzen Tag geweint habe.

Die Frau Baronin, Excellenz, hat auch tätigen Verkehr mit dem Herrn Berliner, einem Fabrikanten, welcher einen Apparat erfunden hat, den man Telephon heißt, womit man über die ganze Stadt vermittels einer Sprechmuschel mit einem anderen reden kann. Auch hat er einen anderen Apparat erfunden, welcher die menschliche Stimme einmacht, so daß du sie später wieder hören kannst, wenn du einen Genuß auf sie hast. Die Frau Baronin, Excellenz, hat solch einen Apparat, weiß aber damit nicht recht zu hantieren, was Emil tun soll, wenn er im Februar Visite macht. Emil, Emchen, Milchen, Millilein...! Ich werde dich wiedersehen, und du sollst mit deinem Herzensjulchen zufrieden sein.

Hannover, den 17. Februar 1900: Ich bin wie eine Nudel, welche gekocht und verquollen ist. Emil, was hast du mir angetan? Dein Adel hat mich zerstoßen wie ein schmächtiges Pfefferkorn in einem unentrinnbaren Mörser. Ach, Mörser-Emil, du Guter!

Den 19. Februar: Jeder Abend ist wie eine Schlacht. Da kommt mein Offizier durch die Türe und nimmt mich im Sturme. Ich rette mein Wenigstes, presse es an mich. Doch er fordert auch dies. Und dann fällt Schnee auf mich hernieder. Ich bin ein Stück Erde, das nach diesem Schnee dürstet. Wie gräme ich mich, daß es eine Jahreszeit geben wird, wo es aufgehört hat zu schneien.

Den 20. Februar: Was er alles kann! Er ist ein viel größerer Erfinder als Herr Berliner mit seinen Apparaten. Ich sage dir, mein liebes Buch der Geheimnisse, der Zauber-Apparat, welchen die höhere Fügung für Emil erfand, ist tausendmal und hunderttausendmal wichtiger als Berliners selbsttätige Drehorgeln und Telephone. Emil läßt mich immerzu seine kleine Zuckererbse sein, die er sanft aus den Schalen pellt und dann auf der Zunge zergehen läßt. Er bringt eine Feder mit, womit er mir die Fußsohlen kitzelt. Das sind Amors Flöhe. Hat er gesagt. Nein, nein, nein! Es sind Emils Flöhe! Diese kleinen Beißerchen, die mir den Fuß in Wonnen zernagen. Emil, du

unberechenbarer Pythagoras der Liebe, du Hanak, du Zephir-Eselchen. Er hat gesagt, daß sich die Römerinnen haben die Fußsohlen lecken lassen von durstigen Gebirgsziegen. Und das sei wie Pfingsten, Himmelfahrt und erste Liebesnacht zusammen. Er weiß es, doch ließe ich keine Ziege an mich heran.
Hannover, den 24. Februar: Nun sind es schon so viele Nächte her, daß Emil mit mir Vesuv spielt. Die Frau Baronin, Excellenz, hat noch nichts bemerkt, obwohl sie mich morgens zwei Stunden länger schlafen läßt. Das ist gut. Meine Augen liegen so tief wie ein See. Emil liest darinnen. Und er liest von lauter Liebe und Liebesleid. Ach, Emil, mein Bube, mein Hermes, mein Edler, mein Buhle wert! Er sagt, ich sei sein Löschblatt, das all seine dicke Tinte einsaugt. Er sagt auch, ich sei seine kleine, süße Sklavin, die seine Peitsche zu spüren bekäme. Was soll ich mehr sein als all dies! Ach, morgen fährt er. Dann bleibe ich in diesem Loch zurück, in dem ich mich am liebsten ertränken möchte.
Den 25. Februar: Nun ist die Sonne untergegangen. Phöbus kehrt mir nicht zurück. Ich sitze da und weine. Kam der Barnay und wollte mich trösten. Sie wissen es, die Diebe! Sie haben mir mein teuerstes Geheimnis entrissen! Ich bin vor aller Welt entehrt, ich, die Domestikin! Oh, Schande! Und du, Emil, warum hast du es zugelassen? Warum nur? Warum nur? Ich vergehe vor Pein. Die Baronin läßt mich in Ruhe und sagt, ich solle mich ausschlafen. Dann soll ich ihr Charlotte Wolter vorlesen.
Wo ist die Lava, die mich zudeckt und einäschert? Wo ist der Poseidon, der mich umwühlt? Wo ist der Goethe, der mich zu neuen Taten weckt?

Lied einer Bleichsüchtigen

Ich bin so blaß und fade,
Mein Blut, es ist dahin,
So weiß wie eine Made
Und wie ein Zwirn so dünn.

Ich trank zuviel Citrone
Und des Rhabarbers Saft.
Jetzt ist dafür zum Lohne
Der Corpus mir erschlafft.

Dahin sind meine Brüste,
Die wohlgeformten, ach!

Nichts blieb als eine Wüste
Mit zwei Oasen flach.

Nun lachen mich die Grafen
Und die Barone aus.
Sie tun die Bleichsucht strafen,
Als stehlt' ich Gold im Haus.

Hätt' ich doch meine Fülle
Wie im September noch.
Ich dankte in der Stille
Dem Schicksal und dem Koch.

Vermutbar bleibt eher, sie schrieb Kitsch und Haarsträubendes mit ironisch geknickter Feder. Sie stellte sich nur dumm. Sie war es sicher nicht. Sie zwinkerte beim Schreiben. Sie stellte sich naiv oder streckenweise platterdings dämlich, aber sie verlautbarte Entsprechendes doch wohl eher aus Kalkül, Hohn und ironischer Berechnung...
(Friedrich Luft in »Die Welt«, 21. 2. 1977)

Der Dichter

Eine Erzählung nach dem Leben

Es war an einem sehr schwülen Abend im Heumond August. Letzte Libellen tanzten in den Zweigen, schon ganz betrunken vom schweren Saft des Altweibersommers, welcher aus den Blüten floß, welche das ganze Haus umrankelten, in dem Martha wohnte. Martha wohnte hier alleine, denn der Herrgott hatte seit viereinhalb Jahren ihren würdigen Herrn Vater vor der Zeit in die Ewigkeit abgerufen und ihre Goldmama war auch schon längstens dorten, wo der Wind keinen Sand mehr in den Ecken zusammenfegt.
Martha war ein schmuckes Kind, etwas spät erblüht, aber mit allen Sinnen dabei, wenn das Leben an die Pforten ihres Häuschens klopfte, in welchem sie alles pieksauber hielt, denn ihre Devise war: Ordnung aber machet dein Heim zum Königreich! Auch an diesem Abend war alles in wohlfeinster Ordnung. Das Fenster leicht geöffnet, atmete sie die süßen Düfte von den weißen Augustrosen, die noch nicht Schnee sind, aber davon sprechen, daß es bald Herbst und Winter sein wird und daß alles auf dieser Welt von unausstehlicher Vergänglichkeit ist. Es war ein Duften wie von Moschuß und Ingfer gemischt, herb und lind zugleich, der sich wie die Klette überall festsetzt, wo er hinkommt. Martha war die Unruhe selberst, denn er hatte sich angesagt. Er, der Dichter, dem sie seit langem ihr Herz geschenkt, der's aber noch nicht gemerkt, weil Frauenherzen schwer in ihn eindringen können, denn er ist verschlossen und doch nicht verschlossen, leidenschaftlich und doch die Zurückweisung in Person, liebenswert und hart, alles in einem Topf. Martha kennt ihre Gefühle wohl, nicht aber die seinigen, die manchmal auf sie eindringen, manchmal kalt wie eine Hundeschnauze sind.
Was wird er heute sagen? So denkt sie vor sich hin und genießt die schweren Düfte, die ihr fast einen Nebel um den Kopf machen. Sie geht auf und ab, legt das Häkelzeug aufs Vertiko und schenkt sich was aus einer Flasche ein. Hm! Himbeerliköhr, von der besten Sorte. Himbeere ... das paßt zu den weißen Rosen. Ein Blutstropfen

der Madonna in den Kelch der riesigen Tausendschönchen, die Mutter Natura in ihrem besten Momente erfunden hat.
Der Liköhr kommt schön auf Durchdringung in den Magen von Martha. Es wird warm in ihr und sie denkt: »So warm müßte es sein, wenn er mich in seine Arme nimmt!« Noch hat er sie nicht genommen. Mal sehen, was dieser Abend bringt, denn wir wissen ja, daß der Dichter längst auf dem Wege zum Häuschen von Martha ist. Geschwinden Schrittes mißt er die Strecke von seinem Wohnorte nach dem seiner Martha durch. Seine Lackstiefeletten knirschen, weil sie neu sind und die Strecke so in Eile nehmen müssen. Sein Anzug ist von grauer Farbe mit Fischgräte, sein Hut dunkelrot wie kaltes Blut, seine Weste gelb und Plastron sehr weiß, weiß wie die Rosen vor dem Fenster und die Wand lang an Marthas Häuschen.
Schon biegt er den Gartenweg ein, der zum Entree führt. Und sie sieht ihn und springt ihm klopfenden Herzens entgegen. »Da bist du endlich, Hermann!« Er enthütet seinen Kopf und schöne Locken drücken sich in die nordische Stirn des poetischen Denkers, den alle Welt kennt. Er ist über fünfzig Lenze alt, aber noch sehr von Figura und man könnte denken, vierzig sind auch ganz schön. Er ist jung geblieben, jung im Herzen und am Bauche, welcher sich nicht so wölbt wie beim englischen Eduard, der den Ton angibt, aber ein ganzer Flickschuster ist.
»Hermann!« sagt sie mit Belegung auf der Zunge. »Ach, Hermann! Ich genaß des Himbeernliköhrs. Komme herein in mein Inneres, daß ich dir auch einen Schluck eingieße. Und wenn du ihn genipft hast, wird es dir warm ums Herze.«
Hermann kommt mit herein. Er sieht das aufgeräumte Häkelzeug und die schöne Stube, in der die Bilder von ihren Eltern sind, das Vertiko und die Plüschsessel, die alles so heimelig machen. Plüsch! Das ist die schmucke Welt des deutschen Heimes. Es geht nichts über den edlen Plüsch! Und manchmal denkt er, daß auch die Seele so müßte gebettet sein wie der Peau-Peau, wenn er sich auf das Weiche niederläßt, was so schön haltbar ist und die Generationen überwintert.
»Aber nur ein halbes Gläschen, meine Liebe!« sagte er mit Abwehrung. »Du weißt, ich kann die Prozente nicht so gut vertragen. Himbeernliköhr hat viele Prozente. Da vergesse ich nachher, wo ich bin und was ich tue!«
»Bei mir kannst du alles vergessen!« flüstert sie. Es wogt in ihr und ihr Busen geht auf und ab wie eine Nähmaschine. Wohl merkt er es, aber seine Hand geht nicht aus, das Drängen auf Beschwichtigung zu setzen.

»Vergessen!« sagte er still für sich hin. »Ich möchte vieles vergessen, aber ich kann's nicht, denn die Vergangenheit ist zu stark, mein Herz. Und die Gegenwart ist noch stärker. Du kennst mich nicht, meine Liebe. In mir lodert es furchtbar. Es ist die richtige Hölle in meinem Busen. Tausend Teufel haben mich jeden Tag in den Klafittchen. Was willst du da machen? Sie peinigen mich, sie wollen mich und meine Seele! Du weißt, wie das bei Goethe ist. Auch da wollen sie immer die Seele. Und ich bin soweit, daß ich sie ihnen geben muß, den Teufeln. Ach, das ist wohl eine große Peinlichkeit, aber die Wahrheit. Wo tausend Teufel nagen, da muß die keusche Liebe abseits sein. Vielleicht begreifst du mich, wenn kühle Erde meinen Leichmann decket. Sterben ist schön, Leben ist Bedrückung. Ich kann nicht mehr, Martha. Es geht mit mir bergab!«
Sie nahm ihn aufs Sopha und drückte seinen Kopf in ihren Schoß. Dann bespielte sie ihn schön mit ihren Händen im Angesichte. Es war ganz mütterlich, ohne das Gewisse. Und er mochte es, denn er war ganz aus den Pantinen und mochte die Welt nicht mehr, die böse, die ihn so bedrängte. »Sei still, mein Dichter«, sagte Martha. »In meinem Schoße wächst die Ruhe. Ich will sie dir schenken. Atme tief ein und blase alles wieder raus. Dann kannst du denken.«
So atmete er tief und seine Herzensbedrängung kam sehr schön auf Ausblasung. So ging's eine halbe Stunde, dann sprang er auf und rief: »Schon besser! Ach, Martha, du bist doch ein Seelendoktor, ein Engel, der mehr kann als nur Kartoffeln essen!«
Das war das Schönste, was er ihr bisher gesagt. Sie hatte es schwummernd vor den Augen, ward mit Blässe überzogen und fand den Halt nicht. Da lag sie auch schon am Boden. Eine wohlige Ohnmacht. Hermann kniete neben ihr und öffnete ihr vorsichtig das Mieder. Ganz vorsichtig. Nichts war zu sehen, so voll Moral und Anstand war er!
Martha dachte: »Wenn er nun alles öffnet? Dann muß er mich zur Frau nehmen. Ich bin die seine, er der meine. Alles kommt zu Hauf!« Er sah mal zur Seite. Da machten ihre Finger schnell das Mieder weiter, daß ein Teil von ihrem Busen seinen zurückkehrenden Augen angepriesen wurde. Er sah's, erschrak und deckte alles rasch wieder zu. »Verzeihung!« murmelte er. »Das war nicht meine Absicht!«
Nun konnte sie ihm nicht entgegenrufen, was ihre Absicht gewesen. Sie war betrübt, erhob sich wieder und zog sich richtig an, als wäre nichts zuvor gewesen. Sie öffnete die Fenster weit und

schnoff die Luft von draußen in sich hinein, weil ihr die von darinnen zu dick geworden war.
»Rieche mal!« seufzte sie. »Draußen ist der ganze Sommer in diesem einzigartigen Dufte zusammengefaßt. Ein königlicher Duft, Hermann. Das ist, was die Götter beriechen, wenn sie auf Olymphe ihre großen Feste feiern. So riechet Amor, wenn er sich aufmacht, der Liebe ein holdes Stück zu singen. Kannst du mir was singen, mein Dichter? Wenn ja, tue es gleich, denn in mir sammelt sich ein Haufen Traurigkeit. Die muß raus. Du kannst sie vertreiben. Singe, Dichter, ach singe!«
Und er sang. Ein schönes Lied von Liebe und Seelenschmerz und Heimweh und Versagung. Da wurde sie noch trauriger. Sie sagte: »Singe was Lustiges. Kannst du nicht einen Bummelschottschen singen?«
Er sang. Es war sehr lustig. Da kannte sie ihren alten Geist wieder und war fröhlich und guten Mutes.
Aber kaum, daß er geendet, da war's abermaligst um seinen inneren Frieden arg bestellt. Sein dunkles Auge füllte sich stehenden Fußes mit heißen Zähren, welche ihm an der wohlgefällig kleinen Nase entlangrannen hin zu dem Bronnen Mund, den Martha bekosen wollte, es aber nicht zu Wege brachte, weil er so gar keine Veranstaltung machte, ihr die Lippen zu reichen. So weinte er stumm für sich hin, ab und an das Battisttaschentuch aus der Tasche der gelben Weste zückend und es sehr nobel an die Augen drückend. Martha nahm alles mit größter Sorgsamkeit ab: Ein Dichter ist's, welcher sich so den Zähren hingibt und in den teuren Stoff schniebt! Schon das Schnieben war ihr ein gehöriges Vergnügen, so daß sich ihr Busen abermaligst dem schönen Manne entgegenwölbte, aber hatte es nicht auf Registratur und so wölbte sich der Betreffende bald wieder zurück, denn wenn er nicht auf eine Gegenwölbung trifft, wird er die Erschlaffung in Person und zieht sich zurück wie die müde Schnecke in ihr Häuschen.
Das Weinen ging ihr auf die Dauer quer und sie war kurz davor, es ganz unheimlich mit den Nerven zu kriegen, aber sie meisterte sich, denn sie hatte es schon oft vor ihm üben müssen, daß alles bereit war, aber nichts geschah. Der Duft der weißen Moschußrosen war unerträglich, und sie fühlte, daß ihr die Kniee naß wurden vom Schweiße der innigen Erregung, welche das Liebesgefühl an und für sich ist. Wenn er ein Mann war, so mußte er's nun endlich merken, daß sie die Hingabe mit allen Fasern ihres jungen Leibes wollte. Martha, Martha, du hast ein schweres Leben!
Sie bot ihm noch Liköhr und ihre weiße Hand, welche er mit zarten

Küssen bedeckte. Wenn er auf Kuß kam, waren seine Lippen nur noch zwei Striche. Der kleine, süße Bart war ein zierliches Dach über denselben. Es war alles zierlich an ihm, ungewöhnlich hübsch und akkurat. Zu schön, um wahr zu sein. Als es langsam auf die Dunkelheit zuschritt, die sich wohltuend über das Häuschen und die gute Stube legte, da wurde sie noch inniger. Es war der letzte Schritt vor dem allerletzten. »Ich kann ihm doch keinen Antrag machen!« dachte Martha bei sich. »Sollte ich dennoch? Wie wird er's auffassen? Was denkt er von mir und meinen heißen Gefühlen? Ach ja, ich möchte ihn an mich drücken, ihm die gelbe Weste aufknöpfen, das Hemd ... und dann sehe ich ihn in all seiner Pracht, seiner Männlichkeit. Ob sich's schön bei ihm kräuselt? Wo sollte es nicht! Er ist zwar vom Norden, aber von dunkler Leidenschaft. Da haben sie es kraus und dicht auf der Haut und es ist eine Pracht und Herrlichkeit!«

Gegen zehn Uhr am Abend legte sie Hand an ihn. Sie zwickte die Westenknöpfe auf und fühlte mit der zarten rechten Hand vor, was da kommen sollte. Es war ein Hemd von Seide darüber, ganz fein und kühl. Sie riß es empor und legte ihre Finger auf seine Brust. Nanu? Es kräuselte sich gar nichts, nicht ein kleines, armes Härchen. Er war ganz barft da oben! »Das macht nichts«, dachte sie ein wenig enttäuscht bei sich. »Auch ohne Wald ist Schleswig-Holstein deutsches Land!«

Er merkte, daß sie zaghaft an seinem Corpus weidete, es genierte ihn, denn er war nicht so einer, dem man's sogleich aufzwicken kann.

»Ach, Martha!« sagte er leise. »Ich weiß, ich weiß...! Aber es ist vergeblich. Du findest nicht an mir, was du in deiner Treulichkeit suchest. Siehe, mich hat der liebe Gott ein wenig anders geschaffen. Nicht zu deinem Wohle, nicht zum Ergötzen der Damenwelt, welche in mir einen zweiten Amor erkennt, auch wenn ich schon längst das fünfte Jahrzehnt auf dem Buckel habe. Nun muß es raus! Es geht nicht anders! Du wirst mir sonst zu nahe!«

Sie verstand ihn nicht. Ihre Hand, so eifrig und wohlig zuvor, fuhr stehenden Fußes zurück und war zitterig und tatterig. »Was soll mir dieses, Hermann?« fragte sie. »War ich unschicklich?«

»Nein, mein Engel!« rief der Dichter aus. »Das warst du nie. Aber siehe, Martha, ich liebe einen Knaben!«

Der Hölle Rachen sollte sich auftun, tat sich aber nicht.

Martha griff sich an die Stirn, ein großer Taumel zermarterte ihr das junge Hirn, sie sank abermaligst zu Boden und mit ihr der teure Liköhr in Butellje, sechs Mark der halbe Liter. Es dauerte diesmal

10.11.06

Mein Veilchen!!

Das kleine blaue Veilchen
Kennt mein ganzes Herz,
Hab' ihm von aller Freude
Erzählt, von allem Schmerz.

Das kleine blaue Veilchen
Weiss es gar sehr genau,
Weshalb ich immer weine, —
So oft ich es anschau! —

Das kleine blaue Veilchen
Erfaßt's in seinem Sinn,
Weshalb ich in der Liebe
So knapp bei Kasse bin! — —

eine Stunde, ehe sie den Geist der Welt wieder in sich hatte. Sie lag auf Berschere und Hermann, der Dichter, kniete neben ihr.

»Oh, Martha, Martha!« schluchzte er. »Ich habe ein schlechtes Gewissen!«

Sie hatte Dämmerung und kam auf Überlegung.

»So einer bist auch du!« sagte sie leise. »Das hätte ich nie von dir gedacht, Hermann? So bist du der Abgrund, die Verwerfung in Person!«

»Du darfst mich nicht verkennen, meine Schwester!« flehte er. »Ich kann doch nichts dafür, Martha!«
»Du mußt ins Zuchthaus!« wimmerte sie. »Ein Knabe! Ach, wäre ich ein Knabe, aber mir ist dergleichen nicht am Corpus, welches du verlangest!«
»Du Liebe!« schluchzte der Dichter. »Ich will dich nun lassen und meiner Wege ziehen. Sag mir Adjöh, Martha, dann wird mir besser!«
Sie sagte Adjöh und verfiel in ein fürchterliches Weinen. Er raffte seinen Hut, die Handschuhe und eilte hinaus. Sein Duft blieb im Raume zurück, vermengte sich mit demselben der weißen Rosen und ward ein einziger Geruch, der Odem eines armen Dichters, welcher auf den Namen Hermann Bang getauft war und die Knaben küßte.
Martha richtete sich sehr langsam auf. »War das ein Traum?« stellte sie sich die unausweichliche Frage. »Nein, es ist die greuliche Wirklichkeit!« mußte sie sich sagen. Sie nahm zwei Liköhre und war schon ganz beschwippst. Dann nahm sie noch einen und fiel abermaligst zu Boden. So fand sie anderntags Marie, das Fräulein Aufwartung.

Genoveva
oder
die Weisse Hirschkuh

Berlin, den 17. Februar 1908

Herrn Hofschauspieler Barnay
zu Hannover
Königsstraße
Hochwohlgeborener, Freundlicher!
Sie hatten die große Güte, mich vor einiger Zeit bei der Frau Baronin von der Schulenburg auf die Weisung zu bringen, verkehrt in die Welt gesetzt zu sein, indem ich zum Theatro hätte müssen. Dieses, Geehrter, war für mich ein dringender Fall von kräftiger Überlegung, indem ich mit meinem jetzigen Stand überhaupt nicht zufrieden bin, obwohl ich angesehen und in einem Tun ohne jedwede Behinderung.
Meine Sprache ist von direkter Geübtheit, aber doch nicht so gediegen, daß ich der Bühne meine lebhaften Dienste anbieten kann. Dieses ist auch nicht der Grund, warum ich die Feder ergreife und mich an Sie bescheide. Sie sind eine wahre Gnade auf dieser Theaterwelt und die Frau Baronin, selig, hat mir immer gesagt, was man alles auf Sie bauen kann. Auch der Herr Berliner ist sehr auf Sie aus und weiß, daß Sie ein Kaiser des Theatro sind.
Ich bin nun mit mir in Übereinkunft geraten, daß ich mich auf die Dichtung von Bühnenwerken bestellen will. Ich habe in vielen edlen Nächten das beigefügte Stück erfunden. Nehmen Sie es an Ihr weites Herz und lassen Sie es, Teuerster, Ihr eigen sein. Dieses gibt Ihnen in aller Hingabe und Verehrung Ihre Julie Schrader, z. Zt. Berlin, poste restante.

Auf den Herrn Hofschauspieler Louis Barnay, den Göttlichen

Wenn Wiesen ohne Blumen wären,
Wenn Himmel ohne Mond und Stern,
Wenn Besen ohne Haare kehren . . .,
Man lebte dennoch lang und gern.

Wenn ohne Feuer Feuersbrünste,
Wenn ohne Wasser Regen wär',
Wenn jedes Kunsthaus ohne Künste,
Es bliebe doch nicht öd' und leer.

Denn zu Hannover lebt ein Meister,
Der schafft aus Goethe Frohnatur.
Verscheucht die allerschlimmsten Beister,
Die wo von kritischer Statur.

Sein Wort ist machtvoll wie das Blitzen.
Oh, strömt heraus, ihr Silben all!
Wenn man ihn hört, kommt man ins Schwitzen
Und fühlt der Wonne Liebesstrahl.

Er heißet Barnay, und bei Hofe
Ist er der Größte zu Berlin.
Die Kaiserin, die Kammerzofe,
Sie sind mit seiner Kunst intim!

Wenn er den Nikolaus zitieret
Und eine Limonade trinkt,
Dann weißt Du, Seele, was gebieret
Poetisch triefender Instinkt.

Mit Barnay bleibt die Welt bestehen,
Mit Barnay ist die Kunst perfekt.
Ich lasse niehemals mich gehen,
Wenn er auf einer Bühne steckt.

Er schreitet aus mit mächt'gen Schritten
Und schreit sein Wort hinab zum Saal.
Er läßt sich nicht um Weit'res bitten.
Dein Lechzen ist ihm ganz egal.

Wenn er so geht, sind's Kirchenglocken,
Die mit ihm bimmeln hell und klar.
Oh, Louis Barnay, Atem stocken,
Vernimmt man Deinen Kommentar.

Wie sprichst Du Werners heil'ge Strophen,
Wie säuselst Du den Wahnsinn hin.

Du heizt mir ein... Bist Du ein Ofen?
Verzeih', daß ich jetzt gleich gerinn'!

Ich fall' wie dicke Milch zusammen,
Streu' Deines Ruhmes Kümmel drauf!
Ach, möchte mich Dein Geist entflammen,
Bevor ich in den Hades lauf'!

Mein Barnay, Deine großen Worte...
Genieße ich wie alten Port.
Charlotte Wolter – Himmelstorte!
Du machst mich satt. Mein Bauch rumort.

Königliche Kunst

Es trabt ein großer Name
Durch das Hannoverland.
Die Ehrfurcht nie erlahme,
Er bleibe stets bekannt.

Ein edler, großer Hüne
Verleiht uns seine Gunst.
Er steht auf einer Bühne
In königlicher Kunst.

Hoch, Ludwig Barnay, Säule!
Es kommt Dir keiner gleich.
Nicht tausend Ackergäule
Geh'n auf Deinen Streich!

Du bist so ganz voll Mimus,
Voll Weisheit und voll Treu'!
Schenier Dich nicht, mein Primus
Aus Weizen... Nicht aus Spreu!

Wenn ich Dich beten sehe
Von Goethe ein Gebet,
Dann hat – wie ich gestehe –
Mein Herz sich aufgebläht.

Bald wird es gar zerplatzen,
Vor lauter heil'ger Glut!

Jetzt möcht' ich Dich beschmatzen
In kühner Liebeswut.

Das bleibt jedoch ein Möchte …!
Herr Barnay fühlt es nicht.
Die Kerzen haben Döchte,
Doch ohne Brand: Kein Licht!

Genoveva
oder
die weiße Hirschkuh

„Fahr' wohl, fahr' wohl, mir stirbst du ewig nicht!"

Ein wirklich großes Drama
Von immer heilendem Balsam erfüllt,

„Fühl' Herr dies wohl!"

Für Herrn Hofrath Dr.
Louis Barnai,
Wohlgeb.

von der goldgetränkten Seele mit großen
Schmerzen und wahrer Inbrunst von der
Seele abgerungen

Im Jahre des Herrn
A. D.
1907.

„Welch Ungewitter die Menschen umgibt!"

(Zuerst ist eine schöne Musik von Orchestro. Es kann »Die Post im Walde« sein, aber auch »Heut' ist der Tag des Herrn«. Alles muß schön ruhig sein, nicht rascheln! Wie in der Oper. Wenn die Musik dahin ist, ist auch der Vorhang dasselbe. Wir sehen den schönen Salon von Frau Adolphine Plückerjahn, Excellenz zu Hannover, weil ihr sel. Gatte ein solcher gewesen ist. Es sind auch Papagoyen und Palmen auf der Bühne, daß alles schön natürlich ist.
Frau Plückerjahn, Excellenz, ist von jeglicher Sorte Wut, welche wir Menschen kennen, weil sie nun alles weiß. Adelkurt hat Vevchen verführt – Aber sie sagt: Vevchen hat ihren Herrn Neffööh Adelkurt, was man aber nicht glaubt, weil Vevchen von wirklicher Unschuld ist und wie ein Rosenengel aussieht. Frau Plückerjahn, Excellenz, jachtert von einer Ecke bis zur anderen über die Bühne, welches jetzt ihr Salon ist, wegen der Wut. Die Papagoyen jachtern auch. Vevchen kniet vorn an der Brüstung und jeder im Saal kann ihre Tränen und ihre schöne Tallje an sich sehen.)

FRAU PLÜCKERJAHN: Das mir...! Das mir...! In ganz Hannover bin ich eine Schande...! Du, Dirne, hast das Kind mir von der teuren Brust gerissen, die es genährt von jenen Tagen an, da schlimmer Tod des Meuchels Gerte über seine Eltern schwang. Mein Adelkurt, hat sie dich ganz zertrümmert? Da sitzt sie nun, die Magd, und schniebt und wimmert! Und so was hat in meinem Haus' gelebt! Was hat die Norne bloß in deinen Geist gewebt...!

VEVCHEN: Oh, übet Gnade, Excellenz, sonst muß ich mich auf schnellen Tod bereiten! Unschuldig bin ich, ist mein junges Blut! Ich tat es nicht, wovon Euch solche Zürnung ist. Ich ward dem Manne unterthan, nicht umgekehrt, so wie sich's bei Moral gehört! Als Adelkurt, mein Lieb, zu selbiger entbrannte, da dacht' ich leider nicht an seine hohe Tante!

FRAU PLÜCKERJAHN: Jawohl, ich bin sehr hoch gebaut, denn meine Mutter selig war die Tochter eines Grafen. Und darum ist mein Zorn von keinen schlechten Eltern. Ich sollte dich mit Kraft zermalmen...

VEVCHEN: Helft mir, ihr Götter, helft ihr Zimmerpalmen! Denn hier ist keiner in der Nähe, der mich schützt...!

(Die Palmen neigen sich mit allen ihren Wedeln auf Vevchen, was ganz wunderbar ist. Wie im Märchen. Frau Plückerjahn, Excellenz, sieht es nicht, aber Vevchen.)

VEVCHEN: Habt Dank, ihr Palmen, so hat mein Gebet genützt!

FRAU PLÜCKERJAHN: Du mußt, gemeine Magd, jetzt uns're Wohnung meiden. Mein Adelkurt soll deinen schnöden Leib nicht seh'n, wenn er von Hildesheim nach hier zurückgekehrt. Ich will die böse

Lust aus seinem Herzen bannen, die du gepflanzt in einer Nacht ... o Gott, o Gott! Mir schwinden schon die Sinne, du Verruchte! Wo ist der Hingfong hin, den gestern ich vergeblich schon in diesem Schranke suchte ...?!

(Frau Plückerjahn, Excellenz, sucht in einem Schranke nach ihrer Flasche Hingfong. Aber sie findet keine Flasche nicht, dafür das Glaubersalz, welches auch ganz gut ist, wenn man sich nicht fühlt.)

FRAU PLÜCKERJAHN: Nicht Hingfong und nicht Ehre, nur noch Schande! Oh, Adelkurt, was tatest du mir an ...! Ich, deine Tante, und du, mein Herr Neffôh, man wird jetzt Schmutz auf uns're Sippe werfen. Ich nehme Glaubersalz, auch dies' hilft gegen Nerven!

(Sie nimmt etwas Glaubersalz.)

FRAU PLÜCKERJAHN: Mein Plan, er ist gefaßt. Schon morgen packst du deine Koffer. Du kriegst noch sieben Mark und fünfzig als Salähr!

VEVCHEN: Oh, gnä'ge Frau, ich kann nicht mehr! Warum soll ich verstoßen werden, da mich doch keine Schulden treffen. Ist Liebe nicht Geschenk des großen Gottes .. ?

FRAU PLÜCKERJAHN: Genug der Worte und des schnöden Spottes! Du hast, was nie ein Weib von Stand ...

VEVCHEN (kommt jetzt etwas in die Höchte): Das ist doch wirklich allerhand! Ja, auch der Adel geht auf Liebe. Ich sage nur: Was war noch kurz vor seinem Tode mit dem gnä'gen Herrn? Ganz nackert lag der Herr in meiner Kammer und wollte mir mit Inbrunst ans Fischouh! Da kriegte ich von Euch die dreißig Märker. Ich nahm sie nicht, denn meine Ehre, die war stärker!

FRAU PLÜCKERJAHN: Oh, du mißratenes Object, was alles dir im Busen steckt! Denn die Geschichte, die du eben auf mir tischst, sie ist von Anfang bis zum Ende gar erstunken ... Nie hätte ich mit solchem Gelde dir gewunken! Bestechung kennet nicht, wer Adels ist ...!

VEVCHEN: Und doch, auch Kurtchen weiß, wie es gewesen. Er nennt den sel'gen Herren einen Bock, der jetzt im Himmel mit den Eng'lein schafft, weil ihn der Tod von dieser Erden fortgerafft.

FRAU PLÜCKERJAHN: Hinaus, Canallje, keine Worte mehr! Solch' Schmähung warf noch keiner auf den sel'gen Helden ...

ADELKURT (kommt sehr geschwinde in den Salon, macht Diener vor Frau Plückerjahn, Excellenz, zwirbelt sich den Gewissen und sagt mit schöner Männerstimme): Frau Tante, darf ich mich ergebenst hier zur Stelle melden ...?

VEVCHEN: Oh, Adelkurt, oh Rettung in der schlimmsten Stunde! Die Excellenz hat mich zutiefst ernied'rigt! Schalt Dirne mich und was noch alles ...! Ich soll sofort die Wohnung lassen ...!

ADELKURT: Wie das? Das ist doch nicht zu fassen...!
FRAU PLÜCKERJAHN: Sie hat dich von dem Pfad' der Tugend abgebracht. Oh, welch' erbärmliches Gewürm, das man zertreten muß. Ich hab' die Schlange gar an meinem Busen noch genährt...! Ach, Adelkurt, wie schön, wenn du noch gänzlich unversehrt...!
ADELKURT: Es ist mir alles, alles wohl erhalten. Du liebes Tantchen, sei fern aller Kümmernis. Das Vevchen ist ein herzig liebes Mädchen, so keusch und züchtig und von reinlicher Fassong... Ich will sie freien. Unser Bund sei heilig...!
FRAU PLÜCKERJAHN: Gott, Adelkurt, ist dieses denn so eilig...? Sie ist nicht »wer«, nur von den Domestiken. Mich graust vor ihr, ich kann das Weib nicht blicken...!
ADELKURT: Mein Vevchen, hör' nicht, was die Tante sagt. Sie ist ein wenig von den Sinnen. Doch bald wird sich das geben, glaube mir. Sie ist nur eifersüchtig, wird sich schon an dich gewöhnen...!
VEVCHEN: Jetzt will ich fröhlich sein und nicht mehr stöhnen!
FRAU PLÜCKERJAHN: Hah, Metze, denkst du, so wirst du ihn haben? Nichts da, du mußt mir aus den Augen, aus dem Sinn! Er ist mein Erbe: vier Milljonen Taler! Er kriegt sie nur, wenn er dich ganz aus seinem Geiste bannt...!
ADELKURT: Du großer Gott, sie hat mich wirklich in der Hand!
VEVCHEN: Willst du, mein Lieb, mich um des großen Geldes lassen...? Ist Geld für dich das allerhöchste Gut? Die Hüpotheken nützen nichts, wenn du des Weib's gedenkest...!
FRAU PLÜCKERJAHN: Wie wär's, wenn du zum Abschied ihr zwei Taler schenkest...! Hahhah...!
ADELKURT: Oh, schnöde Tante, du...! Behalt' den Mammon...! Ich will nicht Conto, will das stille Vevchen mein...! Sie soll auf ewig mir die Betten schütteln...! Das ist ein Eid und nie daran zu rütteln...!
VEVCHEN: Mein bester Mann, es werden Rosen prangen, wo unser Bett im lichten Mondenscheine lockt...!
ADELKURT: Ich riech' sie schon, mein Engel...! Liebe Tante, nun seid doch endlich nicht mehr so verstockt!
FRAU PLÜCKERJAHN: Verstocktheit nenn'st du, was mir heil'ge Pflichten! Vergnüge dich mit deiner Metze, Herr Neffföh...! Und geh' mit ihr, du sollst mich nie mehr kümmern...!
ADELKURT: So bleib' allein mit deinem Geld und deinen Zimmern!
VEVCHEN: Wir fliehen jetzt in dunkler Nacht aus dieser Höhle, in welcher dieses Ungetüm von Tante haust...! Vorhin hat sie gesagt, daß sie...; jetzt ist's dein Vevchen, das vor diesem Drachen graust!
FRAU PLÜCKERJAHN: Du hörst, mein Kind, wie schmählich sind die

Worte, die von den schnöden Domestikenlippen geh'n. Auf dieser Magd liegt Unheil in den Nächten...

ADELKURT: Was auf ihr liegt, Frau Tante, steh't nicht in Euren Mächten...!

FRAU PLÜCKERJAHN: Bis morgen zwölf Uhr mittag geb' ich dir Bedenken, wenn du sie immer dann noch willst, bist du enterbt. Doch sie verläßt schon jetzt die gute Stube...!

VEVCHEN (gehet traurig hinaus. Wenn sie noch nicht ganz hinaus ist, wirft sie einen Schmacht auf ihren Adelkurt und sie seufzt): Du weißt, wo du mich findest, lock'rer Bube!

ADELKURT: Wie schön sie ist! Mein Herz ist voller Rasen...!

FRAU PLÜCKERJAHN: Hier, nimm die Prise Glaubersalz, die leitet ab.

ADELKURT (will nicht): Vielleicht ist's Gift...? Sag', Tante, willst du gar mein Grab?

FRAU PLÜCKERJAHN: Dein Grab? Wie ging mir dieses an...? Ich will dein Bestes, du mein einz'ger Erbe! Lass' ziehen dieses Weib...! Ich geb' dir jetzt schon Kaution...

ADELKURT: Wieviel...?

FRAU PLÜCKERJAHN: Fast eine viertel Millijon...!

ADELKURT: Bar in die Hand...? Das ist ja ein Vermögen!

FRAU PLÜCKERJAHN: Ich schenk' es dir mit Gottes Segen!

ADELKURT: Ich werde sie noch diese Nacht verlassen...!

FRAU PLÜCKERJAHN: Auf, auf...! Zu neuen Ufern und zu vollen Kassen...!

ADELKURT: Ein solches Sümmchen lockt selbst die Dreieinigkeit. Ich kann jetzt Rom und seinen Papst erstehen...!

FRAU PLÜCKERJAHN: Ein Mann mit soviel Geld, der läßt sich sehen! Hast du genügend Gold in deinem Sack..., was kümmert dich dann noch das Domestikenpack! Da ist die Gräfin Donnersmarck, sie liebt dich längst, mein Lieber!

ADELKURT: Gemacht! Gemacht! Ich gehe morgen gleich mal rüber!

FRAU PLÜCKERJAHN: So kam noch alles rasch zum guten Ende! Gleich gibt es Lönsch. Man wasche sich die Hände!

(Der Vorhang kommt sehr schnell.)

(Auf dem Friedhofe, wo Vevchens Mama den ewigen Schlummer der Gerechtigkeit hat. Es ist ein sehr schönes Kreuz mit Jesus Christus dran, was auf ihr stehet. Es wachsen Krokus und Schleierkraut und es ist ein schöner Kranz von Vevchen am Fuße. Wenn Vevchen und Adelkurt kommen, geht der Mond auf und der Vorhang auf und der Kauz ruft. Die Glocke schlägt und es ist ein leiser Wind wie Musik. Von Orchestro kann derselbe von Harfe, singende Säge oder auch bloß Geige kommen, schön sanft und wie das Gebet einer Jungfrau, auch Largo von Händel oder »So nimm denn meine Hände«.)

VEVCHEN: Dort ist's, mein Herz, wo Goldmuttchen begraben liegt und ausruht von des Tages harter Plage. Von stolzer deutscher Eiche ist ihr Sarg, den weißer Kies bedeckt. Ihr armer, armer Leib, so früh von Influenza abgestorben! Oh, welch ein Duft steigt auf von diesem Grabe...! Der Duft, Geliebter, ist nun meine letzte Habe...!

ADELKURT (ist ganz von Tränen aufgeschwemmt und kann dieselben nicht halten. Es läuft ihm überall hin und es muß recht schön gemacht werden, daß man auch die Tränen blank sieht!): Ach ja, wie riecht es schön an dieser edlen Gruft! Der Mond zeigt uns ein mildes Lächeln, und in dem Wind, von Süden streicht er her, ist gar Musik, Musik aus weiten Fernen. Hörst du, mein Lieb, die Harfe Ewigkeit? Es ist der Schnitter, der sie grausam zupft...! Wie schnell, o ganz gewiß ... wie schnelle, ist unser armes Leben abgerupft!

VEVCHEN: Du sprichst so traurig, lieber Adelkurt. Ich weiß, der Abschied liegt dir schwer im Magen. Du kriegst ein Pfand jetzt, daß dir alles bleibt: An diesem edlen Grabe will ich mich deiner Hand vermählen. Oh, Adelkurt, man reich' mir diese, daß ich ihr jetzt mein Herz erkiese!

ADELKURT: Hier ist sie, drücke sie froh an dein Herze...! Du lieber Gott, und nicht mal eine Hochzeitskerze!

VEVCHEN: Dafür das Licht der Ewigkeit! Du guter Mond bist Zeuge nun, daß wir uns jetzt zusammentun. Ich, Vevchen, bin auf ewig deine Magd, ich bin dir untertan, kannst mit mir machen, was du willst! Ich halte stille. Adelkurt, dies' ist mein letzter heil'ger Wille!!

ADELKURT: Nie sollst du dich als eine Magd benennen. Du bist Juwel, mein Vevchen, denke dieses! Ich weiß, daß dich ein wahrer Gott geschaffen, zu seinem Ebenbilde schuf er dich. Ich will fortan dich meine Göttin heißen und dich dem Wochentag entreißen!

VEVCHEN: Ein ew'ger Sonntag soll die ganze Ehe werden und stets will ich den starken Männern trotzen, die mir mit Keckheit und Lust entgegentreten. Zum Beispiel Heimanns Eduard, der arge Schlingel! Was hat der Kerl mir alles schon gezeigt...!

ADELKURT: Es wird jetzt Zeit, daß man ihm die Leviten geigt!

VEVCHEN: Du brauchst nicht denken, daß er mir was gilt. Ich bin nur dein, mein Herz, und will es ewig, ewig bleiben! Jetzt woll'n wir niederknie'n und uns den Segen von Mama erfleh'n. Hörst du die Stimme, die aus jenen Wölkchen bricht?

(Man hört es raunen, aber nicht zu laut, man nur ein wenig. Es ist ein schönes Raunen und von Orchestro kann Geige und Klavier kommen.)

ADELKURT: Ich höre sie. Ist die Stimme von Mama?

VEVCHEN: Die schönste Stimme, die wohl je ich sah!

ADELKURT (bei sich selber): Wie gut, daß mich die Tante hier nicht sieht! Sie sitzt zu Haus und zählt auf der Veranda die dicken Gulden ab für meine Börse! Hab' ich sie erst, soll mich das Weib in Wolken ... Die Hauptsache: die Kuh ist abgemolken! (zu Vevchen:) Vevchens Mama! Ich bin der Adelkurt und trete vor dich hin, daß du mich segnen tust. Ich will dein Töchterlein zur Frau, weil mir der Locken helle Pracht so wonniglich entgegenlacht. Gib sie mir her, ich will ihr bis zum Tode freundlich dienen. Sag ja zu uns'rem Bund ...! Wenn du jetzt säuselst, nehm' ich sie ...

(Es säuselt!)

VEVCHEN: Mein Gott! Mein Gott! Es säuselt wie noch nie!

(Es säuselt jetzt sehr stark von der Windmaschine. Es kann auch ein Blech sein, das einer bummert. Vevchen sinkt am Grabe nieder und Adelkurt kommt über sie, aber sehr moralisch! Er küßt ihren Nacken, was sie nicht killert, sondern erhebet.)

ADELKURT: Ach liebes Herz, ich küsse deinen schönen Hals, kann nicht genug die zarten Wangen kosen. Es ist der schönste Nacken jedenfalls ... Ich bin nervös, du siehst, mir schlottern selbst die Hosen ...

VEVCHEN: Das ist die wahre Liebe, Adelkurt, sie schüttelt dich und schafft dir manchmal Plümeranz. Doch gegen dieses Rasen ist fürwahr kein Hingfong nicht gewachsen! Die Liebe will erfüllet sein, sieht nicht den Abgrund und den Tanz der Hosen ...! Sie drängt hinaus ins weite Leben! Ein Kuß von dir, mein Held, und alle meine Glieder tuen beben!

ADELKURT (küßt sie und sie hat den großen Taumel von Liebe und Erfüllung): Hier hast du ihn ...! War er so recht gelungen?

VEVCHEN: Zweihundert Eng'lein haben mir dabei gesungen!

ADELKURT: Und deine Mutter sah den tiefen heil'gen Kuß!

VEVCHEN: Sie ist gewiß mit dir nicht in Verdruß. Sie kannte Küsse, traulich und voll Glühen. Mein Väterchen, er mußt' sich oft bemühen! Jetzt küßt der liebe Gott sie immerzu. Das, Liebchen, ist die Kost der ew'gen Ruh'! Ja, Gottes Küsse machen wahrlich selig ...!

ADELKURT: Mein Herz, wir müssen fort allmählich! Der Mond geht unter, es ist spät bei Nacht. Du weißt, ich muß noch heim nach Herrenhausen ...

VEVCHEN: Bevor du gehst, lass' mich noch schnell ein Küßchen schmausen! Ach, schenktest du mir tausend Stücker...!

ADELKURT: Dann stünd' zuletzt ich ohne Licker!

(Man schmaust ein oder zwei Küßchen. Der Mond geht unter. Es ist Nacht, aber nicht ganz. Man kann noch alles gut sehen.)

ADELKURT: Du trägst, mein Kind, ein ziemlich enges Mieder! Sag' an, muß dieses sein? Sieh', dein Gemahl will alles fassen...

VEVCHEN: Hannover, jetzt muß ich dich lassen...!

(Es erklingt eine sehr traurige Musik. »Zu Straßburg auf der Schanz« oder »Meinen Jesum lass' ich nicht«.)

ADELKURT: Ich weiß, du machst jetzt für ein Weilchen nach Berlin, dort, wo der Deutsche Kaiser wohnt, und nimmst bei Tante Wilhelmine das Quartier, bis ich dich hole, daß du mir das Haus bestellst!

VEVCHEN: Das ist so eine große, dunkle Stadt! Ich fürchte mich, doch will ich Mut bewahren und trotzen allen Stürmen und Gefahren. Gott sei mit mir und Goethe stets in meinem Busen...! Du bleibst zurück, mein treuer, starker Gatter. Doch trifft Helene dich, die alte, gift'ge Natter, sei auf der Hut, sie will dich mir entreißen...

ADELKURT: Soll ich sie einfach in die Leine schmeißen?

VEVCHEN: Du sollst sie meiden. Meide jedes Mädchens Blick, dann kannst du ewiglich bestehen und g'rade mir ins Antlitz sehen, wenn du den Lehrter Bahnhof bald erreichst...!

ADELKURT: Wie sehr du Schillers stolzer Jungfrau gleichst...!

VEVCHEN: Jetzt lass' ich dich...! Adeh, adeh...!

ADELKURT: Mir tuen alle Glieder weh...!

VEVCHEN: Adeh, mein Herz, du hast mich heut' erhalten. Ach, lass' uns schnell noch uns're Hände falten.

BEIDE: Du lieber Gott, lass' deinen Strahl auf uns hernieder hundertmal!

ADELKURT: Er soll uns treffen allerwärts...!

VEVCHEN: Und füllen unser armes Herz!

(Man kniet nieder, es ist ein Choral. Wenn der Vorhang fällt, schreit der Kauz ganz fürchterlich. Er ist das Unheil, was nun kommt! Der Vorhang kommt wieder sehr schnell!)

Im Originalmanuskript fehlt nun eine Szene. Es entsteht aber im Ablauf der Handlung durch diesen Verlust keine Unterbrechung!

(Es ist der Tiergarten zu Berlin, wo im Sommer am Tage das vornehme Publiko sehr läufig ist. Abends ist es sehr gefährlich, weil von Scheusalen heimgesucht.

Es ist die Ecke mit einer schönen Gartenbank, wo das Denkmal von

Engel Hesekiel steht. Der Engel erhebt sich auf Postamente und ist eine Heroine, welche ihn macht. Er hat schöne Flüchten aus Gold und Silber und einen Heiligenschein.
Wenn Vevchen zu demselben spricht, hebt er segnend die Arme, aber sie sieht es nicht.
Vevchen kommt auf die Bühne geflüchtet, welches jetzt der Tiergarten ist. Auf ihr ist in grenzenloser Verfolgung Hugestines, der reiche Mann, welcher aber ein furchtbares Scheusal ist, was man auch an seinem Antlitz an und für sich sehen kann. Er will ihr immerzu an die Tallje, aber sie lässet ihn nicht.)

VEVCHEN: Weh' mir, jetzt weiß ich keinen Ausgang mehr! Hinter mir und vorder mir ... nichts als Gesträuch. Es ist zu dicht, als daß hinein ich fleuch'! Schon sehe seinen Schatten ich! Der Mann ist wirklich fürchterlich. Er wird mich auf der Stell' verderben. Oh, Adelkurt, was mach' ich nur ...!

HUGESTINES (furchtbar von Gestalt und sehr in Gier nach ihr): Ich rieche ihre fromme Spur ...!

VEVCHEN: Ist denn kein Gott, die Fesseln mir zu lösen? Nimm mich hinfort, Herz-Jesulein, von dieser Wiese ...!

HUGESTINES: Den schönen Leib als meinen ich erkiese!

VEVCHEN: Ich floh' den fensterlosen Raum, in den mich Tante Wilhelmine sperrte. Ein wenig kühle Abendluft sollt' mir das Herz erweitern!

HUGESTINES: Sie wird mir gleich das Schlafgemach erheitern!

VEVCHEN: Gleich hat das Scheusal meinen Leib umfangen. Kannst, Hölle, du nicht diesen Mann verschling'n? Ich spüre seinen Atem ...! Pfui, welch ein Düngerhaufen! Gleich hat er mich, ich kann nicht mehr entlaufen!

HUGESTINES: Ha, lichtes Weib, du kommst mir g'rad zu passe! An diesem Abend ist in mir ein stark' Begehr'! Du mußt erliegen mir mit deiner Wespentallje! Und willst du nicht, brauch ich Gewalt, Canallje!

VEVCHEN: Er wird mich nicht mit seiner Brunst verschonen. Schon fällt sein Geifer ihm aus dem Gesicht! Dort ...! Jener Engel ...! Könnt' er mich erretten!!

HUGESTINES: Sie ist noch Jungfrau, darauf will ich wetten!

VEVCHEN: Du lieber Engel, schütz' mich, bitte! Nimm mich in deines Mantels Huld! Der Mann dort will mir an die Sitte ...

DER ENGEL HESEKIEL: Geduld, mein Kind, hab' nur Geduld!

HUGESTINES: Hat hier nicht einer noch gesprochen? Doch seh' ich keinen hier nicht geh'n. Dort an dem Postamente hockt, was mir den heißen Atem stockt!

VEVCHEN: Jetzt streckt er seine Arme aus und will mich auf den Boden ziehen...!

HUGESTINES: Sie läßt nicht nach. Verflucht, verflucht...!

VEVCHEN: Er packt mich an die zarten Brüste...!

HUGESTINES: Der Engel steigt von dem Gerüste!

VEVCHEN: Mein Retter, ach...! Ich hab's gewußt! Ein Engel ist mir an die Seit' beschieden. Schutzengel heißt man solche Lichtperson... Ich las in Büchern schon recht oft davon.

DER ENGEL HESEKIEL: Hinfort, du Bube, was willst du mit jenem Weibe tun? Du Höllenknabe, den die Pest beschickt! Was hast du für ein grausames Profil...! Ein solches habe ich noch nie erblickt. Ich bin der Engel Hesekiel...!

HUGESTINES: Er ist der Engel Hesekiel...! Weh' mir, jetzt kommt mein ganzer Schmutz zutage. Wie komm' ich weg aus dieser Gegend? Das ist jetzt die Frage!

DER ENGEL HESEKIEL: Du bist aus furchtbar schlechtem Lehm gebakken. Wie schade, daß dir Gott den Odem gab! Wenn meine Rechte ich zum Himmel hebe, wirst wieder Lehm du sein...! Und jeder Odem flieht dir flugs aus dem Gebein!

HUGESTINES: Ach, laß mich leben, Engel Hesekiel. Ich will dir all mein Gut, dir meine Habe geben! Mir ist das Dasein doch so teuer...!

DER ENGEL HESEKIEL: Hinweg, du mußt ins Fegefeuer!

(Der Engel hebt seinen schönen weißen Arm. Es blitzt. Hugestines taumelt und fällt ohne Seele auf die Bühnenbretter, wo er noch eine Weile zu liegen hat, bis nachher der Vorhang kommt.)

VEVCHEN: Welch eine Tat! War'st du im Erdendasein gar der Blücher?

DER ENGEL HESEKIEL: Ich nehm' dich jetzt, du Kleinod, bergend unter meine Tücher!

VEVCHEN: Soll ich denn schon ein Engel werden? Mein Adelkurt ist noch auf Erden. Ein schöner Mann, er wird mich sehr vermissen...! Noch einmal möcht' ich diesen Knaben küssen!

DER ENGEL HESEKIEL: Dein Adelkurt, mein Kind, hat dich verlassen. Er fiel wahrhaftig auf die Tante rein und hat mit ihrem Mammon sich die Hosen vollgestopft. Er praßt und schlemmt in Herrenhausen bei Hannover, und wilde Frauen trägt er schon bei Tag ins Bett. Helene heißt die Dame, die er tütert...

VEVCHEN: Sie ist, genau wie ich, nicht sehr begütert!

DER ENGEL HESEKIEL: Du sollst natürlich noch auf Erden harren; ich gebe dir nur andere Gestalt. Als weiße Hirschkuh sollst du durch die Felder pirschen. Und deine Heimat ist ab jetzt der Wald!

(Er nimmt Vevchen unter seinen weiten Mantel. Es ist sehr

feierlich, wie bei Konfirmation oder Abendmahl. Eine schöne, leise Musik kommt von Orchestro. Wenn der Engel Hesekiel segnend die Hände hebt, springt die weiße Hirschkuh in die Kulissen. Dann klettert der Engel wieder auf Postament und ist abermaligst ein Denkmal.)

DER ENGEL HESEKIEL: Kleines Vevchen, wand'le dich! Hirschkuh soll dein Name heißen! Erst wer prinzlichen Geblüts, soll der Wandlung dich entreißen!

(Der Mann vom Leichendienst kommt vorbei. Er sucht im Tiergarten zu Berlin nach Leichen, indem er dafür vorgesehen ist. Nun findet er eine solche. Es ist die von Hugestines, Scheusal.)

DER MANN: Wie gehen die Geschäfte schlecht! Es gibt zu viele Medizin, die wo Freund Hein nicht riechen will. Wo Baldrian die Luft verpestet, da wird kein Mensch zum Tod gemästet! Ach, meine Kinder leiden Not! Es geh'n zu wenig Leute tot! Hätt' ich doch nur an diesem Abend ein totes Stück, das wäre Brot für meine Kinder und gar ein Viertel Braunen für Marie, denn vier Mark fünfzig zahlt pro Kopf die Anatomie! Was seh' ich dort bei jener deutschen Eiche? Ist es ein Spuk...? Nein, wirklich eine fette Leiche! Ich danke dir, mein lieber Heiland! Das war ja Hugestines weiland! Der Meuchelmörder von Treuenbrietzen, der Weibern tat den Bauch aufschlitzen...! Die Polizei gibt gnädig für ihn hundert Taler, die sind auf seinen Kopf gesetzt. Auf, Mörder, auf zu der Gerechtigkeit...! Das war ein großer Fang, du liebe Zeit!

(Der Mann vom Leichendienst zieht Hugestines auf seinen Karren und macht sich mit demselben in die Dunkelheit davon, welche hinter der Bühne herrscht. Aber bevor er ganz weg ist, sagt er noch dieses:)

DER MANN: Wer hat das Scheusal nur so schnell auf Tod verfügt...?

DER ENGEL HESEKIEL: Ich war's...!

DER MANN: Das glaub' ich kaum. Der Engel lügt! Wer solch ein Loch dem Mörder in den Kopf getrieben, der kann nicht Engel sein und fromme Sprüche lieben!

DER ENGEL HESEKIEL: Ich war es dennoch, guter Mann!

DER MANN: Wie die Erscheinung trügen kann! Nun gut, ich nehm' das Wort auf meine Kenntnis und will es stets mir in den Geist befördern, daß manche fromme Engel Mörder mördern!

DER ENGEL HESEKIEL: Ich tat es nur, um eine Jungfrau zu beschützen!

DER MANN: Ach, wollt' das Scheusal ihr den Bauch aufschlitzen? Da hast du, Himmlischer, bei Gott Asyl! Der Bube rüstet nie mehr auf die böse Sache! Es dankt die Stadt Berlin dem Engel Hesekiel! Ich muß jetzt mit dem Mörder auf die Wache.

DER ENGEL HESEKIEL: In diesem Manne lebt die Ordnung weiter! Ich steig' jetzt auf die Himmelsleiter und gebe unserm Herrn Bericht. Auch Engel haben ihre Pflicht...!

(Wenn der Engel steigt, ist herrliche Glorie auf der Bühne und es kommt von Orchestro mit Orgel und Harfe und zwei kleine Engel haben ein Lilaband mit der schönen Inschrift: »Ehre sei Gott in der Höhe«. Der Vorhang kommt ganz langsam, daß man auch alles schön lesen kann.)

(Es ist noch einmal der Salon von Frau Plückerjahn zu Hannover. Excellenz jachtert noch mehr als am Anfang. Adelkurt hat all das schöne Geld verspielt. Der Juchei sitzt in einem Sessel, hat dicksten Bauch von Prasserei und ist ziemlich duhn.)

FRAU PLÜCKERJAHN: Das hat man nun von seiner Liebe! Das ganze Conto ist in Saus und Braus vertan! Mein seliger Gemahl hat Ruh nicht im Grabe: Versoffen ist die ganze Habe!

ADELKURT: Frau Tante, weg ist weg und futsch ist futsch. Ich weiß es auch nicht, wie es mir zerronnen. Erst war es viel, dann war es wenig. Ich war in »Roter Mühle« König, nun bin ich nur ein Bettelmann und fang' noch mal von vorne an!

FRAU PLÜCKERJAHN: Mein Kind, da mache ich nicht mit! Wir haben nicht einmal Kredit. Die Brötchen sind uns schon verlustig...

ADELKURT: Es war die Sucht. Das Trinken mußt ich...!

FRAU PLÜCKERJAHN: Das alles erbtest du vom Vater. Er war ein Lüderjahn und dreist. Ich will den Toten nicht beschimpfen, doch ist es gut, wenn du es weißt!

ADELKURT: Der Apfel fällt nicht weit vom Stamme. Das sagte schon des Schillers Fritz...!

FRAU PLÜCKERJAHN: Dein Geist hat eine kleine Flamme, denn was du sagst, ist nicht von Witz! Du wirst jetzt ordentlich mal dienen bei einem Fabrikanten, denn... es ist der Tag der Not erschienen. Es gibt kein Aber und kein Wenn...!

ADELKURT: Arbeiten soll ich...? Meine Hände, sie taugen nicht zu solchem Tun. Nein, Tante, das mir nicht...! Du kannst unmöglich fordern deinem Kinde, daß es zu Diensten steht dem niederen Gesinde! Ich diene nicht, ich will bedienet sein...!

FRAU PLÜCKERJAHN: Wo Geld nicht ist, nützt nichts der reiche Schein! Uns hängt das Hungertuch zum Nagen!

ADELKURT: Und g'rade jetzt könnt' einen Port ich sehr vertragen!

FRAU PLÜCKERJAHN: Von Portwein ist bei uns nie mehr die Rede!

ADELKURT: Dies' finde ich, Frau Tante, äußerst schnöde, denn edler Port versöhnt zuletzt die Geister!

FRAU PLÜCKERJAHN: Ich schicke ihn am besten über'n Deister!

ADELKURT: Bin ich dir, edle Tante, so im Wege? Nun gut, dann muß ich meine Straße zieh'n. Ich folge jetzt dem lieben, kleinen Vevchen und nehme Aufenthalt in dem Berlin!

FRAU PLÜCKERJAHN: Dies' kommt nun ganz und gar in Frage nicht! Hach, jenes Weib wird nutzlos dich vertilgen! Hier, meine letzte Busenspange, nehm' sie und mach' zu Geld das teure Pfand der Liebe...

ADELKURT: Mein Gott, Gelegenheit macht Diebe! Die Brosche ist wohl an die Tausend wert? Hat sie dir einstens der Gemahl erstanden?

FRAU PLÜCKERJAHN: Es war an jenem schönen Tag', da wir uns ganz zusammenfanden und Liebe unser Blut durchtobte!

ADELKURT: Du warst sehr hitzig als Verlobte...?

FRAU PLÜCKERJAHN: Ich gab ihm alles, was mir grünte. Er nahm's und war besinnungslos. Er fand das Glück und Paradiese erwuchsen ihm aus meinem Schoß! Es war die Zeit der ersten Liebe, Gott Amor schuf sie uns zur Lust... Daß mir ein Zeichen davon bliebe, trug ich die Brosche an der Brust...! Jetzt trage sie zum Leihgeschäft und bring' ein gutes Honorar!

ADELKURT: In meinem Corpus steigen Säfte, denk' ich an tausend Gulden bar! Ich bringe sie zum alten Schmuel, er hat schon manches Stück von uns... Und nachher woll'n wir fürstlich speisen. Was hältst du, Tante, von Filet?

FRAU PLÜCKERJAHN: Alltäglich ist's in Adelskreisen...! Doch nun, mein Knabe, sag' Adjeu!

ADELKURT: Adjeu, Frau Tante, eilen will ich...

FRAU PLÜCKERJAHN: Und mach' den Handel nicht zu billig!

ADELKURT: Ich bringe so um Tausend mit!

FRAU PLÜCKERJAHN: Der Herrgott lenke deinen Schritt!

(Der Herr Neffőh eilet mit der Brosche davon. Frau Plückerjahn, Excellenz, sinkt in einen Stuhl, weil sie das letzte Andenken an ihren Seligen verworfen. Sie ist ganz am Ende, da fällt ihr der Brief ein, den sie heute morgen aus Berlin erhalten.)

FRAU PLÜCKERJAHN: Hier sitz' ich nun und gab' die Brosche, die mir verewigt ward an dem Verlobungstag, da ich mit Zittern und mit Zagen dem heldenhaften Mann oblag! Das ist schon lange, lange her... Die Jahre gehen, man wird alt ... und Goethe ist ein fernes Laster. Das Denkmal, welches Alabaster, steht lange schon auf seinem Grabe. Mit Inschrift: »Wenn ich ihn nur habe!«

Was knistert hier an meinem Busen? Der Brief, den mir die Post am Morgen brachte. Vergessen hatte ich die schnelle Meldung. Jetzt will ich aber sehen, was die Nachricht kündet. Ach, scheußlich, daß man nie die Öffnung findet!
(Frau Plückerjahn, Excellenz, entfernt aus ihrem schönen dunklen Haar eine Haarnadel, um mit derselben Kuffert aufzureißen. Sie pfeift durch die Zähne, was noch die richtigen sind, so daß es recht natürlich pfeift, nicht scheppert!)
FRAU PLÜCKERJAHN: Die Zeilen kommen aus Berlin. Ich denke, daß sie gute Botschaft bringen. Von schlechter kann ich jetzt ein Liedchen singen. Aha, es ist Cousine Wilhelmine. Sie schreibt, daß seit drei Wochen Genoveva ... ist verkommen. Vielleicht hat sie das Leben sich genommen. Oder aber: Ist in einem Institute ... Ich kann mir denken, welches, meine Gute ...! Wo man sich Männern für viel Geld verkauft! Da hat sich »meiner« einstmals auch recht oft gerauft! Ansonsten geht es bestens und der Kaiser war bei der letzten Reichstagsrede ziemlich heiser ... Der Arme rüstet jetzt zu großen Taten und schert sich einen Dreck um Demokraten. Er ist die Nation in allem und dient dem Reich zum Wohlgefallen ...
(Frau Plückerjahn, Excellenz, faltet den Brief zusammen und ergehet sich von rechts nach links in tiefen Gedanken. Bald kommt ihr Herr Nefföh, Adelkurt, und hat viel Geld in der Hand.)
ADELKURT: Mein Gott, was bin ich schnell erklommen die Treppen durch das Stiegenhaus. Der alte Schmuel gab mir tausend Taler ... Du gute Seele, gib mir einen Teil davon!
FRAU PLÜCKERJAHN: Ich bin dir nicht auf Schuld, du kriegst ein Kleines, du lüderlicher Saufpatron!
ADELKURT: Wie bitte? Handel mußt' ich für dich schleichen ... Jetzt willst du mir die Löhnung streichen? Das geht zu weit und ist mir nicht das Rechte ...!
FRAU PLÜCKERJAHN: Weil ich dir Hülfe für die Zukunft geben möchte. Du mußt fortan auf bess'ren Wegen treten und die Moral soll dein Geselle sein. Mit Sitte wirst die Nächte du verbringen und nicht mehr »Hoch die Tassen« singen!
ADELKURT: Vernichtung tönt es mir aus deinem Munde, so ist denn dieses deine letzte Stunde! Ich komm' mit Meuchel über dich!
FRAU PLÜCKERJAHN: Dies', Adelkurt, versteh' ich nicht. Ich pflegte dich von Kindesbeinen. Du wuchst heran durch meine Leitung, ich war die zärtlichste Begleitung ...
ADELKURT: Hast Du mir Vevchen nicht verdorben? Wer weiß, was aus ihr ist geworden! Ich denke immer noch an sie ...
FRAU PLÜCKERJAHN: Der Racker schafft sich die Moneten nicht in der

Kirche der Propheten. Das Weib muß Hure ich benennen, sie läßt für Gelder sich bepennen!

ADELKURT: Das Wort der Gosse klingt gemein! Du willst das edle Kind verleumden. Sie tut es nie, was du gedacht, daß sie es täte! Denn sie ist ete und petete!

FRAU PLÜCKERJAHN: Hier, lies den Brief, ich hab' ihn frisch erhalten. Er birgt die Kunde, die mir meine Lippen sagten. Ach, Adelkurt, dein Herz wird jetzt von Pein durchwachsen!

ADELKURT: Her mit dem Wisch, ich dulde keine Faxen!

FRAU PLÜCKERJAHN: So nimm denn, was die Dräuung sich erdreistet. Hier ist die Wahrheit, werter Adelkurt! Das Mädchen hat sich allerhand geleistet. Sie ist vom Teuflischen die Ausgeburt!

ADELKURT (erreicht am Busen der Frau Plückerjahn, Excellenz, den besagten Brief. Zitternde Hände entfalten die grausame Botschaft. Die Bleichheit befällt Adelkurt. Er ringt mit sich und den Worten und schreit nur laut): »Ach! Ach! Ach!«

FRAU PLÜCKERJAHN: Bist, wankend' Baum, nun endlich du gefällt?

ADELKURT: Was hat man mit der Holden angestellt...!

FRAU PLÜCKERJAHN: Dir steht im Antlitz furchtbares Entsetzen. Fühlst du noch Puls? Wenn nicht, so geh' ich um Kaffee.

ADELKURT: In meinem Geiste tu' ich schon das Messer wetzen...!

FRAU PLÜCKERJAHN: Fast tut er leid mir, daß ich ihn so seh'!

ADELKURT: Was war ich von verwerflicher Verblindung...! Mir fällt der Vorhang von der Scenerie! Du, Tante, warst vor allem gegen die Verbindung. Ich fahre nach Berlin, ich rette sie!

FRAU PLÜCKERJAHN: Du hast kein Geld! Coupée ist ziemlich teuer. Man controlliert und dann mußt du hinaus...!

ADELKURT: Jetzt kriegst den Fahrschein du zum Fegefeuer! Frau Tante, ich blas' Euer Leben aus!

(Adelkurt stürzt sich auf dieselbe. Er verdreht ihr die Gorgel. Sie macht dicke Augen und läßt einen Zisch von ihren Lippen fahren. Dann ist sie stille und schon ganz jenseitig.)

ADELKURT: Hinüber ist das böse Weib, das Luder! Hinüber ist die Sorge um das Geld. Hinüber ist das alte Weibsgeschluder. Hinüber ist die Töhle, die so bellt! Hinüber sind die tiefen, dunklen Nächte! Hinüber ist die Sehnsucht unerfüllt! Hinüber ist das Ungerechte. Hinüber die Hyäne, die so brüllt! Hinüber ist der Geiz, den sie gehortet! Hinüber ist das Laster, das sie übt'! Hinüber ist, was ant mir nie bewortet! Hinüber ist, was heimlich sie geliebt! Hinüber ist Hannover-Herrenhausen! Hinüber ist Salon und Papagoy! Ich will mit Schnellzug nach Berlin hin sausen. Und dort beginne ich nochmal aufs neu. Dort werd' ich Vevchen sicher wiederfinden, ist

sie auch wirklich eine vom Bordell... Ich werde sie von dieser Last entbinden, denn wer sich wahrlich liebt, vergißt auch schnell! Ich werde sie ob ihres Tuns nicht schelten. Vielleicht hat sie auch dies und das gelernt... Ach, Vevchen, deine Apfelspelten...! Wie gern hätt' ich's Gehäuse dir entkernt!!
(Adelkurt entrafft das Geld von der toten Frau Plückerjahn, Excellenz, und flieht der Stätte des Meuchels. Vorhang kommt rasch!)

(Es ist jetzt eine Straße von Berlin. Der Drehorgelmann orgelt und er singt das schöne Lied »Der Kaiser ist ein lieber Mann, er wohnet in Berlin«. Adelkurt ist auf dem Lehrter Bahnhof des Zuges von Hannover entstiegen und hat bei Tante Wilhelmine nach Vevchen gefragt. Es ward ihm keine Antwort zuteil, außer sie ist verschwunden, keiner weiß nicht, wohin. Adelkurt sucht Vevchen und er hat alle Leute gefragt, aber keiner kennt dieselbe.)

ADELKURT: Berlin hat mir mein liebes Vevchen aufgefressen! Ich finde nicht ihr holdes Angesicht. Kein Gott kann meinen Seelenschmerz ermessen...

DREHORGELMANN: Bekommt dem Herrn das Klima etwa nicht? Ja, hier geschehen ziemlich rauhe Sitten! Es ist ja auch die größte Stadt des Reichs. Darf ich um eine milde Gabe bitten...? Man schenkte mir bisher nur kleines Zeugs...

(Adelkurt ist voller Rührung und entbietet seinen Gruß mit einem großen blauen Schein.)

ADELKURT: Hier, nehmen Sie, mein Freund, ich brauch' das nimmer. Denn heute Abend bin ich wohl schon tot. Gezahlt ist längst die Mietung für das Zimmer. Ein Sterbender verlangt nicht mehr nach Brot!

DREHORGELMANN: Ein Blauer? Träum' ich den Traum der Träume? Mein Herr, das ist noch niemals mir passiert. Ist es ein Irrtum, nehmen Sie den Schein retour. Sie sind sehr bleich, Mussjöh! Mein Gott, was hat er nur?

ADELKURT: Nein! Dieser Schein soll wirklich Ihrem Leibe dienen. Sie stecken ihn am besten in das Portmanneh und machen sorgsam beide Knippse zu, dann geht er Ihnen nicht verloren...!

DREHORGELMANN: Mein Herr, ich bin wie neu geboren! Ich wohne ziemlich ärmlich und es zieht in meiner Wohnung auf dem Moabit. Fünf Kinder wollen täglich ihre Nahrung. Wir essen nichts als Abfall und Compost. Ihr Schein ist für mich eine Offenbarung! Jetzt kauf' ich erstmal Wurst und Apfelmost! Nein, soviel Geld, das reicht für ein paar Jährchen. Jetzt lasse ich das Orgeln, habe Ruh'.

Mir klingt das alles wie ein Zaubermärchen ... genauso wie vom Weißen Hirsch die Kuh ...

ADELKURT: Was hat es, Freund, damit Bewandtnis? »Vom weißen Hirsch die Kuh« ... das klingt so schön!

DREHORGELMANN: Behaupten doch die Leute, im Tiergarten kann man bei Mondschein eine solche seh'n! Doch glaub' ich nicht an Märchen und an Possen. Wie käme eine weiße Kuh nach hier? Sie nährt sich, sagt man, nur von Rosensprossen und ist in Volkes Mund ein heilig' Tier!

ADELKURT: Mir ist im Herzen plötzlich so ... ganz anders. Ein heilig' Tier ... Mein Blut steigt mir zu Kopfe! Ich sehe neues Land! Ich danke dir! Mich packt das Leben wieder mal beim Schopfe. Ich fliehe in die Freiheit, die mir lacht! Mein Gott, wer hätt' an solche Wandlung jeh gedacht!

DREHORGELMANN: Ein wunderlicher Herr! Derselbe scheint nicht ganz bei Troste! Vielleicht ist diese Note gar nicht echt? Ich gehe jetzt sofort zum Bankhaus Alten, um eine rechte Auskunft zu erhalten.

ADELKURT: He, warte Freund! In welche Richtung muß ich schleichen, um jenen Garten zu erreichen, wo man bei Mond'schein jene Kuh erblickt?

DREHORGELMANN: Nur g'rade aus, mein Herr! Der Nase lang ...!

ADELKURT: Man habe Dank! Man habe Dank!

(Herr Adelkurt enteilt der Scene. Der Drehorgelmann besieht den großen blauen Schein und denkt:)

DREHORGELMANN:

Für dieses müßt' ich vierzig Jahre orgeln,
und meine Pfeifen wären längst dahin!
Ich weiß und kann mir solches schmeicheln,
daß ich ein wahrer Glückspilz bin!
Der sucht die Kuh, die heil'ge weiße.
Ein Narr, wer so an Märchen glaubt!
Ich will jetzt meinen Schatz versichern,
bevor ihn mir ein and'rer raubt!
Für so ein Märchen kam mir dieser.
Welch eine starke Zahlungskraft!
Brathuhn und Schnepfen will ich essen
und auch ein Viertel Rebensaft.
Sofern ich bald ein Bäuchlein habe,
Geh' ich mal in die Tauentzien ...
und nehme mir ein hübsches Weib!
Ja, Reichtum schafft solch' Zeitvertreib!

(Der Drehorgelmann orgelt, wenn er und der Vorhang hinauskommen.)

(Es ist abermaligst der Tiergarten zu Berlin. Der Engel Hesekiel steht auf Postamente und es ist noch immer die Heroine. Es ist schöner, runder Vollmond, welchen man vor Kulisse sieht. Nun aber erschallt das Jagdhorn. Es ist dasselbe vom Deutschen Kaiser, woselbst zu nächtlicher Stunde im Tiergarten zu Berlin das Jagen hat. Es ist ein sehr schönes Blasen und es wird einem ganz anders. Wenn der Kaiser, Majestät, auftritt, ist alles von schöner preußischer Glorie und auch der Mond ist es. Es funkelt und blitzt. Der Kaiser ist, wie man erblickt, ein sehr schöner Mann. Man siehet den kurzen Arm nicht, welchen er aber an und für sich hat.)
KAISER WILHELM: Es braust ein Ruf wie Donnerhall... Ich habe heut' das Jagen! Vier Hasen liegen auf der Strecke, jetzt seh' ich nach der Vogelhecke, daß ich ein paar Fasanen schieße, denn meine Frau ißt gerne diese. Gefüllt mit Annanaß-Geschnitzel sind sie ein wahrer Gaumen-Kitzel. Wie sagte doch die Fürstin Pless? »Fasanen ..., 's gibt nichts Edleres!« Bevor ich dieses Werk vollbringe, womit ich die Gemahlin wert bezaubern will am eig'nen deutschen Herd, will ich mir einen Schluck erlauben. Die Flasche stammt von Vetter Franz aus Mecklenburg. Schwer ist der Deckel abzuschrauben!
(Während Se. Majestät den Deckel abzuschrauben geruhen, hebt Engel Hesekiel die Arme, ihn zu segnen. Dabei ist eine schöne Musik von Orchestro: »Heil dir im Siegerkranz«!)
KAISER WILHELM: Nun ist der Proppen endlich ledig. Der Conjack duftet wirklich mild. Gluck-gluck macht es, so wird allmählich des Deutschen Reiches Durst gestillt! Nicht scharfe Sachen munden meinem Gaumen, ich liebe das Aroma der Natur. Das Ungarland schafft Conjack sich aus Pflaumen. Ich frage mich: Wie machen sie das nur...? Genießen will ich Deutschen Weinbrands Fülle. Das ist der rechte Trunk vom Etsch bis zu dem Belt! Denn es ergießt sich aus germanischer Destille nur Segen für die ganze Welt. Wie kernig sind des Deutschen Mannes Knochen, die Muskeln, welche Deutsche Art erzeugt! Ich rühme mir den Deutschen Duft, den die Franzosen nie gerochen und der längst nicht so schnell wie das Parfüm verfleugt. Was Deutsch ist, kann sich ziemlich haltbar zeigen. Im Deutschen Rauchfang wächst nur Schinken bester Art. Vor Deutscher Wurst muß Albion sich tief verneigen, wo sie erscheint, da flieht der Ungarn Zervelat! Deutsch ist und groß, was Generäle dir beweisen, wenn du nach Schlachten im Salonne

ruh'st ...! Auf, Wilhelm, Vögel wolltest du umkreisen! Es wird jetzt Zeit, daß du was tust! Nach diesem Schluck ... will ich denn weiter jagen, den schönsten Braten zart und kreusch! Bei Gott, welch' seltsames Betragen: Ich höre knackendes Geräusch!

Es begibt sich nun aber, dass in des schönen Mondes
Stille die weisse Hirschkuh aus dem Dickicht tritt.
Sie ist sehr voll Ehrfurcht und macht einen Diener vor
S. M.,
was sonst ein Hirsch gewiss nicht tut!
Aber es ist in Wirklichkeit ja das Vevchen. Sie
weiss, was sich gehört, wenn der Kaiser
S. M.,
vor ihr steht!

Kaiser Wilhelm –

Was tritt dort aus dem dichten Tann'?
Ich denke meine hohen Augen trügen.
Ein weisser Hirsch
der kommt dir wirklich selten angeröhrt
Ein solches Wunder zu Berlin,
das find' ich wirklich unerhört!
du liebes weisses Tier

(Es begibt sich nun aber, daß in des schönen Mondes Stille die weiße Hirschkuh aus dem Dickicht tritt. Sie ist sehr voll Ehrfurcht und macht einen Diener vor Se. Majestät, was sonst ein Hirsch gewiß nicht tut, aber es ist ja in Wirklichkeit das Vevchen. Sie weiß, was sich gehört, wenn der Kaiser, Majestät, vor ihr steht.)

KAISER WILHELM: Was tritt dort aus dem dichten Tann' ...? Ich denke, meine hohen Augen trügen. Ein weißer Hirsch, der kommt dir wirklich selten angeröhrt. Ein solches Wunder zu Berlin, das find' ich wirklich unerhört! Du liebes, weißes Tier, kannst du wohl selber gar das Rätsel lösen? Wo kommst du her? Hat dich der liebe Gott erkoren? Und das Geweih...! Wie ist es blank und schwer...! Ein Heil'genschein liegt um des guten Tieres Ohren. Wie ich die Sache nun auch dreh' und wende, mich deucht, ich stehe mitten in Legende! Ich will nachher Herrn Stöcker gleich befragen. Er ist ein Meister in der The'logie... Weiß er mit Luthern doch so gut Bescheid, so kennt er sicherlich auch dieses Vieh! Komm' her, mein schöner, weißer Hirsch, ich will dich kraulen. Des Kaisers Hand macht dieses wunderschön...! Errötung seh' ich auf des Hirsches Wangen und aus dem Corpus dringt's wie Weibsgestöhn...! Am besten ist, du folgst jetzt meinen Schritten. Ich bringe dich zu dem Consilium...

DER ENGEL HESEKIEL: Huldreichste Majestät, ich muß Euch bitten...! Das heil'ge Tier ist scheu in solcher Runde!

KAISER WILHELM: Das Denkmal spricht! Noch nie ward mir von einem solchen Kunde!

DER ENGEL HESEKIEL: Ich spreche nur, wenn mich der Himmelsvater bläst, sein heil'ger Odem mir durch alle Glieder dringet. Dann mich des Denkmals Sockel hier entläßt, damit kein Schicksalsfaden sich verschlinget! Die weiße Hirschkuh ward von mir verwandelt, auf daß von Mörderhand ein Mädchen nicht verschandelt...

KAISER WILHELM: Das ist recht gnadenvoll, mein lieber Engel! Doch will ein Mädchen nicht als Hirsch die Welt durchmessen. Hast du denn ganz und gar vergessen, daß sich nach Liebe sehnt das Wesen? Als Wildbret kann sie nicht von diesem Drang genesen! Ich bitte dich als Majestät und Kaiser, verwand'le sie zurück, daß einem Manne sie viel Deutsche Kindlein schenke, vor allem Knaben, die den Stamm erhalten. Dann habe Teil auch ich an diesem Glück...!

DER ENGEL HESEKIEL: Ach, Majestät, sie wird des Glücks nicht pfündig! Ihr Herz vergab sie einem Adelkurt. Der stammt aus Herrenhausen bei Hannover. Und dieser Kerl ist doch so furchtbar sündig! Um Geld erschlug er seine eig'ne Tante, die war sehr kirchenläufig und von Adel und wie's im Nachruf heißt: »Ganz ohne Tadel!«

KAISER WILHELM: An solche Creatur hat sie ihr Herz verloren...? Das klingt mir aber gar nicht gut! Und dringt mir fast als Fehltritt in die Ohren...

DER ENGEL HESEKIEL: Nein, Majestät, das Kind ist wirklich ohne Fehl. Es hat ein reines Herz und sinnt nach reiner Liebe!

KAISER WILHELM: Nun gut. So ist mein erstlicher Befehl: Sie soll sofort die Menschs-Statur erhalten, und dann befried'ge ich ihr alle Triebe!

DER ENGEL HESEKIEL: So soll es sein! Der Kaiser mußte erst so sprechen, um Bann und Zauber von der Magd zu brechen!

KAISER WILHELM: Ich sehe eben tiefer, als es sonst ein Wesen kann!

DER ENGEL HESEKIEL: So fange ich jetzt mit der heil'gen Wandlung an!

(Es wird sehr goldig auf der Bühne. Die Glorie ist von höchster Strahlung. Die weiße Hirschkuh geht nach vorn. Kaiser Wilhelm, Majestät, verharret an ihrer grünen Seite. Der Engel Hesekiel hebt segnend die Hände. Und es ist schönste Musik von Orchestro!)

DER ENGEL HESEKIEL: Gleich wie der Reif in der Frühlingsnacht entfalle dir des Hirsches Pracht! Es ist des Kaisers Wilhelms Wille: Mein Kind, entsteig' des Wildes Hülle!

(Die weiße Hirschkuh fällt zu Boden. Der Hülle entsteigt frohgemut unser Vevchen.)

KAISER WILHELM: Mein Fräulein, nehmen Sie die Hand, damit Sie besser jener Welt entsteigen! Mein Gott, das Kind ist wirklich schön...! Man muß sie immerzu beseh'n! Ich will mich ihr erkenntlich zeigen!

VEVCHEN: Wo bin ich? Ist dies' Herrenhausen?

DER ENGEL HESEKIEL: Nein, Herzchen, dieses ist Berlin...!

VEVCHEN: Wo Mörder und Banausen hausen?

DER ENGEL HESEKIEL: Dies' sagst du, weil es dir so schien!

KAISER WILHELM: Gestatten? Kaiser Wilhelm heiß' ich...! Berlin ist eine reine Stadt! Wenn böse Buben uns mißraten, so sind es meistens Demokraten! Ansonsten ist der Adel edel. Ich schwör's bei meinem Preußenschädel!

VEVCHEN: Der Kaiser...! Gott, wie wird mir da! Bin ich denn wirklich soviel wert, daß er zu mir sein Antlitz kehrt?

DER ENGEL HESEKIEL: Du stehst jetzt unter seiner Gnade! Er führet dich auf rechter Bahn! Ja, wer die kaiserlichen Pfade ... durchmißt, verliert des Alltags Wahn. Ich geh' jetzt gleich aufs Postamente. Mein Dienst an Vevchen ist vorbei...!

KAISER WILHELM: Komm', Vevchen, du kriegst eine Rente, damit du friedlich leben wirst!

VEVCHEN: Ach, Majestät, ich fass' es nimmer! Ihr seid ein wirklich edler Fürst!

KAISER WILHELM: Und Adelkurt, ist er vergessen...?

VEVCHEN: Oh, niemals wird er mir verblüh'n! Ich häng' an ihm...! Ich hänge prächtig...! Er ist in mir so übermächtig...! Käm' er jetzt aus dem Wald heraus und liefe uns hier vor die Füße... Ich gäb' ihm hunderttausend Küsse!

KAISER WILHELM: Er brachte doch die Tante um! Kann man denn den Verbrecher lieben?

VEVCHEN: Die Tante war's, die ihn getrieben! Sie hat den Meuchel selbst verschuldet, weil sie mit Eifersucht den guten Mann bestrich ...!

KAISER WILHELM: Ach so, dann ändert alles sich! Sie hatte wohl die Absicht, ihm, wenn's mal gelegentlich so wäre, ein wenig ... sagen wir ... intim, zu nehmen in die harte Lehre ...?

VEVCHEN: Ja, liebe Hoheit, Majestät! Das war's, was sie sich ausgehecket!

KAISER WILHELM: Ein altes Weib noch viel bezwecket, wenn es mit Brunst aufs Ganze geht! Noch, Vevchen, ist es nicht zu spät ...! Ich hoffe, daß dein Freund geständig ...!

VEVCHEN: Da hinten kommt er eigenhändig! Mein Adelkurt, mein Lieb', mein Gatter!

KAISER WILHELM: Es wendet sich der Landesvater, den ersten Kuß nicht anzusehen ...

VEVCHEN: Ich könnte fast vor Lust vergehen!

ADELKURT: Nicht doch! Der hohe Herr darf keine Scham entwikkeln, wenn er die Glut von uns'ren Herzen so vernimmt!

VEVCHEN: Das ist der Kaiser doch ...!

ADELKURT: Für ihn liess' ich mich gar zerstückeln ...! Oh, Majestät, hier kniet ein Sünder ...!

KAISER WILHELM: Schon gut! Schon gut! Reicht euch die Münder! Verziehen hab' ich alles, alles!

ADELKURT: Bei soviel Gnade wird mir einfach übel!

KAISER WILHELM: Wie sagt der Prophet in der Bibel: »Die Liebe aber bleibet immer!« Auf, Adelkurt, dein Frauenzimmer will einen Imbiß und Kaffee!

ADELKURT: Je nun ...!

KAISER WILHELM: Ach so! Du bist wohl etwas schlecht bei Portmanneh! Hier habt ihr, Freunde, einen gold'nen Taler, auf welchem man mein Bildnis deutlich sieht! Dafür bekommt man reichlich Essen ... und, lieber Freund, auch dieses nicht vergessen: Ein hübsches Zimmer ohne Pension ... Dieselbe findet sich, auch glaube, schon!

VEVCHEN: Was sind wir beide reich beschenkt! Ja, Kaiser Wilhelm alles lenkt!

KAISER WILHELM: Bevor ich geh', will ich noch schnell verkünden, daß neuer Adel bald in Preußen prangt! Erst müßt ihr beiden am Altare euch verbinden ...

ADELKURT: Es regelt rasch sich, was das anbelangt!

KAISER WILHELM: Hat euch der Pfarrer traulich eingesegnet, dann wird aus dir, mein Sohn, der Graf Heinmück!

VEVCHEN: So viele Märchen hat's vom Himmelszelt noch nie geregnet!

KAISER WILHELM: Das Schloß, das ich euch schenke, liegt bei Osnabrück! Ich will von eurer Ehe sieben Knaben!

ADELKURT UND VEVCHEN: Die, Majestät, sollt Ihr schon morgen haben!

(Während der Kaiser, Majestät, vondannen zieht, winken ihm das Vevchen und der Adelkurt mit dem Taschentuche nach. Sie sinken sich in die Arme und kommen sehr schön auf Kuß. Der Vorhang kommt nicht so schnell, daß man auch von dem Kuß was hat. Schöne Musik!)

Seit dem Schrader-Boom Ende der sechziger Jahre rätseln die Philologen, ob denn Julchen Schrader wirklich so naiv gewesen sei, oder ob diese Holperreime mit ihren merkwürdigen grammatikalischen Herztönen nicht doch eine besonders raffiniert getarnte Kulturkritik seien. An den Erfordernissen des Theaters gemessen, war diese »Poetantin« mit Sicherheit naiv und nicht raffiniert, denn wer Kaiser Wilhelm Anno 1907 als Jäger im Tierpark auf die Bühne brachte, der durfte nicht hoffen, daß sein Werk je ungestraft die Polizeipräfektur passierte.

(Thomas Petz in »Süddeutsche Zeitung«, 12. 10. 1975)

Goldschmidts Töchterlein

Den 3. Januar 1905: Man findet mich nunmehro zu Harburg, welches noch zum Hannoverland gehört, aber an Hamburg näher heran ist. Es ist eine schöne Stadt mit einer alten Marienkirche. Es gibt hier auch moderne Industrie, in welche Herr Fabrikant Goldschmidt macht, bei welchem ich als Aufseherin für alles das Brot nehme.

In Harburg tauchte gleich wieder ein Galan auf, der ihr nachstieg: Julius Goldschmidt, der älteste Sohn ihres Brötchengebers, welcher als Commis bei Jack Manasse und Cie in Hamburg diente, um sich jene Routine anzueignen, die er später als Erbe seines väterlichen Geschäftes brauchen würde. Julius war ein flotter Bursch', und Julie wurde mächtig von ihm angeheizt. Am 3. April 1905 schrieb sie ihrer inzwischen nach Suderburg in der Lüneburger Heide verheirateten Schwester Emma folgende Neuigkeiten:

Liebstes Emmakindchen! – Nun bin ich vier Monate bei Goldschmidts und habe mich noch immer dem schönen Julius versperrt. Er ist so sehr französisch, verkehrt mit Dichter Dehmels und dem Dirigenten, welcher Muck heißt und Tag ein und Tag aus mit dem Frac herumläuft. Selbiger dient ihm auch wohl als Néglige, wenn er zu Bette geht.

Als er bei uns zu Gaste war, wir machten Diner für ihn, sagte er soviel wie ein Hering. Für den Julius war das peinlich, denn unser Madammchen quasselt um so mehr. Ihr Mund, welcher von eigentümlicher Schiefheit, stehet niemals still. Wie das elektrische Klavier, das auf Juliussens Zimmer steht und sechs Stücke kann, wovon mir »Heut' war ich bei der Emma« am besten gefällt. Manchmal spielt Herr Julius es mir vor. Dann wird es mir ganz weich in den Knien. Wie Weihnachten, wenn es mit der Bescherung losgeht.

Unser Herr Julius sagt, Herr Muck hält nichts von Damen. Das sieht man ihm auch an. Denn er ist viel zu schmal auf der Brust, käsig im

Gesicht und würde bei jedem normalen Umstand, welchen das Geschäft mit der Weiblichkeit nun einmal mit sich bringt, sanft im Herrn entschlafen. Da sage ich nur mit dem Herrn Julius: Caque!
Bei allerfeinster Herrschaft ist dieses an und für sich schreckliche und gemeine Wort jetzt doll in Mode. Man sagt es sogar bei der Tafel. Jedenfalls unser Madammchen und der Herr Julius. Was hätten wir für Strafen bekommen, wäre es uns in Gegenwart unserer lieben Mutter aus kindlichem Munde entschlüpft. Du brauchst ihr diesen Brief nicht vorzulesen, damit sie es nicht in den falschen Hals kriegt. Mein Herr und Gebieter, Baruch Goldschmidt, er meint es gut mit mir, klopft er doch mit einem goldenen Zwanzigmarkstück, auf welchem das Portrait unseres schönen Kaisers abgebildet ist, dienstags und donnerstags an die Tür von meinem Chambre, um nicht mehr und nicht weniger als meine Beine zu sehen, welche seinen Augen wohligst frommen. An den Zehen beginnt er zu sehen, bei den Knöcheln angelangt, zückt er den Zwicker, um ihn kurz vor den Knien wieder abzunehmen, hat ihm doch der Schweiß die Gläser blindgemacht.
Nur eine Prise noch, mein bester Herr. Bei den wirklich hübschen Strumpfbändern von Plaut aus Uelzen, welche Du mir zu meinem letzten Geburtstag geschenkt hast, hat Amor die Grenze gesetzt. Bis hierher und nicht weiter. Wie kurz geht ihm der Atem, seine Augen haben Basedow, gleich würgt er und verlangt nach Hingfong, den die gute Magd parat hat.
Und wenn er dann vom Tode seiner Süchte auferstanden, steckt er mir das Zwanzigmarkstück in das Tor zum Busen, wo ich es gebettet lasse, bis der Kerl vondannen. Wahrlich ich sage Euch, es kostet Schweiß, sein Brot bei fremden Herrn zu nehmen.
Freilich ist die neue Herrschaft zu Harburg sehr viel splendider und comfortabler als die Baronin zu Hannover. Herr Baruch ist wie Sammet; sein Sohn Julius aber, pralle dreißig Lenze alt, wie Seide. Es schmiegt sich und fügt sich und biegt sich und wiegt sich. Ei, plustert sich der Hahn, da er gewahrt die neue Henne! Hole er sich nur den Fips, Mussjöh! Die Neue ist windig und weiß die Dicke des Fafforollos von der Länge des Rodeländers zu unterscheiden! Plustern, plustern, gackern, gackern! Das ist der Goldschmidts Hühnerhof: Madammchen lugt aus ihrem grauen Manchester wie der fette Kapaun aus der alten Bratenröhre; die Jungfer Samuela hat Haare an den Beinen wie's Perlhuhn Federn. Dann unsere Kleine mit dem Namen wie Hustensaft: Hebzibah. Ein Küchlein, hübsch geraten, zum Weiblein noch nicht ausgeschlüpft, ein stolzes Hennlein mag sie werden. Ach, und so ein alter Geldsack wird sie

eines Tages rupfen, damit Geld zu Geld kommt. Es ist genau wie bei uns in Rosche und wie bei Euch in Suderburg. Geld heiratet Geld und Armut freit Armut. Was für eine verkehrte Welt!
Ja, und der Julius, er steckt voll Flausen. Er sucht nach einem Nest, scheint mir. Warte nur, warte nur balde legt auch dieser Kuckuck ein Ei.
Nun habe ich genug geschwätzt. Mein liebes Emmakindchen, wenn Du nun bald zum zweiten Male in die Wochen kommst, nehme ich meinen Urlaub, um Dir nahe zu sein. Dann wollen wir ganz in Ruhe unser Kindchen kriegen und neun gerade sein lassen, wie? Es küßt Dich und umschmust Dich Dein Herzensjulchen.

Harburg, den 8. Mai 1905

Emmalein!
Wenn ich schon wieder die Tinte ergreife, so ist dieses ein wichtiger Anlaß: Julius hat mich zur Braut bestellt. Gestern abend; aber ich will nicht, weil er von jüdischer Natur ist. Es ist von gutem Vorteil auf jüdisch zu sein, aber bei ihm stört das, weil er sich jeden Freitag, den sie Schabbes nennen, eins drauf schmeichelt. Du kannst Dir nicht vorstellen, was er mir für ein Gedöhns damit macht. Schabbes küßt er nicht und liest auch keine Zeitung nicht, weil sie Schabbes nicht arbeiten sollen. Aber ich ... ich soll's! Verlangt er doch, daß ich ihm Schabbes sogar die Schuh' anziehe! Da bin ich ihm aber gekommen! So ein Fatzke! Ich will ihn nicht, daß ich ihm jeden Schabbes die Schuhe muß anziehen.
Ansonsten ist er sehr propper und hat das Gewisse, aber ich habe es mir überlegt. Was sagst Du? Will man sein ganzes Leben lang dem Manne Schabbes die Schuhe anziehen? Ich nicht! Wenn Du denkst, daß ich es tun kann, schreibe mir express, daß ich mich in meiner Meinung noch ändere.
Er hat schönes Haar, schöne Augen. Auf sein Geld sehe ich nicht, weil ich anständig bin. Schreibe schnell, daß ich mich entschließe. Es fällt mir schwer, weil ich ja schon mit einem echten Prinzen die Ehre hatte. Julius ist solche Ehre nicht, aber nicht der Schlechteste. Rate mir. Deine Julie.

Harburg, den 18. Juni 1905: Es nagt ein böser Schmerz an meinem Herzen. Mich hat der Fischer an der Angel. Der Haken ist auf dem Grund meiner Seele verbiestert. So oft der Fischer zieht, um mich in seinem Kahn zu haben, blutet mein Herz. So will ich mich ihm frei ergeben. Julius! Ach, du mein goldiger Julius! Knöpfe mir die Seele auf, die so lange unter dem Korsett der Entbehrungen gelitten hat. *Wenige Tage darauf entsteht das folgende Poem. Nun: es ist vollbracht. Und Julchen kann sich wieder einmal in mannigfaltigen Reimen ausschmachten.*

Löst sich Klang von Deinen Sohlen,
Kommst Du durch den Flur daher,
Bin ich Dir schon anbefohlen,
Als ob ich Dein Schatten wär'.
Und dann spüre ich das »Muß«,
Du mein Juli...,
Du mein Juli...,
Mein göttlicher Julius!

Sitz' ich fern von Dir am Tische,
Zwischen uns ein ganzes Heer,
Eß' ich wenig nur vom Fische,
Denn ich mag das and're mehr.
Und dann spüre ich das »Muß«,
Du mein Juli...,
Du mein Juli...,
Mein göttlicher Julius!

Warst Du lange Zeit auf Reisen,
Seh' ich endlich wieder Dich,
Bin ich nahe am Entgleisen,
Denn ich lieb' Dich fürchterlich.
Und dann spüre ich das »Muß«,
Du mein Juli...,
Du mein Juli...,
Mein göttlicher Julius!

Einstens wird man mich begraben,
In die kalte Erde tun.
Dich, mein Lieb', gehabt zu haben,
Läßt mich sicherlich dann ruh'n.
Endlich ruht dann auch das »Muß«,
Du mein Juli...,
Du mein Juli...,
Mein göttlicher Julius!

Julchens Gefühle hatten Hochkonjunktur. Ich lebe wie in einem einzigen Brausen, auch Stürmen und Schlingern, *schrieb sie an ihre Schwester.* Du mußt Dir denken, mein Kind, Du wärest in eine Kaffeemühle geraten und das Schicksal quengelte Dich nur durch das Gewinde, bis Du unten in der Schublade gemahlen, gestoßen, zu Pulver gemacht wieder herauskommst. So ist mir, weiß Gott.
Durch Juliussens Hang zu den Künsten an sich *werden in die komfortable Goldschmidt-Villa all die* musischen Consorten *eingeladen, die in Harburg auftreten. Auch aus Hamburg schleppt der Sohn des reichen Hauses die Jünger und Jüngerinnen Euterpens, Thaliens und Terpsychores heran,* um sie mit indischen Garnelen, russischem Kaviar, geräucherten Neunaugen, Bergedorfer Smuttaal und französischem Prickelwasser schier zu mästen.
Julie vermerkt, daß es allerdings nur gewisse Auserwähltheiten *seien, denen Juliussens Neigung gelte.* Wir wissen zu unterscheiden zwischen guten und tauben Körnern, so daß Julius in die Furche der Gesellschaft nur die Saat wirft, welche auch zu seinem Nutzen und seiner Erbauung aufgehen wird.
Eines Tages bringt er den geschniegelten und gebügelten Sänger-Komponisten Eugen Hildach mit: die sechsundfünfzig Lenze zählende Nachtigall aus Wittenberge an der Elbe, welche jetzt zu Frankfurt ihre erhabenen Töne schlägt, damit sich der gebildete Nachwuchs von selbiger ein gewisses Maß nehmen kann.
Hildach-Eugen ist ein Mann nach Julchens Gusto, ein ganzer Mann, der alles durchkneift, was Röcke anhat. *Auch Eugens Gattin, die Sängerin Anna Schubert,* welche ihre Sprache mit einschlägigem ostpreußischem Belag ausstößt, *findet unter den Augen unseres Fräuleins Gnade:*
Frau Anna ist von Figura zwar eine Fettwachtel, welche zwei fürstliche Busen hegt, die wie Sandsäcke zu ihren spitzen Knien hinabwallen, aber ansonsten ist sie von ihrem Manne und dem Schicksal treulich geführt. In ihrem Halse steckt eine schöne, angenehme Singstimme, welche zwischen hoch und tief liegt und daher mezzo genannt wird, was aus dem Italienischen kommt und mittel heißt. Julius hat zu ihr gesagt, daß sie eine Mezzo-Pforte hat, was mich sehr genierte, denn wie kann ein Mann von Bildung, welches er sonst ist, einer Dame Mund Pforte heißen!
Sie benutzt ihren mezzo, um uns die Lieder von Schumann, einem gewissen Strauße und Hildach zum Leben zu erwecken. Eugen Hildachs Stücke sind unter selbigen die besten, weil sie das Gemüt jucken und in die Beine schießen, was ein gutes Barometer ist, denn: was nicht beim Vortrage in die Beine schießt, ist schlechte

Kunst und interessiert die Nerven nicht, welche auf das Schießen reagieren wie die Katz' auf den Kater, wenn er seine Liebesgebrechen durch ein kunstvolles Miauen seinem Publikume kundtut.

Harburg, den 1. Juli 1905

Geehrter Meister der Töne,
freundlicher Herr von Hildach!
Ungeachtet meiner gegenwärtigen Wenigpäßlichkeit, die Ihnen Herr Julius Goldschmidt jederzeit bescheinigen kann, will ich Ihnen heute sehr innig für Ihre lieben Zeilen danken, die Sie aber besser nicht geschrieben hätten, weil Sie verheiratet sind und auf Ihre Frau achten müssen, welche eine wahre Zierde ist und so schön singt! Ich bin nicht diejenige, welche Sie auf solche Weise in Ihr Netz ziehen können. Sie wissen, daß ich auf Ihre Person gern herabsehe und Sie recht freundlich empfinde; aber mehr kann nicht sein. Dies wollen Sie zu Ihrer eigenen Erkenntnis nehmen von Fräulein Julie Fédore Schrader, z. Zt. bei Herrn Fabricanten Bernhard Goldschmidt, Harburg, Am schwarzen Berge.

Es schoß bei unsrem Fräulein während des Besuches von Hildach-Eugen alle Augenblicke:
Nicht, daß mir mein göttlicher Julius durch andere Gefühle als ehrbare aus dem Sinn gekommen ist und darum momentan nicht so glorreich beachtet wird. Nein! Eugen hat mich auf eine höchst estimierbare Weise in einen Stand von höherem Sein versetzt, welches mich schwelgen und feiern läßt, als wär' die Welt zu nichts anderem vorhanden.
Er hat an meine Kammertür geklopft. Und ich habe sie nur einen Spalt geöffnet, welchen der Glühende flugs erweiterte, indem er zitternden Fuß und schlingerndes Bein dazwischenstellte, mit einiger Gewalt mich in den Raum stieß, worauf er in die Knie sank, was seinen ganzen stattlichen Corpus dermaßen spannte, daß man jeden Augenblick konnte annehmen, es würden ihm die Beinkleider und Taillen platzen und vom Körper springen. Eugen war wie der Prinz, welcher Wien vor den Hunnen gerettet. Nein! Er war Hunne und Befreier zugleich, er hat belagert und die Kanone gefeuert, Feinde gemacht und Freunde gewonnen. Er ist ein Meister der Töne, aber auch ein Meister des Hakelns. Wie emsig seine kleinen Wurstfingerchen, wenn es darum geht, Knopf um Knopf aus den lästigen Ösen zu befreien, damit die Kleiderfahne werde heruntergelassen vom Mast meines Leibes, welcher ehern und seidig vor ihm steht, so wie er von Gott gemacht ist, zwar mit seinen Knorren

und Buchten, aber doch königlich schlank, wie schon mein Patenonkel Karl gesagt hat, daß ich eine richtige Gerte bin.
Ich sage Euch, liebe Seiten dieses Buches meiner Geheimnisse, Eugen hat vor mir gebetet, er hat geschauert und dann komponiert, indem er den Taktstock auf und nieder hob, bis er mich durchblättert und die Partitur zu Ende. Und als er fertig, hat er zu mir gesprochen wie ein lammfrommer Gott, ich sei der Engel wundermild, welchen er zur Überstehung des Restes seines Lebens nötig gehabt.
Noch während Eugen Hildachs Besuch in Harburg hatte Julchen ihm eine Ode gedichtet, Eugen Hildach:

Heißgeliebter Hildach-Eugen ...
Die Berzöse – wunderschön!
Kannst Du öfters so was zeugen,
Was uns führt zu höchsten Höh'n?

Die Gavotte spiel' ich selten,
Weil sie zuviel Kreuze hat,
Deshalb wirst du mich nicht schelten ...
Kostbar – dieses Albumblatt!

Dein »Gebet«, es zwingt zum Weinen.
Fließt, Ihr Tränen, welch Erguß!
Eugen Hildach, will mir scheinen,
Schleckte hier der Musen Kuß.

Und der Walzer zu vier Händen,
Den mit Karl ich oft gespielt ...!
Wollte er doch niemals enden.
Ach, was habe ich erfühlt!

Deinem Geist will ich mich beugen,
Beugtest Du mich einmal ganz,
Heißgeliebter Hildach-Eugen
Mit der Töne Strahlenkranz!

Wär' ich auf den Notenblättern
Eine kleine Pause nur.
Ach, was solltest Du mich schmettern:
Bald in Moll und bald in Dur!

Zu den Liebeserzwingern genußreichster Sorte, *die Julchen bei den Goldschmidts zu Harburg* bis in die letzten Winkel ihres Daseins *kennenlernte, müssen wir auch den genialischen Singspiel-Erfinder Leo Fall hinzurechnen, der zu Beginn des Jahrhunderts in der benachbarten Hansestadt als Operettendirigent fungierte und die hübsche Tochter seines Verlegers Jadassohn geehelicht hatte.*
Julchen muß die Falls schon gekannt haben, als sie nach Harburg engagiert wurde, heißt es doch in einem Brief aus dem Jahre 1900:
Leo verliert immer mehr Haare; was nichts tut, denn die Kräfte Samsons verziehen sich anderswo hin. Das ist Gerechtigkeit der Dinge.
Außerdem hatte Julchen an der Hochzeit Leo Falls mit Berta Jadassohn teilgenommen, worüber sie in ihrem Journal vermerkt:
Das war so gediegen und vornehm, daß ich gar nicht wagte, den süßsauren Fisch, welchen es zuerst gab, aufzupieken. Sie gehen alle nur auf vielen, vielen kostbaren Teppichen. Und sie sprechen alle, als hätten sie Teppiche auf der Zunge. Der alte Herr Jadassohn ist der liebe Gott, seine Schwester die heilige Genofeva, Berta die Jungfrau Maria – was nun nicht mehr lange dauert – und die ganze Verwandtschaft die Schar der Heiligen: Petrus, Johannes, Judas, Cäcilie und Sankt Georg, welches der Neffe Karl ist wegen seiner scharfen Lanze.

13. Februar 1905

Herrn Karl Schrader
Hannover-Limmer

Liebster Karl!
Im Augenblicke bin ich zwar von größtem Effecte, will Dir aber doch auf Deinen Geehrten vom letzten Freitag schnell antworten, daß Du nicht denkst, ich habe keine Manühren und bin auf Plebbs *(plebs)* wie Anna und Dora. Wir sind jetzt total voll und lassen schon im Empfangssalong schlafen, was nicht schön ist, aber geht.
Morgen kommen Falls, die ich ja schon von Hamburg her kenne. Die alte Berta ist eine richtige Ziege. Sie frißt kein Gras, aber sie meckert immer vonwegen ihrem Leo. Du hast von ihm gehört, denn er ist ein Beethoven unter den Walzermachern und versteht sich auf türkische Rosen.
Zuerst fällt bei ihm eine gewaltige, lichtumrankte Kahlheit auf seinem Künstlerhaupte auf. Diese ist umziert von einem linden Gewühl noblen Haares, welches die Art hat, sich in alle Windrichtungen zu kräuseln. Es ist dieses aber kein gewöhnliches Kräuseln

wie bei den Tagelöhnern und Bauern, sondern ein gewisses, welches auch bei Königen, Kaisern und Bürgermeistern der Fall ist. Von dem gewissen Kräuseln aus geht ein mildes, inniges Gesicht ab, welches eine breite, aber doch männliche und felsige Nase sein eigen nennt.
Der Mund Leos ist von edler Würzung und zum Kusse mit gewählter Fertigkeit angeschafft, welches man Natura nur zu gern bestätigen kann. Über demselben schwebt ein entzückender, kleiner, wohlgesalbter Kitzelbart, welcher eine große Zierde an und für sich ist. Corpus ist in gutem Zustand, was davon kommt, daß dem Magen unseres Schenies allerhand Gutes zugeführt wird, nämlich die Kaviars, französischer Schuß *(Champagner)*, Aal satt, Rauchfleisch und Würste jeglicher Sorte. Corpus war letztmals in einem hellgelben Anzug von herrlichster Figur, zu der eine Frau von guter Gesinnung recht gerne Leo sagt.
Du siehst, mein liebster Karl, daß wir hier erste Herrschaft haben und von Tag zu Tag mehr davon vorfinden. Die Falls bleiben auf sieben Wochen, was eine gute Idee von unserem Herrn Baruch Goldschmidt ist, denn nun haben wir die sieben fetten Wochen, denn wo der Leo ist, ist der Himmel!
Indem ich Dir dieses für Deine Neugier mitgeteilt habe, befriedige ich Dich für heute mit einem geneigten Kusse. Deine Jule.

Harburg, den 2. Mai 1905

Mein heißgeliebtes Emmakindchen!
Was Du mir in Deinem Letzten von den gewissen Flausen schreibst, ist nicht schön von Dir, weil Du Dir kein Maß nehmen kannst von unserer Vornehmheit in der Villa, vor der jedwedereiner einen tiefen Diener macht, geht er stehenden Fußes hier vorbei. Ich habe keine Flausen und will auch selbige gar nicht haben. Daß mir Herr Julius auf die Kur *(Cour)* kommt, geht nicht auf mein Konto. Es kitzelt ihn, daß ich von bewußter Schönheit bin. Und warum soll es ihn nicht kitzeln? Es kitzelt viele, wo ich mich den allgemeinen Blicken in der Gesellschaft abgebe. Gestern hat es Herrn Muck gekitzelt, welcher sonst nicht auf die Frauen aus ist, aber doch von mir eingenommen ist.
Du sollst nicht soviel Schlechtes von mir denken, denn ich bin durch und durch von Anstand und Benimm gemacht, was Du auch in tiefster Seele weißt. Aber in der höheren Gesellschaft geht alles auf die bestimmte Fassong, von der ich Dir was sagen will, wenn ich das nächste Mal gen Dir komme. Bist Du jetzt schon weit? Sieht man es? Im August soll es sein? Vielleicht ist es ein Junge. Ist es keiner, soll das Kleine nach mir benannt werden.

Du mußt sehen, daß Du nicht zu oft in die Umstände kommst, sonst verlierst Du Figura und wirst ganz beutelig und es hängt Dir um die Taille, die auch dann nicht mehr da ist. Hole Dir jede Woche frische Citronen von Winters Kaufladen, dieselben machen die Taille schlank, und es ist eine Gemeinheit, daß welche sagen, das Kind kriegt einen gelben Kopf davon.
Julius läßt schön grüßen, obwohl ich ihm nicht sage, daß ich an Dich schreibe. Er sagt immer, daß ich alle grüßen soll, welche mit mir zu tun haben. Deswegen. Nun will ich schnell schließen, denn wir sind heute Abend auf Musik beim Herrn Kalischer, welcher auch in Eisen und Blech macht und ein Konto hat, daß Du nicht glaubst wie es das gibt. Glaube es aber doch, denn ich weiß es. Ein Küßchen auf das Bäcklein meines lieben Emmakindchens gibt hiermit durch Papier: Julchen aus Harburg.

Fall hat einen furchtbaren Durchfall, *trägt Julchen 1905 in ihr Tagebuch ein.* Zu Mannheim überraschte er die Kunstwelt mit der Oper »Irrlicht«, und die Kunstwelt überraschte ihn mit miserablem Auspfiff und allerhand Schmähungen. Dabei hat der Arme schon einen solchen Durchfall gehabt, als er eine frühere Oper an das böse Licht dieser Welt hob. Leo ist zu bedauern. Wollte Gott ihm ein besseres Leben bescheren. Er hat Juliussen angepumpt, welcher sich nicht lumpen läßt, seinem Freund von Genie zu helfen.
Harburg, den 7. Juli 1905. Ich saß mit Leo auf dem Sopha, welches von grüner Farbe und Stoff aus Manchester, was sehr günstig ist, da sich selbiger nicht so absitzt. Da legte er seine Hände auf meinen Busen und hauchte »Julie!« Da habe ich seine Hände durch allerhand Reden auf Bertas Busen verwiesen, welcher ihm aber zur Zeit nicht so behagt, was ich an seiner Kriebelkrankheit merkte. Auch hatte er sein Monokel, was er vor dem linken Auge wegen des richtigen Visierens von Objekten trägt, herausgenommen und auf den Tisch gelegt, was er sonst niemals tut. Da bin ich ganz erschrocken und habe ihn angefleht, sich zu beherrschen. Da ist er unter die Pumpe im Badesaal gegangen und hat bitterlich geweint.

Die Siegespalme

Oh, meine Siegespalme in der Kunst,
Mein Walzermacher, Du mein Gott!
Ach, flieh' mit mir der Erde Dunst
Und irdisch neidischen Commplot!

Willst Du mich lieben, holder Bube?
Wenn »ja«, so sag' es mir recht bald.
Es gibt gewiß die rechte Stube...
Bedenke: Einstens bin ich müd' und alt!

Jetzt ist die Zeit der ersten Rosen,
Die Zeit der Knospen im April.
Die Zeit zum Küssen und zum Kosen...
Sag' schnell, mein Freund: »Ich will, ich will...!«

Bist Du bereit, mich hinzuführen,
Wo sich die Seele liebend beugt?
Womit kann ich Dich animieren...
Was hab' ich, das von Liebe zeugt?

Du findest es, mein Heilsgenosse,
Du suchst es in der Liebesnacht!
So wie der Karpfen seine Flosse
Preßt an die Kärpfin lind und sacht.

Mein Leo, wenn Du dieses achtest,
Wirst bald Du wieder friedlich sein.
Ein jeder Herr, der fast verschmachtet,
Fand sich bei mir zum Frieden ein.

Ich will Dich laben, kosen, herzen!
Du sollst mich necken, küssen, frein...!
Ich nehme Dir die Männerschmerzen
Und mach' Dich von dem Drängen rein.

Ja, ja, ich weiß, Du willst das Wunder!
Du hast es gestern mir gesagt.
Wirf hin den ganzen Alltagsplunder...
Noch bist Du gar nicht sehr betagt!

Leo's grüne Hochzeit

Leo Fall, ein Beethoven der Operette,
führte Berta Jadassohn hinweg...

Berta kannst Du nun besitzen,
Lieber Leo, ganz für Dich.

Unter einem Hauch von Spitzen
Schwor sie Dir: »Ich beuge mich!«

Ach, welch eine schöne Feier
Hat das Weib Dir zugeführt!
Fortuna schlug selbst die Leier,
Alle waren tief gerührt.

Leo, ach, was warst Du nobel,
Und wie männlich prangt' Dein Bauch.
Dieser Cut-away mit Zobel:
Zwanzig Mille! Deibel auch!

Zärtlich in die blaue Ferne
Hast Du dann hineingestiert.
Berta ließ Dich allzu gerne...
Hast Du etwas komponiert?

Heute Abend, so um zehne,
Bringst Du ihr den Schott'schen bei.
Musen, welche Künstlerszene!
Leider bin ich nicht dabei.

Den 9. Juli 1905: Leo und Berta sind abgedampft. Ein Verlust. Und das mitten im Sommer. Nun sucht Julius wieder seinen Bienenkorb, um die Wabe vollzumachen. Er hat ein paar Tage lang den Nektar gesammelt. Nun gut, er soll zuletzt nicht daran ersticken. Morgen kommt Ida Boy-Ed, was ein Fest ist.
Madammchen hatte zur Ankunft der Dichterin ein paar Titel augenfällig drapiert. Wie zufällig hingestreut fand man auf dem Bèrgéren-Tischchen die »Sieben Schwerter«, »Werde zum Weib« und »Aus Tantalus' Geschlecht«, wovon Julius Inhaltsangaben gemacht und sie zwei Abende lang vor dem Besuch der »Teuersten« vorgetragen hatte.
Nun weilte Idusch in Goldschmidts Salon, wo man aus feinstem englischen Porzellan Limonen-Tee schlürfte und Biskuits von Depuis aus Straßburg knabberte.
Mit Argusaugen bewachte Julie jede Geste der Dichterin. Um sich das Gehabe einer solchen zu merken für alle Fälle, weil man nicht weiß, was das Schicksal mit einem vorhat.
Julie: Frau Ida lancierte das Täßchen – es war ein lilanes mit dem

Portrait des Herzogs von Cumberland – gemächlich an ihren Dichtermund, spreizte dabei die Finger elegant weit ab und zuckte vornehm mit den Lippen, als flüstere sie dem Tee etwas Liebliches zu. Bevor sie wirklich trank, machte sie drei solcher Ansätze. Erst beim vierten Mal kam ihre Zunge wirklich mit dem Tee in Berührung. Dann ließ sie sich mit ganz feinen Worten über die famose Qualität desselben aus, wobei sie wiederholt bekräftigte, in Lübeck eine solch köstliche Mischung nicht greifbar zu haben.

Da ihr Ohr ihr zu schaffen machte – in verfolg eines plötzlichen Gezwickes oder Gejuckes, verzog sie gelegentlich charmant das Gesicht, wagte jedoch nicht, sich mal richtig zu kleien, was ihr Not getan hätte. Erst als alle sich über ein Medaillon beugten, welches sie aus ihrem Ridicul zur Ansicht genommen hatte, griff sie derb zu, zerrte an ihrem allerliebsten Läppchen, wobei sie wiederum die Lippen bewegte, als schelte sie dem heimlichen Juckerchen: Du Lauser, Du Peiniger, Du Wilder, Du! Was nagst Du mich, Du Zirper, Du Kratzer, Du Beißer!

Später hat sie sich auch am Knie gejuckt, was auch keiner außer mir bemerkte. Man kann daraus erkennen, daß auch der vornehme Mensch an und für sich von den ordinären Machenschaften der Natur gepeinigt werden kann.

In ihrem Journal beschreibt Julchen das Kostüm der Boy-Ed: Von einem gelben Mieder aus feinem Atlas floß ein weiter Rock in dotternem Crêpe de Chine, am Saum durch gecremten Feepelz abgeschlossen. Die Büste hat sie hochgenommen unter etlichen Stangen, fein mit Atlas umkleidet, auch von Creme-Spitzen geziert, die Madammchen allemal mit Entzücken abtastete, auf daß sie von dieser feinen Ware bei Gelegenheit auch ein paar Meter nähme, um damit ein Kleid zu schmücken. Die Ärmel waren von Stuart-Mode, sehr eng, dem Fleische anliegend. Inmitten des Busens aber prangte ein Demant von beträchtlicher Größe, welchen man Topas oder auch Gelbglitzerstein zu nennen pflegt.

Frau Ida ist jetzt Anfang der fünfziger Jahre, aber noch immer stattlich und propper, was auch den Männern behagt. Daß sie schon mit fast siebzehn Jahren einem Gebieter untertan, mag sie früh den Genüssen zugeführt haben, welche man im Abendlande zumeist erst mit 22 oder 23 Jahren zur Kenntnis nimmt. Idusch ist in allem eine Ausnahme. Doch blüht ihr jetzt kein Trieb der Liebe, was man aus ihren Worten entlauschen kann.

Ida Boy-Ed

Auf die große Poetantin, welche sich herabließ, mich in Lübeck zu empfangen

Festgefügt in Dichterhände
Hält Frau Ida ihren Stift.
Aufwärts fahren ihre Zeilen
Wie ein neumoderner Lift.

Linkes Auge wird schon trübe,
Weil das Alter sich gezeigt.
Mittwochs wirkt sie etwas jünger,
Wenn sie Paganini geigt.

Edle Frau, mit wieviel Worten
Hast Du uns allhier beglückt!
Deine nordischen Romane...
Genial sind sie gestückt!

Wie Du zärtlich Reime fügest,
Die von Liebesweh diktiert.
Ach, es flösse manches besser,
Hättest Du Dich nicht geniert.

Selbst zu Lübeck darf man lieben,
Weil der Herr es so befiehlt.
Solltest Du in Deinem Alter...
Schreib' uns, was Du hast gefühlt.

Harburg, den 1. September 1905: Es liegt hinter mir ein Monat des Kinderkriegens. Meister Adabar hat ein gutes Geschäft gemacht. Am 4. August brachte er Karl und Marie in Hannover einen neuen, kleinen Karl. Am 16. besah sich in der Wiege bei meinem Schwesterlein Emma in Suderburg die kleine Anni zum ersten Male ihre Umgebung. Ein wunderschönes Kind, welches auch meinen Namen trägt, da es mich zur Patin hat außer Alwine Rätzmann und Alwine Meyer, Anna Döhrmann und Frau Henry Biesen aus Chicago, welche mit einem sehr reichen Amerikaner in schöner Ehe steht.
Es war eine gar freundliche Taufe, wo der Herr Pfarrer Oberdieck

seinen Segen gegeben hat, welcher ein rechter Wandler in Christo ist und schöne Verse weiß.
Daß es so hat kommen können, daß wir alle gottesfürchtige Christen sind, welche dem Herrn Zebaoth dienen ...! Anna Biesen hat ein fürstliches Geschenk in Devisen gemacht, welches es Emmakindchen und ihrem Bernhard ein wenig leichter macht, haben sie doch ein großes Haus gebaut und allerhand Mägde, männliches Gesinde, auch zwei Fräuleins und eine kalte Mamsell. Emmakindchen hat auf feinstem Dammast geruht und Rosiens Mutter, welche dorten das Geschäft des Hebens betreibt, hat sie immer mit »Euer Gnaden« angeredet, worüber wir alle sehr gelacht haben.

Prinzeßchen auf der Erbse

Wie ist das Kind so mild und schier,
So lieblich und so heiter!
Mein lieber Gott, ich danke Dir!
Mach's nur mit ihr so weiter!

Pummi-pummi, pieksi-pieks!

Gestern hat der Klapperstorch
Emmakind ins Bein gebissen;
Und ein kleines, schieres Ding
Liegt auf dem Paradekissen.

's ist ein Mädchen, schmuck und rosig,
Das der Storch ins Haus gebracht.
Eia, susu! Unser Schätzchen
Jetzt mir schon entgegenlacht.

Welch ein Strahlen in dem Stübchen,
Worin Emmakindchen ruht.
Weißer Dammast, feine Seide:
Reinlichkeit, wie tust Du gut!

Hat der Storch Dich arg gebissen?
Zweimal kam er schon zu Dir.
Wenn er sich noch einmal meldet,
Laß ihn lieber vor der Tür.

Meister Storch, mit Namen Bernhard,
Ist gewiß ein Ehrenmann.
Doch er soll nicht immer klappern,
Weil das Dir nur schaden kann.

Emmakindchen, soll die Kleine
Gar nach mir benennet sein?
Ach, Du kleines Zuckerjulchen!
Meiner Seele Sonnenschein!

Machst Du mit mir schmausi-schmausi,
Dulli-dulli, kieksi-kieks.
Macht die Tante lausi-lausi,
Pummi-pummi, pieksi-pieks!

Am 25. August kommt Goldschmidts Samuelchen, das den Kaufmann Meyer geheiratet hat, mit einem zehnpfündigen Knaben nieder.

Er sieht schon ganz aus wie der Vater und zitzt und zitzt dem armen Mulchen noch die ganze Brust weg, solche Freßsucht hat er.
Juliussen aber ist derweil dagesessen und hat in sich genagt, weil sie ihm zugesetzt haben, daß er eine reiche Frau von den Kalischers nehmen soll und auch so einen dicken, schönen Knaben zeuge, damit das Geschlecht nicht zu Ende geht. Abends kam er in meine Kammer, wo wir die Sache beraten haben. Er hat mich nicht wollen lassen, aber ich habe ihm gesagt, daß er tun soll, was seine Eltern wollen. Nun wird er's tun.

Julie Schrader war – bis auf die späteren melancholischen Jahre – ein lebensfrohes, gesundes junges Mädchen, das sein Leben in vollen Zügen genoß und seine erotischen Beziehungen zu Männern mit einer Offenheit besang, die einfach liebenswert ist. Besonders Julies lange poetische Auslassungen an ihren »göttlichen Julius« sind von einer realistischen Anschauung ohnegleichen!
(Willy Haas in »Die Welt«, 15. 8. 1969)

Münchner Geschichten

Die Familie des Bremer Konsuls Fürchtebohm war recht klein. Tochter Mathilde, auch wohl Einzi geheißen, weil sie der einzige Sproß aus des Konsuls Ehebündnis war, gab nach der Mutter den Ton an. Dies oft sehr laut, naseweis und altklug. Eine Achtzehnjährige von hundertvierzig Pfund mit strohblondem Haar und einem Gesicht wie Oldenburger Speckpfannkuchen.
Dann das Gesinde: Hermione Müller-Habenicht, die Anstands- und Französisch-Mademoiselle von Mathilde, Liesbeth, die Köchin, Sophie, die kalte Mamsell, Betty und Clairchen, die Mägde, Hansemann als Kutscher und Gärtner und Ilsemann, der Laufjunge. Neben dem Gesinde: Olemuschen, der alte Kater, Mulle-Flusch, ein junges, pummeliges Kätzchen, Napoleon, der Irish Setter, und Pfiffig, der Harzer Roller.
In dieses Gefüge drang nun unsere Julie ein. Ihre Stellung war neben Hermione Müller-Habenicht: Handreichung und Erziehung Mathildens und Oberaufsicht über das Hauspersonal, welches nach der Konsulin Ansicht diebisch, katholisch, zänkisch und sozialdemokratisch veranlagt sei.
Es fügte sich, daß zu Julchens Dienstbeginn eine Bildungs- und Erbauungsreise für Mathilde nach München, Wien und Salzburg geplant war, deren Stationen Mademoiselle Müller-Habenicht sorgfältig ausgesucht und terminiert hatte. Nun krankte aber die blutarme Jungfer seit Wochen an einer bösen Influenza, so daß sie schwach und verstört zu Bette lag und sich nicht zu rühren vermochte, als der Abreisetermin vor der Tür stand. Mathilde wollte unter keinen Umständen einen Aufschub, und da man ihr grundsätzlich alles nachsah, gestattete man dem »kleinen Sonnenschein« die Reise mit Fräulein Schrader, der Neuen, welche einen »lebhaften und tugendsamen Eindruck« bei den Fürchtebohms hinterlassen hatte.
So hatte Julie noch kaum ihre Sachen ausgepackt und das Zimmer, welches man ihr zugeteilt, näher in Augenschein genommen, als

sie mit Mathilde zum Bahnhof gefahren und in den Expreßzug via München gepfercht wurde.

Lesen wir nach, was uns Julchen über die Abfahrt zu berichten hat:

Um halb neun Uhr war eine Portechaise bestellt, womit das Gepäck von mir und dem gnädigen Fräulein zum Bahnhofe befördert werden sollte. Kam nicht pünktlich, so daß wir ratlos mit sieben Koffern, acht Schachteln, zwei Kisten, Plaits und Tüten vor dem Hause standen, in welchem die Gnädige mit einem Anfall von Rheumatismus verblieben, was auch gut war, denn sie störte nicht unsere Kreise.

Was ich schon bemerkt habe: Wenn sie Rheumatismus hat, liegt sie in ihrem Jammer fest und blaht sich schier zu Tode, weil ihre Füße absterben und das gnädige Fräulein noch keinen Mann gefunden hat. Wer aber auch, sage ich, hätte da anzubeißen! Ihre Figura ist zu füllig, ihre Beine sind verkehrt im Körper, ihre Füße sind von Ostpreußen und einen Hals hat ihr der liebe Gott vergessen abzugeben.

Ein Mann muß schon ein blinder Esel sein, wenn er ihr die Hand zum Bunde reichte. Aber von solchen Eseln gibt es in aller Welt genug, denn sie wollen gar zu gern Goldesel werden, indem sie die blanken Taler der Mitgift auffressen, sie wieder hinten herausgeben und dann sagen, sie hätten sie selber gelegt. Was ist das eine Welt!

Daß wir nun gen München, Wien und Salzburg fahren, begibt sich durch eine Marotte der Gnädigen, welche es mit Mademoiselle Müller-Habenicht in einem Bildungsblatt gelesen hat, daß diese Orte zur allgemeinen Bildung dazu gehören, was ich nicht im Ganzen glaube; aber möglich ist es, so daß ich mich auf diese Art von Bildung freue, weil es einen hebt und man weiterkommt in den hohen Dingen der Geistigkeit.

Endlich kam die Portechaise, so daß wir unseren Kram loswerden konnten. Daß auch nicht Hansemann mit dem Hausgefährt vorhanden, wo man auf solch eine Weltreise geht! Aber er mußte für den Herrn Konsul Geschlachtetes von Zwischenahn holen, woher sie den Schinken und die Mettwürste haben, welche nur – wie die Mädchen sagen – zweimal im Jahr auf den Tisch kommen, nämlich zu des Konsuls Geburtstag und zu Weihnachten. Nun waren wir schon ganz von Echauffage durchnäßt, weil die Nerven sich meldeten, denn der Zug, welcher uns hinfortführen sollte, läßt ja nicht auf sich warten wie ein verhinderter Mignon auf seine Frohlinde.

Aber es war alle Aufregung umsonst, denn wir erreichten commode das Coupé, in welches wir uns gemütlich begaben, um fröhlich

Abschied von Bremen zu nehmen, welches wir schnell hinter uns ließen, zumal die Bahn von unvorstellbar rascher Geschwindigkeit ist.

Ich glaube, daß diese Schnelligkeit ungesund für uns Menschen ist, denn sie verlangt einen anderen Atem und zerrüttet unsere Blicke.

Wir erreichten München gegen anderen Morgens, wo uns gleich neue Winde umflatterten…

Von dem, was sich vor ihr auftut, ist Julie überrascht. Kaum in der Pension in der Prinzregentenstraße »bei hochwohlgeborener Frau emeritierter Zollrat Gschwinder« (Fußnote unserer Dichterin: Gschwinder ist ohne ein »e« nach dem »G«, weil es in Bayern nicht Usus ist, ein »e« nach dem »G« zu sprechen, also: Gsicht anstatt Gesicht oder g'Spusi, anstatt »geh', Spusi!«, wobei ich bemerken will, daß hier auffällig viele Mädchen Spusi heißen, was keine Mode ist, sondern von katholischer Herkunft.) *angekommen, mußte sie erst einmal dichterischen Dampf ablassen. Hastig notierte sie in ihr Journal:*

Nun weile ich in Göttermauern,
Nun weile ich im Paradies!
Es greift mich an mit nackten Schauern…
Oh, Land der Bayern, bist Du süß!

Julchen hatte die Sucht, alles zu personifizieren. Und meist waren in ihrer Vorstellung die Personifizierungen männlichen Geschlechts, wie durch folgende Beispiele belegt:

Du, meiner Sonne Rosenfinger,
Was spielst Du auf der gold'nen Kuppel?
Ich habe doch viel bess're Dinger…
Und außerdem zwei Purpurknuppel.

Als sie mit Mathilde das Nymphenburger Palais besucht hat, trägt sie folgenden Vierzeiler in das Tagebuch ein:

Portal des Schlosses, schleuß' mich durch
Und zeige mir den Glanz von innen!
Wie ehern bist Du, durch und durch…
Dein Marmorfleisch bringt mich von Sinnen!

Es ist ein ganz lüsternes Schloß, worinnen der Herr König von Bayern wohnt. Die Frau Zollrat Gschwinder hat uns erzählt, daß der richtige König in einer Irrenanstalt eingemauert ist. Er ist so irre, daß er nicht weiß, Otto von Wittelsbach zu heißen. Sie haben einen alten Onkel von ihm, welcher das Geschäft für ihn erledigt. Otto von Bayern hat auch einen Bruder gehabt, welcher ins Wasser ging, worüber sie noch heute weinen. Er war ein wenig meschugge, was er davon hat – sagt die Frau Zollrat Gschwinder –, daß er Inzucht war, indem seine Frau Mutter die Cousine von seinem Herrn Vater war.
Die Könige der Welt machen oft Inzucht, weswegen viele von ihnen nicht regieren können. Als ich zu Ballenstedt war, kam der Fürst von Schwarzburg, welcher auch ganz meschugge ist und manchen Leuten, wenn sie ihn gegrüßt haben, den blanken Hintern gezeigt haben soll, was ich aber nicht persönlich gesehen habe, weil meine Sinne nicht auf einen fürstlichen Popo von ordinairer Nacktheit ausgerichtet sind.
Ottos Bruder hat Ludwig geheißen – wie die meisten Könige von Bayern. Er liegt in einer Kirche genau so eingemacht wie die Frau Baronin aus Hannover ihr verewigter Herr Gemahl, welchen sie geöffnet und den leeren Bauch mit Gips und Späne gefüllt haben. Ich denke, daß sie bei einem König Gold und Silber nehmen sollten.
Aber die Frau Zollrat sagt, daß die Bayern geizig sind, was sie davon haben, daß sie mit Preußen nicht zugange kommen, welches größer und mächtiger ist, weil Bismarck es gestärkt hat.
Wenn Bismarck es gemacht hat, daß die Bayern nun so geizig und unmächtig geworden sind, so ist er noch ein viel größerer Verbrecher als ich es zuvor gedacht habe. Schon wegen unserer lieben Welfenfamilie muß man ihm gram sein, daß er es gewagt hat, einen blinden König aus seinem Lande zu vertreiben. Die Bayern aber sind nicht blind gewesen. So haben sie den Bismarck nicht in ihre Kontobücher blicken lassen, daß er Debet und Habet hat untereinanderschreiben können zu einer günstigen Bilanz für sich selbst. Er sollte sich in seinem Grabe was schämen. Man kann ihn gar nicht genug schmähen, was Mathilde und die Frau Zollratswitwe auch gesagt haben. Bismarck ist ein Schandfleck. Und wenn ich ihm dereinst in der anderen Welt begegnen sollte, dann will ich ihm das ins Gesicht sagen. »Herr Bismarck«, will ich ihm sagen, »Du bist und bleibst eine Canaille von der schlimmsten Sorte!«
Von den Bayern habe ich in der Schule und auch sonst recht Passables gehört, daß sie fromm und arbeitsam, von gewissem Type, auch derbe und fix mannhaft, gute Soldaten und große Dichter sind, auch mit Bergen und sogenannten Madeln umzuge-

hen verstehen, worunter der akkurate Mensch gewisse Fräuleins von den Almen zu verstehen hat, die zur Sommerszeit in zugigen Hütten auf hochgelegenen Wiesen schlafen und sich zeitweilig von ganz brauchbaren Mannsleuten heimsuchen lassen, welche man in der Fachsprache Buams oder auch Buben nennt. Sie sind gewiß keine Buben von solcher Sorte, wie wir sie kennen, welche schlechte Geschäfte treiben und dem ordentlichen Gesetze fluchen. Nein! Abermals: nein! Die bayerischen Buben, welche man auch Buams nennt, sind von natürlicher, kräftiger Art, dienen Gott und fürchten seinen Zorn.
Auch sonntags sind sie von ledernem Gesäße, weil sie nur eine Hose besitzen, welche ihnen schon in jungen Jahren angemessen wird, damit sie auch noch in betagtem Alter standhält. Ich habe mir sagen lassen, daß es Hosen gibt, welche noch den seligen König Ludwig, welcher in jenem schrecklichen See ertrunken ist, erlebt haben, wie dieser an ihnen in seiner Märchenkutsche vorbeifuhr, sie aber nicht grüßte, weil es einer Majestät nicht würdig ist, einen Buam in lederner Hose zu grüßen, was ich verstehen kann, denn welches Königs Augen ruhen schon mit Andacht auf den schrecklichen Mannsbeinen, wie diese nun einmal von Gott, dem Herrn, geschaffen sind. Mögen solche Beine auch für manches Geschäft taugen, für die Ansicht von höheren Geschöpfen sind sie – weiß Gott – nicht gemacht. Auch in Bayern nicht, wo die von Gott in seiner Allmacht geschaffenen Beine in ihrer Natürlichkeit keine Schande sind, obwohl man überall katholisch ist.

Es prunket vor den Schloßportalen
In hehrer, broncener Gestalt
Der schönste Königssohn von allen,
Des'wegen man gen München wallt.
Ihn, den die Musen fleißig küßten,
Der tief sich in die Kunst gekniet,
Den jubelnd Künstlerherzen grüßten,
Ist längst in dunkler Gruft verblüht.
Oh, König Max, Du edler Bayer,
Der Du auf Preußen Galle spiest...!
Stets warst Du auch den Welfen teuer,
Wie man es manchesmal noch liest.
In Deinem Land von Milch und Honig
Spricht man aus echtem Herzensgrund...
Wie eine lebensvolle Chronik...

Den Namen Max aus einem Mund!
Dein edles Blut, die Denkerstirne,
Die Deine Ahnen Dir vermacht...
Es lag Dir Genius im Hirne,
Zu schlagen manche Geistesschlacht.
Wie anmutsvoll das kleine Täubchen
Dir jetzt das Bronce-Knie bepickt!
Es sucht an Dir ein Weisheitsstäubchen,
Damit es künftig weiser blickt.
So ist es, Held, selbst die Naturen,
Die meistens in der Gosse sind,
Sie bringen Dir von ihren Fluren
Manch' wunderschönes Angebind'.
Oh, Magier von Bayerns Throne,
Seh' ich Dich einst in Ewigkeit,
Dann schenk' ich Dir, Monarch, zum Lohne
Das Schönste meiner Wenigkeit!
Dann nimm mich auf in Deinen Armen,
Mein edler Max, oh, König Du,
Und zeig' der Welfin Dein Erbarmen
Auf jenen Höhen ab und zu!

Besonders labte ich mich an dem Aroma, das der unglückliche König Ludwig, der zweite dieses Namens, noch immer über die Stadt versprengt. *Seine Vita setzte sich – nach ihren eigenen Worten – in ihrem Herzen fest wie der Kesselstein in einem Teekessel.*

Kein geringerer als Rudolf Alexander Schröder hat mir von dieser ungewöhnlichen Dame erzählt. Das ist wirklich eine ungewöhnliche Sache und die Gedichte eine tolle Gratwanderung zwischen k. und k. Unüberbietbar das Tolstoi-Gedicht – über den russischsten Russen die superlyrische Poetin! Und dann wieder eine scharfe gesellschaftliche Kritik in dem Gedicht, in welchem in der Hungersnot der Vorschlag gemacht wird, den Kaiser zu braten. Ich gratuliere!
(Verleger Siegfried Unseld, 5. Juli 1977)

Die Kammersängers

Ballenstedt am Harze, den 15ten Mai 1898

Liebster Willy!

... Es ist hier einer, der wo in den Kammern singt. Wo man singt, da lasse Dich ruhig niedrig. Wieso er in den Kammern singt, weiß ich nicht. Die Frau Directeur sagt, daß es was ganz Nobles ist und man muß einen tiefen Knicks vor ihm machen wegen der Kammern. Ich denke nur, es ist komisch, wenn einer in den Kammern singen muß und er kriegt sicherlich nicht viel Geld dafür. Wenn Du weißt, was es mit demselben auf sich hat, sollst Du es mir schreiben, damit ich auch mit Kammersängers in rechte Bildung komme. Wenn ich hier frage, sehen sie mich an, daß ich denke, sie denken, ich bin nicht dazu da, von fünf bis zehn zu zählen. Ihn selbers kann ich auch nicht fragen, weil er eben so vornehm ist. Trägt auch einen Zwicker wie Direktor Hillmer von der Wiesenbauschule, hat aber nicht keine solche Bienenstichnase wie derselbe.

Ich glaube auch nicht, daß Hillmer was mit Kammersängers zu tun hat oder denkst Du, daß er wegen Bildung auch die Kammern gesungen hat? Schreibe bald, daß ich was weiß und nicht ein Gesicht mach' wie die Kuh vorm Kalben. Dies mit der Kuh ist nur ein Sinnbild, indem ich natürlich keine selbige bin und auch nicht kalben werde. Das von Hillmer sage nicht zu Emma, weil sie sonst in den nervlichen Aufbruch kommt und sich bei ihrer Herrschaft verheddert, wo sie mit Hillmer zu tun hat.

Unser Kammersänger ist von schöner Körperfülle und hat drei Bäuche. Einen bis unters Kinn, Nummero zwei hängt mit zwei Gewichten an jeder Seite wie Maikürbisse an der Vogelscheuche, damit die Elstern nicht die Erdbeeren anpicken. Nummero drei ist da, wo der Mensch an sich was zum Pien hat, was Herr Kammersänger auch wohl muß, bloß ich nicht weiß, wie ers macht wegen drittem Bauch, wo ganz fett davorhängt...

Ballenstedt am Harz, den 26ten Juni

Lieber Willybruder!
Es ist schlimm, daß Du es mit Hillmer doch an Emmakindchen gesagt hast, weil sie einen Brief geschrieben hat mit Haudenlukas und Pullermerieten! *(»Hau den Lukas!« – Attraktion auf den alten Jahrmärkten; »Pullermerieten« – Pour le mérite; Bedeutung etwa: »Es hat gedonnert und geblitzt«)* Du bist eine rechte Priemel, daß Du so jieperig auf das Sagen von meinen Briefen an Emmakindchen und Grummuttée bist! Tust Du es nochmal, bin ich Deine liebe Schwester auf alle Zeiten und Ewigkeiten gewesen. Warum schreibst Du nichts von Kammersängers, daß ich endlich weiß, was ich noch nicht weiß!
Du bist ein rechter Schietbüttel und kannst mich bald mal, wo ich ganz schön schön bin! Du schreibst jetzt sofort, daß ich stantepeetz weiß, was los ist, sonst gehe ich aus mich! Deine Schwester Julie, augenblicklich in großer Erregung!!!

Hannover, den 2. Februar 1902

Liebstes Emmakindchen!
Gestern waren wir mit Karlen seinen Eltern und ihm derselbst auf Balle bei Excelsior Pneus, wo sie gute Beziehungen haben. Es war sehr vornehm und sie hatten einen großen Uwert mit Gala, wo der Herr Kammersänger Betz von Berlin gesungen hat. Es ist ein sehr tiefer Kammersänger und macht den Mund übers Kinn auf, daß er recht tief aufkommt, was wie eine große Dröhnung von der Kartoffelstampfmaschine wirkt.
Nachher ist Tante Marie von ihm in vornehme Aufforderung genommen, daß sie total errötet und die große Ehre mit viel Augenplinkern und falschem Tritt beim Galoppe genossen. Leider hat er mich nicht gefordert, wäre ihm aber bestimmt nicht in den falschen Tritt gekommen. Tante Marie ist von solcher Falschheit beim Tanzen, daß Herr Niemann vom Nachbartisch laut gesagt hat: Wo kann man mit der tanzen! Sie macht einem die Krähenaugen blau und grün. Hat er gesagt! Herr Niemann von nebenan. Nun kannst Du Dir ein rechtes Bild machen, was sie fürne Füße hat!
Ich bin oftmals mit Karlen auf die Dielen gewesen und von vielen Damen und Herren ziemlich geäugt, was mein Kleid macht und meine Figura. Hat auch Karlen gesagt, daß ich ihm den Stolz geschwellt habe.
Wenn Du mal auf Ball bei Excelsior Pneus bist, mußt Du auch denken, Du bist die Prinzessin von Braunschweig-Lüneburg und den Busen recken, den Bauch rein und Peau-Peau raus, daß beim

Kartetschen-Galopp die Herren von Schöpfung ihre Hände so richtig plastrieren können, was man merkt und sehr schön für das Gefühl an sich ist.
Dann ist Herr Kammersänger gegangen und alle sind von den Plätzen und haben ihm eins plaudiert, daß er gedienert hat wie Plaut in Uelzen, wenn Du für mehr als fünf Mark bei ihm gekauft hast. Karlen sagt, alle Kammersänger machen das so. Es muß ein edler Stand sein wie Baron oder Graf. Wenn Du auf die Gesellschaft kommst, achte auf dieselben. Mit denjenigen kannst Du sehr ins Geschäft kommen!
Dieses wollte Dir heute berichtigt haben Deine Schwester Julie.

Wien, den 13. Oktober 1905: Es ward uns die Bekanntschaft des Hofopernsängers Erik Schmedes zuteil, welcher ein Mann von moussierenden Fähigkeiten ist. Er ist dänischen Geblütes und singt hier, wie man sagt, die Spitzen. Er soll nicht schön singen, aber laut und gediegen, was auch eine Art ist. Er hat uns die Hände geküßt und zu Mathilde »Mein Täubchen« gesagt, mich aber mit einem schönen Schwan verglichen, welches mir wie Mannah auf der Zunge lag. Herr Schmedes entzückte uns mit verschiedenen Karten für den Musik-Tempel dieser Stadt, in welchem der Kaiser seine eigene Abbuchtung hat, welches man Loge nennt. Auch in Hannover ist im Opernhaus so eine Loge, aber der König hat nicht darin sitzen wollen. Er ist unter das Volk gegangen und hatte seinen Thron im Saale.
So genossen wir die Schönheiten der »Königin von Saba«, dann ein liebliches Stück von einem, der Nicolai heißt und jung gestorben ist, sowie die »Puppenfee« von Herrn Bayer, den wir durch Schmedes zu Angesicht bekamen. Ach, welch eine »Puppenfee« hier in Wien! Hatte ich das Stück mit Vetter Karl schon einmal zu Hannover in den Besitz meiner Erinnerungen genommen, so erlebte ich hier den getanzten Himmel in Zuckerwatte! Herz, labe Dich, labe Dich unendlich an diesem Geschenke, welches ein gütiges Geschick Dir hat zuteil werden lassen!
Der Herr Hofballettkompositeur Joseph Bayer hinterließ in unserem Fräulein Spuren von Bedrängungen, welche, in zunehmendem Maße, einem das Mieder zerreißen könnten. *Sie beschreibt ihn folgendermaßen:*
Ihn ziert ein geschwungener Bart von satter Bräune, welcher auf seiner zarten Oberlippe wie eine schöne Wolke über einem kleinen Boot fliegt. Wenn er spricht, schwebt die Wolke auf und nieder. Ach, wäre ich dieses Boot, daß mir die Wolke ab und an die Segel striche!

Julchen

»Grummuttée«, Elisabeth Schrader, die Mutter Julchens
Julchen (rechts) mit ihrem Bruder Willy und ihrer Schwester Emma
Das Haus in Rosche, in der die Schraders nach dem Tod des Vaters lebten

Karl Schrader

Hofschauspieler Ludwig Barnay

Wupi

Leo Fall, »ein Beethoven der Operette«

Paul Lincke

»Himmelsknabe Edelstein«, Julchens Bruder Willy

Julie (zweite von links) und Emma (ganz rechts) in der Küche

»Otto-Held«

Dragoner in Lüneburg

Lilli Lehmann

Gottlieb Müller

Börries von Münchhausen

Hermann Niewerth

Julie und Hermann (links) in studentischer Couleur

Julie Schrader

Aber ich bin ein Mensch und dazu ein Weib, was mit solchen Wolken nicht in Berührung kommt. Für mich ist dieser Himmel zu weit, aber ich sehe seine Sterne und erfreue mich an ihrem Schein.
Der Kopf des Herrn Bayer ist zwar ein wenig groß, aber nicht unfein in verfolg eines gewissen vornehmen Zuckens, welches ihm bei Gelegenheit von der Stirn bis zum Halse hinabgeht und seine Nase und Wangen aus der natürlichen Stellung enthebt, was von eigenartigem Reize ist und sich oft wiederholt, wenn Herr Bayer merkt, daß man darauf achtet.
Dieses Zucken besitzt er auch in seinem rechten Knie, was mir erst sehr aufmerksam vorkam, da ich erhitzt war, als es an dem kleinen Tischchen, an welchem wir mit Schmedes den Cafée nahmen, gegen mein Bein zuckte. Aber es war nichts Bewußtes. Es zuckte so für sich hin, so daß die Hitze aus mir wich und ich mir zu verstehen geben mußte, daß Herr Bayer mit meinem Beine in keinen Belang treten wollte.
Dennoch befaßte sich Julchen mit dem Balletterfinder ununterbrochen. Sie verfaßte eine Ode auf ihn, Dem Einzigen:

Keiner von den Komponisten,
Deren Namen oft wir lesen,
Ist mit seinen Notenlisten
So erfolgsverwöhnt gewesen.

Joseph Bayers Wirbelklänge
Nisten ein in den Gemütern,
Sie vertreiben Dir die Enge,
Die die Galle Dir vertütern.

»Puppenfee!« Das ist die Losung,
Wenn ein Walzer Dich bezwinget.
»Puppenfee!« Die liebste Kosung,
Wenn Gott Amor Dich verschlinget.

Und dies alles hat uns Bayer,
Von den Musen arg bedrängt,
Angeschlagen auf der Leier,
Welche ihm im Geiste hängt.

Er ist ein Geschenk der Tugend,
Ein Gebilde der Moral.

Ja, ihm blühe ew'ge Jugend
Und der Frühling noch einmal!

Ist er dann im zweiten Blühen
Und die Knospe öffnet sich,
Will ich mich um ihn bemühen.
Doch: Bemüht er sich um mich?

Bin ich ihm die rechte Biene,
Die in seinen Nektar stippt?
Zieht er mich hinaus ins Grüne,
Wo hinein man öfters kippt?

Diese Fragen sind noch offen.
Antwort wird mir kaum zuteil.
Süßes Träumen, süßes Hoffen!
Amor, schieß' mich! – Waidmannsheil!

Natürlich hat Joseph Bayer von diesen Versen nie etwas erfahren. Julchen dichtete zumeist nur für ihr »Buch der Geheimnisse«, in welchem auch der nachfolgende Vierzeiler steht, der ihr entschlüpfte, als Bayer im März 1913 gestorben war:

Joseph Bayer ist zerronnen,
Meister uns'rer Puppenfee!
Man betrauert viele Tonnen,
Die aus Butter und Geléee...

Berlin, Februar ... 1908 (?)

Liebstes Emmakindchen, Susepute, Goldkringelein!
Es estimiert mich tausendmal, daß Du für mein Verständnis von Herrn Kammersänger *(Karl)* B*(urrian)* so eingenommen bist und mich nicht schiltest, daß ich mich in denselben mit Liebe verfangen. Er ist von wirklich schöner Grazie und meidet hinfort alle anderen Damen von Stand und Unstand. Er hat mir gesagt, daß ich ihn estimiere und sogar von allgemeiner Wirkung auf seinen Tängt *(Teint)* und Figura bin. Siehste woll! Morgen geht er mit mir auf Leopolten seine Retoute, was sich alle treffen, welche in Musik und allgemeiner Kunst machen. Darüber schreibt Dir zur gänzlichen Ausführung Deine liebe Julie, mit Herz in Flandern!!!

I

Er brennt...!

Er brennt...!
Oh, heiliges Feuer,
Das wohlig mich durchsiedet!
Wie lieb und teuer
Der edle Mann,
Selbst wenn er verab sich schiedet!
Er brennt...!
In Flammen sein Wähnen!
Er singt die Ariens
Zum Lobe Mariens
Mit herrlichem Gähnen,
Um mich zu verwöhnen...!
Er brennt...!
Oh, lasset ihn brennen
Mit strotzendem Feuer!
Nichts soll uns mehr trennen,
Mein Karel...!
Wie fest Dein Gemäuer!!!

II

Karelmaus!
Komm heraus!
Strecke Deine Hörner raus!
Eiderdaus!
Mit viel Applaus
Grüßen wir den Liebesschmaus!
Stirne kraus?
Leber Laus?
Karelmaus!
Du ziehst mich aus?
Saus und Braus...!
Licht muß aus!
Donnerwetter,
Welch ein fetter
Kabeljaus!!

III

Wir grüßen Dich an jedem Orte
Ob Deiner hohen Sangeskunst.
Rechts neben dem Pianoforte
Verwaltest Du Gesang mit Brunst.

An Deinen Lippen hängen hundert
Weiberaugen, schmachtend und stumm.
Ich bin darob zwar sehr verwundert,
Doch nehm' ich dieses Dir nicht krumm!

Du dienst ja nicht nur mir in Nächten,
Wo sich die Liebe offenbart.
Nein, andere, die's auch so möchten,
Sind von der Kunst nicht ausgespart.

Ich seh' selbst Männer, die mit Glühen
Verfolgen Deinen Wagnerschrei!
Was die im Cutaway sich mühen...!
Man glaubt sie nicht, die Schweinerei!

Du bist von Genien umwickelt,
Ein Schwan des Sanges, edel, groß!!
Wär' ich von Deiner Lieb' zerstückelt,
Du bliebest dennoch ganz famos.

Hoch, Karel, der Du Töne gießest
Hinaus ins weite Erdenall!
Mit Verdi fast Du mich erschießest...
Doch Wagner ist nicht g'rad mein Fall.

Du singst von Liebe und vom Lenze,
Von Tod und Teufel, Übermut.
Was in Gedanken ich Dir kränze,
Das tut mir alleweile gut.

Ein Lorbeerzweig soll Dich nun schmücken,
Die hohe, schöne Sängerstirn!
Ich muß mich nach dem Garnknäu'l bücken,
Sonst ist verheddert mir der Zwirn.

Jetzt hab' ich meinen Faden wieder
Und spinne ihn zu Deinem Lob.
Mein Karel, komme recht bald wieder...
(Ob sich jetzt g'rad mein Busen hob?)

Und sing' in stiller Kemenate
Mir solo eine Litanei.
Recht kräftig und auch delicate...
Und ich begleite Dich dabei!

IV

Ehrenvoll war dieser Abend,
Karelmänni, sehr für Dich.
Wie erquickend und wie labend!
Mancherlei verstand ich nicht.

Diese Oper ist erdrückend,
Dunkelhaft und ohne Glanz.
Doch Du... Du warst ja so entzückend!!!
Eine prächtige Bilanz!

Das Konfect, das Du mir schicktest,
Habe ich total vernäscht.
Karel, wie Du mich beglücktest!
Ob Dir wer den Rücken wäscht?

Hohes c, es kam geflogen
Auf mich zu directemang!
Und es hat mich tief gebogen
Auf des Saales Zuhörbank.

Ach, ich hab' vor Glück getaumelt,
Weil es Dir so schön geriet.
Wo des Uhres Kette baumelt,
Hast Du trauliches Gebiet.

Karel, Sängerheld vom Osten,
Herrlich ist Dein Singorgan!
Ewig möcht' ich davon kosten,
Von dem edlen Marzipan!

Auf Ermanno Wolf-Ferrari

Es grüßt Sie Bremens Musenschar,
Vertraut mit allem Operntrödel,
Und drückt Sie an den Busen gar,
Den Meister uns're Aschenbrödel.

Wir winden ihm den Lorbeerkranz
Und legen auf sein Haupt die Krone.
Heil, uns'rem Meister Lobetanz,
Dem hehr'sten Held, dem Musensohne!

Ambrosia und Met soll'n heute
Des großen Geistes Nahrung sein.
Mit Glockenklang, mit Dankgeläute
Soll unser Gast empfangen sein.

Frau Musica schlägt selbst die Leier,
Wo Herr Ermanno sich ergötzt.
Das ist die rechte Künstlerfeier,
Wenn Schönes sich an Schönem wetzt.

Erlauchter Genius, wir grüßen
In dieser Runde Euch allhier.
Mög' dieser Tag den Geist versüßen!
Ferrari-Wolf heißt das Panier!

Griebel - grabbel - grubbel - fix

Der Pfrummel

Beau, Beau Brummel!
Wie schön ist doch Dein Pfrummel!
Wenn Dich die Götter lieben,
Tust' mit dem Pfrummel pfriemen.
Ach, wäre ich ein Schuh,
Dann pfriemtest auch mich Du!

Wieder nix...!

Griebel-grabbel-grubbel-fix!
Wieder nix! Ach, wieder nix!
Zweimal hat er mich gefordert,
Zu der Polka mich beordert...
Doch dann ging er wackelstertz
In das Ballhaus hinterwärts.

Griebel-grabbel-grubbel-fix!
Wieder nix! Ach, wieder nix!
»Herr Direktor« soll ich sagen
Und ihn auf den Händen tragen...
Doch er war zu schwer für mich
Und im Hemde lüderlich.

Griebel-grabbel-grubbel-fix!
Wieder nix! Ach, wieder nix!
Durch die Post ließ er mich wissen,
Daß die Pest ihn umgeschmissen...
Jetzt sitz' ich allein zuhaus
Und puhl' mir die Schoten aus.

Canallje!!

Gustav! So was von Canallje!!
Hat mich fett und dick benannt...!
Dabei hab' ich eine Tallje,
Die selbst Wespen nicht bekannt.

Gustav! Das ist eine Lüge!
Aber wart', ich komme Dir!!
Morgen tu' ich Dir Genüge
Und zerhau' Dir das Geschirr!

Gustav! Wenn die Fetzen fliegen,
Weißt Du, daß ich nicht geschnürt!
Alles kannst Du an mir biegen,
Was zum Biegen Dich verführt!

Gustav! Nimm zurück die Leumung,
Sonst kriegst Du ein Grand Mallöhr!
Komm' ich erst aus der Umzäumung,
Kriegst Du Zorres, aber sehr!!

Der Rest

Ich bin der süße Honigseim
In Deinem Silberlöffel.
Bald trägt mich Deine Zunge heim
Auf prinzlichem Pantöffel.

Ich wand're ganz durch Dich hindurch...
Zunächst der Thronsaal Magen:
Aus dumpfer Tiefe tönt ein Knurch!
Kann man mich nicht vertragen?

Die Fahrt durch Labyrinthes Gang
Gleicht einer griech'schen Ode.
Nanu? Woher kommt der Gestank?
Ich fürchte mich zu Tode!

Doch bald, da klebe ich wo fest,
Wo ewig ich möcht' kleben!

Zwar bin ich nichts mehr als ein Rest:
Doch auch ein Rest will leben!

Ergüsse

Als Mensch mag ich Genüsse,
Weil ich genießen kann.
Gott Amors Heilsergüsse,
Ich brauch' sie dann und wann.

Vor allem in den Nächten,
Wenn mich der Mond besieht,
Dann pfeift es in den Schächten,
Als ob's im Windfang zieht.

Dann seh' ich Leberwürste
Und Schinkenspeck so prall.
Gott Amor greift zur Bürste
Und scheitelt mich sehr drall.

Ach, welche Räucherkammer,
In der die Würste sind!
Es wär' ein großer Jammer,
Verkämen sie im Spind.

Ich werd' sie auf mir tischen
Und schlingen sie hinab.
Ich will den Mund mir wischen,
Bin ich auch schon im Grab.

Oh, Amor, Du, der Beste!
Komm', sei mein Würstelmann!
Mach' mich zum Schlachtefeste...
Nur ran, nur ran, nur ran...!!!

Mönkemeyer

Mönkemeyer, Mönkemeyer,
Bist ein rechter Pleitegeier!
Kannst nicht mal Leviten lesen
Und mich kehren mit dem Besen.

Warum warst Du gestern hitzig
Und in dem Gemüte witzig,
Ohne, daß Du mich erkanntest
Und mir Deine Sehnsucht nanntest?

Mönkemeyer, Mönkemeyer,
Für Dich geb' ich keinen Dreier!
Lieber frag' ich Fräulein Nolte,
Die's schon öfters mit mir wollte...

Chance hast Du jetzt vergeben,
Denn Du kannst mich nicht erheben.
Dieses darf nur einer machen,
Der bekannt für gute Sachen.

Mönkemeyer, Mönkemeyer,
Such' was and'res Dir zur Feier.
Nimm zum Beispiel eine Laute...
Zupfe sie, hast Du 'ne Flaute!

Soße

Ihm ist ein Sprüh von scharfer Soße
Aufs Schemisett hinabgebritzt.
Zwölf Flecken auf der Sammethose,
Dort, wo dieselbe propper sitzt.

Was soll die Frau Gemahlin denken,
Wenn sie nachher den Stoff besieht?
Sie wird ihm harte Worte schenken...
Wer weiß, was sonst ihm noch geschieht!

Vielleicht will sie als Treuezeichen
Von ihm den Soßenschluck retour...
Gott, werden seine Kräfte reichen?
Ich nahm sie ihm. Was mach' ich nur?

Schönheit

Schönheit will erduldet sein,
Liebe will verschuldet sein,
Eifersucht verglüht.

Schönheit will erschlichen sein,
Liebe will beglichen sein,
Eifersucht versprüht.

Schönheit will erkoren sein,
Liebe will geboren sein,
Eifersucht... So 'n Schiet!

An den Fernen

Oh, Du geliebter Musensohn,
Seit langem mir entschwunden...!
Ich habe Dir als Dichterlohn
Ein kleines Lied entbunden.

Es fliegt zu Dir mit Äroplan
Weit über alle Meere.
Bist du noch immer Tamerlan
Und stierst nach jeder Göre?

Wo Ananas am Stecken grünt,
Banane reif sich windet,
Da machst Du Dich, mein Schatz, verdient.
Ob Dich mein Lied wohl findet?

Wenn ich des Amors Flügel hätt'
Und zwanzig Pferdestärken,
Ich käm' zu Dir! Wär' das nicht nett?
Du solltest es Dir merken!

Ich schlöss' Dich in die Arme wild
Und wär' ein Jahr geblieben.
Doch leider... Hier steht nur Dein Bild.
Papier kann man nicht lieben.

Ich dufte Dich…

Ich dufte Dich,
Du duftest mich…
Wir haben uns geduftet!

Ich liebe Dich
Und Du liebst mich…
Was haben wir geschuftet!

Ich leihe Dir,
Du leihest mir…
Wir leihen uns gemeinsam!

Bist Du nicht hier,
Ich nicht bei Dir…
Mein Gott, wie ist das einsam!

Ich kose Dich,
Du kosest mich…
Ich halte Dich umschlungen!

Ein Lied für Dich,
Ein Lied für mich…
Und keiner hat gesungen!

Es geht mir durch,
Dir geht es durch…
Es rieselt durch den Rücken!

Ich kraule Dir
Und Du kraulst mir…
Denselben voll Entzücken!

Eijeijei!

Eijeijei!
Eijeijei!
Der Hase legt ein Osterei!
Ins grüne Gras,
Wie macht er das?
Die Sache grenzt an Zauberei!

Eijeijei!
Eijeijei!
Der Storch trägt uns ein Kind herbei!
Ist's möglich gar,
Daß Adebar
Der Vater uns'res Bübchens war?

Eijeijei!
Eijeijei!
Ein Geist wohnt der Maria bei!
An ihrer Brust,
Ganz ohne Lust
Liegt er, als ob's Gemüse sei!

Ist es vollbracht...

Korsagerie,
Korsagerie,
Wer Dich benützt,
Vergißt Dich nie.
Du zwängst hinfort,
Was arg sich ballt;
Du bist, wenn alles bricht, der Halt.
Mit Deinen Stangen bändigst Du
Die kühnsten Wogen ab und zu.
Erst wenn des Abends Fackel brennt,
Wirst Du vom Körper abgetrennt
Und liegst zerstreut auf der Bergere,
Dieweil man kämpft um seine Ehre.
Ist es vollbracht,
Tut man Dich lösen –
Ein neues Spiel mit Deinen Ösen
Beginnt. Du bist erneut bereit...
Und über Dir ein Jackenkleid.

Links

Links liegt die Welt,
Die Dir was bietet.
Links ist das Zelt,
Das Dich behütet.

Links prangt das Ohr,
Das Dich so zieret.
Links hat der Mohr,
Was Dich verführet.

Links hängt die Gunst,
Die Dich umgaukelt.
Links schwelt der Dunst,
Wenn Dir was schaukelt.

Tut, tut, tut!

Jetzt hat er in sein Horn gestoßen...
Nachtwächter tut!
Nachtwächter tut!
Man schlüpft aus Hemden und aus Hosen
Und ruht,
Und ruht...

Ich kann nicht schlafen so alleine...
Nachtwächter tut!
Nachtwächter tut!
Seit Tagen juckt es im Gebeine
Und ruht,
Und ruht...

Willst Du in meine Kammer steigen?
Nachtwächter tut!
Nachtwächter tut!
Und mir Dein blankes Tuthorn zeigen?
Nur Mut,
Nur Mut...!

Vielleicht blas' ich auch Dir ein Ständchen...
Nachtwächter tut!
Nachtwächter tut!
Was soll das? Ach, Dein Kribbelhändchen...!
Wie gut,
Wie gut...!

Rickel-rackel

Rickel-rackel, rickel-rackel,
Meine Mühle geht so fein!
Rickel-rackel, rickel-rackel,
Bald werd' ich zu Pulver sein!

Rickel-rackel, rickel-rackel,
Müller, drehe nicht zu schnell!
Rickel-rackel, rickel-rackel,
Mehr Gefühl eventuell!

Rickel-rackel, rickel-rackel,
Schon die ganze Lade voll!
Rickel-rackel, rickel-rackel,
Wo das nur noch hinführ'n soll!

Rickel-rackel, rickel-rackel,
Wieviel Säcke kommen noch?
Rickel-rackel, rickel-rackel,
Mühle braucht ein zweites Loch!

Der Mund

Bedichtet wurde oft der Mund,
Besungen wurde auch das Herz...
Ich kenne nicht den tiefen Grund,
Warum's nicht dichtet hinterwärts!

Die Musche (Mouche)

Links von meinem edlen Kinn,
Wenn ich's untersuche,
Prangt ein süßer Harlekin,
Eine kleine Musche.

Ach, wie oft hast Du sie schon...
Und mit kühnem Schwunge,
Wenn mir ward ein süßer Lohn,
Lickert mit der Zunge!

Niemand darf sie an sich seh'n,
Denn sie dient nur einem.
Paulimann, ist sie nicht schön?
So was biet' ich keinem.

Nächsten Sonntag darfst Du sie,
Wenn Du willst, mein Sklave...
Nichts dergleichen wächst am Knie,
Denn dort bin ich brave.

Sächsisch' Fuß

Pariser Schuh, ein sächsisch' Fuß...
Wie kommt denn das zustande?
Es schüf' mir Pein und Überdruß,
Lief' ich so durch die Lande.

Mathilde ist so ausstaffiert.
Jetzt kriegt sie keinen Liebsten.
Der sächsisch' Fuß hat sie blamiert,
Nun ist sie am betrübt'sten.

Was macht man nur mit solchem Zeh?
Man kann ihn nicht beschneiden...
Vielleicht sollt' sie trotz Ach und Weh
Ihn anderswie bekleiden.

Ein sächsisch' Fuß, der braucht gewiß
Den sächsisch' Schuh, dann geht es.
Hast Du aus Bremen Dein Gebiß,
Ein jeder Mann versteht es!

Das Zigärrchen

Manchmal wünschte ich mir sehr,
Daß ich Dein Zigärrchen wär!
Sechsmal stecktest Du mich kühn
In den Mund, um mich zu zieh'n.

Die Rippe

Ein Gott nahm Dich von meiner Rippe,
Aus meines Busens tiefster Qual...
Jetzt sitzt Du da mit Deiner Sippe
Und denkst: Das Fräulein kann mich mal...!

Mit einem Handschuh...

Mit einem Handschuh mich befühlen...?
Mein Herr, Sie sind nicht bei Verstand!
Angst, sich die Finger zu verkühlen...?
Das ist nun wirklich nicht galant!

Sie kommen mir so gar nicht näher
Und müssen missen meine Haut...
Flugs kommt der freche Eichelhäher
Und hat den Handschuh weggeklaut.

Wo ist er nur, der Lederjunker,
Der sich so vornehm angestellt...?
Nicht wahr, man hat was von der Klunker,
Wenn nackt sie Dir ins Händchen fällt...

F-F-F-Knecht

Fimmel-Fammel-Fummelknecht,
Machst die Sache allzu schlecht!
Müßtest viel geschickter sein.
Ja, dann wär' die Sache fein!

Fimmel-Fammel-Fummelknecht,
Hackst mit Schnabel wie ein Specht.
Willst wohl in das Mark hinein?
Laß' Dich aber nicht herein!

Fimmel-Fammel-Fummelknecht,
Daß Du leidest, ist gerecht.
Gestern warst Du so gemein!
Wird das gar von Dauer sein?

Fimmel-Fammel-Fummelknecht...
Weißt Du, Schatz, was ich jetzt möcht'?
Mit Dir geh'n im Mondenschein
Und Dir ein Feinsliebchen sein!

Fimmel-Fammel-Fummelknecht:
Hätt' ich mir das nicht gedächt!
Mond scheint nicht wie Elfenbein...
Also lassen wir's heut' sein!

Polonaise

Verflixt, sie quietscht, die alte Chaise!
Was denkt sich Frau Senator bloß!
Und dieser Rhythmus: Polonaise!!
Nicht gar so stürmisch, mein Franzos'!

Kannst Du denn gar nicht anders wippen!
Dies ewig selbe Einerlei!
Jetzt geht es linksrum. Darf ich bitten?
Parole: Walzer! Eins, zwei, drei...

Zwiebeln

Zwei Zwiebeln auf der flachen Hand...
Ich denke an Dich, Guschi.
Sie sind mir irgendwie bekannt;
Ach, wären's Deine, Muschi!

Ich nehm' die Häute einzeln fort;
Jetzt sind sie blau und brennen.
Zwei Zwiebeln sind mein ganzer Hort!
Werd' ich sie lieben können?

Getrüffelt

Bist Du nicht mein Trüffelschwein
Und ich Deine Trüffel?
Ach, ich spüre wirklich fein
Deine Schnauzenrüffel!

Wühlst Du mir die Erde fort,
Bis ich liege bloße...
Und am allerfeinsten Ort
Speist man mich mit Sauce!

Freund, halt' ein, lass' mich bedeckt
Unter'm kühlen Grase!
Ist die Trüffel aufgeschleckt,
Was bleibt Deiner Nase?

Weißt Du mich geborgen tief
Unter einem Hügel,
Trüffelschwein, ich geb' Dir Brief
– Dein bin ich! – und Siegel.

Nächtlich am Busento

Nächtlich am Busento lispeln
Augusts starke Männerlippen.
Seine Hände gleichen Mispeln,
Seine Knie Felsenklippen.

Über meinen Rücken rieseln
Weit hinab bis zu den Buchten
Hunderttausend kleine Frieseln.
Rackerchen! Oh, ihr verruchten!

Und es geht ein lindes Schaukeln
Durch den Corpus bis zur Stirne.
Bienenschwärme mich umgaukeln:
Gar zu duftig glänzt die Birne!

August, lang' sie aus den Zweigen!
Köstlich wird die Frucht Dir munden.
Nein? – So werd' ich morgen zeigen
Meine Ware and'ren Kunden!

Ritsche-ratsche!

Herbst ist es
Und zwanzig Stücker
Äpfel hängen auf dem Baum.
Karlchen kommt mit seinem Pflücker:
Ritsche-ratsche!
Aus der Traum!

Nacht ist es
Und zwanzig Sterne
Flimmern, glitzern. Ach, wie nett!
Karlchen hätt' ich gar zu gerne:
Ritsche-ratsche!
Jetzt im Bett!

Die Tücke

Franz Liszt und Tücke,
Dein Gemälde bringt mich um!
Es gehen mir diverse Stücke
Von Dir in meinem Kopf herum.

Franz Liszt und Tücke,
Das schönste Stück ist Dein Tutu!
Ein Elephant! Ich kleine Mücke
Hätt' gern mit ihm ein Rangdevuh!

Franz Liszt und Tücke!
Du bist ein Bild nur ... Leider!
Verruchtes Schicksal, welche Tücke:
Es greift kein Liszt in meine Kleider!

Schicksalsfaden

Nimm mich, ich bin Dein Ewigzwirn,
Dein Leib, Dein Kopf und auch Dein Hirn,
Dein Fühlen, Denken, Handeln,
Dein ganzes Erdenwandeln!

Nimm mich, ich bin Dein Nadelöhr,
Dein Piekser, Stich und Zubehör,
Dein Raffen, Ketten, Stopfen,
Dein ganzes Herzeklopfen!

Nimm mich, ich bin Dein Metermaß,
Dein Glühfusch, Zisch und Mottenfraß,
Dein Pletten, Drücken, Dämpfen,
Dein ganzes Liebeskämpfen!

Nimm mich, ich bin Dein Musterblatt
Und was der Schneider sonst noch hat,
Die Schere, die den Faden kürzt,
Die Luft, die der Geselle fürzt!

Seife

Du bist für mich wie Seife
Aus lauter Lilienduft.
Wenn ich das Stückchen greife,
Dann riech' ich Deine Luft!

Wie schäumst Du nur so mächtig
In meiner linken Hand!
Und auch am Knie, wie prächtig,
Wie himmlisch und galant!

Du reinigst mich am Abend
Und wenn es Sonntag wird.
Für Corpus bist Du labend...
Und für die Nase Flirt!

Weißt Du...

Weißt Du, wo's Paradieschen liegt,
Wo Amors Winde Dich umschmeicheln?
Weißt Du, wer Deine Sünden wiegt
Am Jüngsten Tage ohne Heucheln?

Weißt Du, wer Deine Lippen netzt,
Wenn Dürste Deinen Mund verschwelen?

Weißt Du, wer seine Hunde hetzt,
Um Dich mit einem Biß zu quälen?

Weißt Du, wer all die Sterne macht,
Die Dir am Himmelszelt erstrahlen?
Weißt Du, warum die Sonne lacht
Und wir an Fiskus Steuern zahlen?

Weißt Du, wer Dir die Liebe senkt
Tief in das Herz mit heil'gen Klängen?
Du weißt es nicht! Die Frage drängt
Und wird sich bis zum Ende drängen!

Ich möchte ...

Ich möchte, daß mich Schiller liebte;
Ach, wär' ich doch nur ein Klavier!
Wenn Brahms auf meinen Tasten übte,
Es schwebten Engel über mir!

Ich möchte, daß mich Goethe küßte;
Ach, wär' ich doch ein Saitenspiel!
Wenn Bach als Orgel mich befüßte,
Was gäbe das ein Hochgefühl!

Ich möchte, daß mich Heyse koste;
Ach, wär' ich doch ein Paukenfell!
Wenn Mozarts Busen mich umtoste,
Ich stürb' dabei eventuell!

Schneewittchen

Spieglein Spieglein an der Wand,
Wer ist die Schönste hier im Land?
Ist es Mathilde Nachbarskind,
Der kleine süße Kuschelwind?
Nein, nein,
Die ist es sicher nicht,
Weil es an G'radheit ihr gebricht.

Spieglein, Spieglein an der Wand,
Wer ist die Schönste hier im Land?
Ist es Frau Herzog Cumberland,
Die an dem Thron Hannovers stand?
Nein, nein,
Die ist es sicher nicht,
Weil es an Liebreiz ihr gebricht.

Spieglein, Spieglein an der Wand,
Wer ist die Schönste hier im Land?
Ist es des Kaisers Ehefrau,
Die Haare blond, die Augen blau?
Nein, nein,
Die ist es sicher nicht,
Weil es an Taille ihr gebricht.

Spieglein, Spieglein an der Wand,
Wer ist die Schönste hier im Land?
Ist es Maria, Jungfrau mild
Auf des Altares Gnadenbild?
Nein, nein,
Die ist es sicher nicht,
Weil es an »–!« ihr gebricht.

Spieglein, Spieglein an der Wand,
Wer ist die Schönste hier im Land?
Ist es das Mädchen auf der Welt,
Dem tausend Knaben nachgestellt?
Ja, ja!
Das ist sie, Eiderdaus!
Jetzt schaut sie g'rad' zum Spiegel raus.

Am Bahnhof

Willst Du wirklich einmal kräftig
Leben in die Augen seh'n,
Mußt Du nur zum Bahnhof gehen,
Wo die strammsten Männer steh'n.

Die Lochgardine

Ach, wär' ich eine Lochgardine
Und hinge vor dem Fensterglas...
Die Sonne morgens mich beschiene
Und abends säh' ich auch noch was.

Bitte

Weil' auf mir du dunkles Auge, übe deine ganze Macht,
Ernste, milde, träumerische, unergründlich süße Nacht!
Nimm mit deinem Zauberdunkel diese Welt von hinnen mir,
Daß du über meinem Leben lieblich schwebest für und für.

Wilhelmine

Sie blüht und wächst
Und treibt nach oben
Und hat schon Maientrieb gesetzt.
Sie war mit Karl im Ziegenkoben
Und hat das Messer ihm gewetzt.

Sie lacht und liebt
Und scherzt mit Wonne
Und heitert uns'ren trüben Sinn.
Ihr Mütterlein glich einer Tonne.
Sie kommt doch nicht aufs gleiche hin?

Sie ißt und schleckt
Und trinkt mit Eifer
Und gilt als Zierde der Menüs.
Ein jeder Mann gerät in Geifer,
Erspäht er ihre kleinen Füß'.

Sie tanzt und springt
Und ist coquette
Und sprüht vor Charme, kommt ein Mann.
Doch sprengt die Fülle das Korsette,
Was dann, Prinzeßchen? Nun? – Was dann??

Die Kaffeemühle

Oh, wär' ich eine Kaffeemühle
Und Du ein Körnlein braun und trüb'!
Ich drehte Dich durch das Gewühle,
Bis nichts mehr von Dir übrig blieb'!

Lavendelduft

Lavendelduft, Lavendeldunst,
Ach, bist Du eine Labe!
Es mangelt an der höchsten Kunst,
Wenn ich Dich mal nicht habe.

Kein Mann, der etwas auf sich hält,
Begibt sich zu Amouren,
Wenn ihm Lavendelparfüm fehlt...
Kommt er nicht auf die Touren.

Die Braut sagt »Ja«, doch sagt sie's nicht,
Verspürt sie nicht den Tropfen,
Der ihr so in die Nase sticht
Und schafft ihr Herzensklopfen.

Samsons Haare

Samson, Held des alten Zion,
Soviel Haare! Gottogott!
Welch ein muskelstarker Hüon!
Dennoch macht' Dalila Spott.

Und sie schnitt Dir ab die Haare.
Kraftlos sankest Du dahin.
Futsch war Deine ganze Waare
Und betrübt Dir Herz und Sinn.

Doch sie wuchsen Dir ja wieder
Und Du gingst nicht zum Babutz.
Eines Tages platzt' das Mieder...
Von der Decke rieselt Putz.

Ja, Du wurdest wieder Recke,
Brachst die Tempelsäulen ein.
Alle blieben auf der Strecke...
Und das kommt vom Haar allein?

Die Rosinen

Aus meinem Kuchen die Rosinen...!
Du hast sie einzeln rausgepickt.
So schön ich vorher war erschienen,
Jetzt scheint das Naschwerk mißgeglückt.

Stammbuchvers

Hast Du gespeist in einem Hause
Und bist gelöst der Welt entrückt,
So danke vielmals für die Brause
Und zeige Dich durch Brief beglückt!

Die Pantoffeln

Wer die Pantoffeln trägt,
Soll hier im Hause walten.
Wer seinen Liebsten schlägt,
Kann mehr als Haare spalten!

Der Tritt

Geliebte Nähmaschine Opels,
Wie oft hab' ich getreten Dich!
Ich bin wie Du, denn hundert Popels,
Ach, tausend hatten Tritt auf mich!

Runzeln

Bin ich schon alt?
Die ersten Runzeln!
Du sahst mich an,
Mein Freund, mit Schmunzeln.

Was soll der Schreck?
Ich werd' ganz mutlos!
Doch lächelst Du.
Ich denk': Er tut bloß...

Das Weibsgesicht,
Es wellt sich leider
Viel schneller noch
Als Seidenkleider.

Doch, Kerlchen hold,
Lass' es Dir sagen:
Auch Du hast Runzeln
Unter dem Kragen!

Und dort, nicht wahr,
Wo man's nicht sieht,
Ein ganzes Feld
Voll Runzeln blüht...!

Tamerlan

Heut' Nacht war ich bei Tamerlan,
Dem kühnen Hunnenkönig.
Ich klopft' an seine Haustür an;
Er öffnete ein wenig.

Da sah er mich. Es war gescheh'n:
Er hatte Visionen!
»Mein Kind, was bist Du allwärts schön!
Ich will Dir solches lohnen!«

Herr Tamerlan führt' mich hinein,
Ich harrt' auf dem Diwanne.
Er goß in sich viel Wein hinein,
Ich glaub, mehr als 'ne Kanne.

Des Weines Dunst drang aus dem Mund.
»Man putze sich die Zähne!«
Herr Tamerlan fand keinen Grund,
Da kriegte ich Migräne.

»Nein, so verdingt sich keine Frau,
Wo Dunst und Übel drohen!«
Er machte viel und laut Radau,
Da war ich schon entflohen.

»Herr Tamerlan, Herr Tamerlan,
Was soll denn diese Sitte?«
Man pflegt sich schon von oben an,
Nicht erst vom Sterz zur Mitte!

Richard Wagner ist der Kleister, der die Kunst zusammenhält. Das hat Wucht, und eigentlich ist es doch schade, daß nicht Herausgeber Berndt W. Wessling die niederschmetternd schönen Gedichte seiner Großtante Julie Schrader verfaßt hat. Es gäbe der Sache noch mehr Cachet. Andererseits, das hat sie, die Sache, nicht nötig. Sie ist sich selbst Cachet genug, der welfische Schwan…
(Christian Ferber in »Die Welt«, 18. 6. 1977)

Julie Schrader, der welfische Schwan (1881–1939), so genannt in Anlehnung an Friederike Kempner, den schlesischen Schwan (1836–1904), hat – so behaupten einige mit den allerletzten Mitteln philologischer Grundlagenforschung arbeitende Theaterkritiker – nie gelebt und eben dieses mit William Shakespeare (1564–1616), dem Schwan von Avon, gemein, von dem auch nicht feststeht, ob der mit dem Verfasser der nach ihm benannten Werke identisch ist.
(Dr. Egon Kochanowski in »Bonner Theater Zeitung«, Spielzeit 1979/80)

Wupi

Eines Tages promenierte Julchen mit einigen Freundinnen im Bremer Bürgerpark, als von geziertem Podeste herab *eine flotte Musik zu ihnen drang. Eine oldenburgische Regimentskapelle spielte zum Konzert auf. Der fesche Herr Kapellmeister zog die Blicke aller jungen Damen magisch auf sich. Julie beschreibt ihn:*
Er war nicht größer als hierzuland ein Knabe von achtzehn Jahren, gewiß nicht mehr als 25 Jahre alt, hatte ganz zierliche Linien, schmale Hüften und trug einen zuckersüßen Engelsbart von rabenschwarzer Farbe auf der Oberlippe, daß es mich gleich tief stach, als ich dieses gewahrte.
Unter seiner Mütze lugten entzückende schwarze Locken hervor, wie sie bei uns die Zigeuner haben und unser lieber Aaron, welcher bei uns Zwirne und Nadeln verkauft und in der Weststadt wohnt, welcher auch eine blitzschöne Schwester hat, Malchen geheißen, welche mit unserem Küchenmeister vorzeiten in gewisse Geschäfte gestiegen ist.
Der Herr Kapellmeister wird von den Seinen Wupi genannt, weil er aus Wien stammt. Als er mich examiniert und invitiert hatte, sagte er mir, daß es ganz delikat sei, Wupi genannt zu werden, was bedeutet, daß er sehr viel wupt, was an der Donau soviel heißt, daß er das oftmals mehr tut, was ein normaler Mensch an körperlichen Pflichten sonst tut.
Wupi ist aber schon Offizier, auch von Adel, mit einem »von« nur, was aber auch schon langt, denn die Bremer haben nicht einmal so ein lausiges »von«.
Wupi kam am Freitagabend und es wurde ein einziger, langer Sonntag daraus, ein Pfingstfest, ein Weihnachtsfest, ein Osterfest und ein Himmelfahrtsfest zusammengenommen. Ja, ich bin zum ersten Male in meinem Leben zum Himmel gefahren ... und der Herr da oben wird's mir nachsehen, daß ich es tat. Aber nun weiß ich, was es ist, in den Himmel zu fahren. Wupi hat es mich gewiesen. Ich aber wollte gar nicht wieder von dem Himmel herunter.

Jeder Tag verglüht leider. Jede Stunde hat sechzig Minuten einmal voll. Dann kommt wieder der graue Alltag. Wupi! Wupi! Wann fahren wir wieder in den Himmel? Aber schlecht bist du doch, daß Du auch mit Adolphine Habakuck dahin fuhrest, wo wir doch auf edler Wiese wie unschuldige Lämmer geweidet. Oh, schändlich, daß sie gesehen, was mein Auge sah. Mein gestörtes, herrliches Bild! Wupi, Wupi, Du Schändlicher!

Ja, dieser Wupi! Er war auf Karriere aus und hat tatsächlich ein halbes Jahr später die um elf Jahre ältere Adolphine geheiratet, die hunderttausend Taler mit in die Ehe brachte. Es wurde keine glückliche Verbindung, woraus man wieder sehen kann, daß Geld allein nicht der nötige Kitt ist, um Mann und Frau für den Erdenweg zusammenzuschweißen. 1928 beging Wupi in München Selbstmord. Die Mitgift Adolphines war längst verpraßt; 26 Gläubiger stellten den »Weaner Strizzi« und Preller.

Jetzt allerdings liebäugelt er noch mit den Schönen der Weser-Metropole und »hantiert« an unserem Fräulein herum, die gallige Vierzeiler entwirft, um ihren Nebenbuhlerinnen eins auszuwischen. Adolphine muß hören, daß mit ihr nichts mehr los ist:

Wie es sie nach IHM gelüstet,
Wie sie in den Spiegel gafft!
Gott sei Dank, sie ist verwüstet,
Corpus ist bei ihr erschlafft!

Oder:

Verscheuchst gar noch die Vögel,
So grau ist Dein Gesicht!
Figura ist aus Kegel
Von hundert Pfund Gewicht.

Einmal nahm Wupi Julchen mit nach Hamburg. Man feiert eine ersprießliche *Mondnacht auf der Alster. Das Fräulein vertraut uns offenherzig an:*

Wupi war an diesem Tage schon ganz fiebrig, weil er sich für Hamburg, welches eine erhabene und stolze Stadt ist, die in der Frühe der Geschichte Hammonia geheißen wurde, was aber nichts mit dem Musikinstrument zu tun hat, mancherlei Neckisches ausgedacht hatte, welches ich noch gehörig in Erfahrung bringen sollte, lechzte er doch allenthalben nach dem, was seinem Wiener

Körper fehlte und bei mir sich in Fülle bot. Daß er mir schon in der Bahn im öffentlichen Coupé an das Unschickliche, aber Reizvolle wollte, verbat ich mir hochachtungsvoll, indem ich ihn gegen das Schienbein trat und mich genant von ihm abwandte, was ihn aber noch toller machte. Er schlug Rad wie ein Pfau, was mich aber nicht interessierte, denn es war früh um neun Uhr, und da bin ich noch nicht aufgeschlossen für das Erotische an sich, welches in Wupi sehr dick auflag, was ich aber von vielen Wienern aus Erfahrung weiß!

In den hanseatischen Colonaden ward mir durch Wupi ein rosanes Tuch mit grünen Ambitionen zuteil, welches gut zu meinem Mantel steht, welcher sich in vornehmem Grau von dem übrigen abhebt. Dann ging ich mit Wupi in ein Restaurant, in der Nähe des Parks gelegen, welcher sich bis hin zur Alster ausdünnt. Die Alster aber ist nicht ein Fluß, sondern ein riesiger Puhl inmitten Hamburgs, um welchen herum die Vornehmen sich niedergelassen haben, welche sich Patrizier nennen, weil sie glauben, daß sie vor den gemeinen Menschen eine besondere Zier sind.

Wupi bestellte für uns eine Jause, was sie nicht kannten. Da haben sie Fleischernes gebracht, was sie Rundstück nennen, weil es ein ordinaires Brötchen ist mit Schweinefleisch bedeckt und kümmerliche Soße darauf, was eine Mark vierzig kostet und deswegen eine wahre Sünde ist!

Später haben wir uns mit einem aufdringlichen Herrn vom Theater getroffen, mit welchem Wupi einen Kontrakt hat und der Cheri Mauritze heißt, aber nicht von französischer Herkunft ist, man nur aus einer deutschen Kleinstadt, was nichts besagen soll, indem er sich Cheri von Pseudomime wegen nennt. Selbiges ist ohne Strafe erlaubt, so daß ich mich, wenn ich's wollte, auch Thusnelda von Espenschiet oder Hortense Carapulta nennen könnte, welches sehr schöne Namen aus geliebten Romanen von Emilie Marlitt und Hertha Stolzenburg sind.

Mauritze hat dem Wupi immer in die Taschen zu fassen versucht, was ein schlimmes Laster ist ... von wegen dem Portemonnaie und all der anderen Dinge, die ein Mann so als Mitbringsel in den Beinkleidern birgt. Mauritze war aber nicht auf das Portemonnaie aus, sondern auf Gewisses, was mir Wupi nachher sagte. Dieser Schlingel!

Es ist eine Gemeinheit von verschiedenen Herren, daß sie so merkwürdig in ihrem Geschlechte sind, indem sie den Damen rauben, was an männlicher Schönheit auf dieser Erden dahingrast. Es ist eine griechische Seuche, weil sie von Sokrates erfunden

wurde, der einen Nachbarn hatte, den er ab und an in seiner Tonne heimsuchte. Die Tonne aber war dessen Haus, indem er darin schlief, sich wusch, Gedichte machte und seine Gäste empfing, was von keiner guten Bildung zeugt, denn man empfängt seine lieben Besucher nicht in einer Tonne!
Dieser Sokrates hat es in sich gehabt. Und weil er in Mode war, haben's ihm alle Männer nachgemacht. Da fahre die Pest in ihr Gebälk! Herr Gott, gib ihnen ein Zeichen, damit sie von Deiner Gnade erfahren und wieder zur Moral zurückkehren, die sie im Finsteren so schändlich allein zurückgelassen haben. Und gib ihnen den Frieden, den ihnen die weibliche Welt bisher nicht hat geben können. Amen!
Nachher ist Wupi mit mir auf dem Dampfer nach Blankenese gefahren, was sehr stürmisch war, denn es wehte eine frische Brise – wie sie hier den Wind nennen. Wupi aber hat mich festgehalten und gesagt, daß diese Brise wie ein Märchen für ihn sei ...
Abends sind wir bei Sagebiel gesessen, welches ein hübsches Lokal ist. Da ist himmlische Musik aufgeklungen: »Mondnacht auf der Alster«, ein galanter Walzer, den man tanzen möchte, bis man Schweißfüße kriegt. Er wird mich stets begleiten und mein Ohr heimsuchen, wenn mich Liebe Stück für Stück angehet. Dieser Walzer ist ... zum Bedichten!

Die Mondnacht auf der Alster hat
Mich wahrlich angelacht!
Was mir ein holder Phoebus tat,
Ist hier nicht angebracht.

Der Liebe Nadelstiche sind
Nur spürbar selbst für Dich,
Das merke Dir, mein liebes Kind,
Und dringe ein mir nicht!

Was Du erlebst an Liebeslast,
Das trage nur allein.
Denn wenn Du's echt durchlitten hast,
Dann ist es nicht gemein!

Und damit hatte unser Julchen recht. Intimes sollte man vor den Augen und Ohren der Neugierigen verbergen. Höchstens einem Tagebuch darf man anvertrauen, was einem den Busen schwellen läßt und das Herz sehnsuchtsvoll durchbebt. Was Wunder, daß Seiten um Seiten das Tagebuch Julies füllen, als Wupi sie schändlich *verlassen hatte:*

Jede köstliche Suppe schmeckt mir nach Wasser. Die Würze meines armen Lebens ist dahin, ausgelaufen ist die Kruke mit all den Köstlichkeiten. Ach, Herr des Himmels, was hast Du mir genommen! Und was hast Du einer häßlichen Zappelliese gegeben! Du bist ungerecht! Was hast Du mich auch so schön gemacht, daß alles mir auf den Leim kriecht? Deine Schuld!! Und doch läßt Du mich fühlen, daß Du mir nicht alles auf einem Male geben willst. Willst Du mich alt und häßlich werden lassen, ohne ... daß mir ein stolzer Phoebus allein und für immer gehört?

Lasse mir einen auf einem Regenbogen herniederfahren, den ich fest an mein Herze drücken will! Schick' mir den König, auf den die Herzenskönigin sehnsüchtig wartet. Aber laß' ihn keinen Schnurrbart wie der Kaiser haben. Das ist nicht schön, weil er allzu sehr mich stichelt ... und das vergreift sich an dem Teint!

Kannst Du diesen Wupi nicht einmal mit ein paar derben Sachen kneifen, damit er merkt, was er im Stiche gelassen hat? Ich denke, daß Du allmächtig bist. Ach ja, welche blöde Allmacht, wenn Du einem nicht helfen kannst. Oder ... willst Du etwa nicht? Ich weiß, weil Louis Harms das gesagt hat, daß man Dir mit so etwas nicht kommen darf. Aber ich komme Dir doch, mein lieber Gott. Du mußt Dich ändern, wenn die Menschen daran glauben sollen, daß Du allmächtig bist. Warum machst Du, daß die Bayern auf die anderen Saupreußen sagen? Warum machst Du, daß die Franzosen solche Racker sind, daß man sie in der Hölle braten sehen möchte? Warum machst Du, daß es diesen räudigen Bismarck gab, der unserem lieben König, heil Georg von Hannover!, nicht das Schwarze unter dem Nagel gönnte? Warum hast Du gemacht, daß Männlein und Weiblein so verschieden sind?

Du bist ein großer Könner, Herr. Aber manchmal spinnst Du auch, was ich Dir hiermit deutlich sage, denn Du bist hochmütig und verschlossen, redest nicht mit einem, wenn man in Nöten ist und was verloren hat, wie ich ... den Wupi! Was weißt Du schon davon, was das ist, einen Quinkelier-Wupi verloren zu haben! Du hast nichts mit Frauen ... und auch Deinen Sohn hast Du ohne Weib gelassen. Selbst mit Maria ... ich weiß nicht ... hast Du Deinen Schabernack getrieben, indem Joseph ihr nichts machen sollte ...

Jetzt nimm Dich zusammen, lieber Gott! Schenke mir einen schönen Mann. Weiter will ich nichts von Dir. Dann glaube ich auch an Dich. Amen.

Die Liebesmilbe

Es nagt die Liebesmilbe
Unter dem Fichou.
Sie nagt mir tief im Busen
Wie Du,
Mein Freund,
Wie Du!

Ich kann sie nicht entfernen
Aus der zarten Brust.
Bald hat sie mich zerfressen
Mit Lust,
Mein Freund,
Mit Lust.

Dann bin ich abgestorben
In das tiefe Grab.
Vielleicht zieh' ich Dich morgen
Hinab,
Mein Freund,
Hinab!

Siegfrieds Verlobung

Es war zu Xanten am schönen Rhein,
Man saß in fröhlichem Zerkel.
Nur einer benahm sich gar nicht fein:
's war Hagen, ein richt'ges Ferkel.

Als Siegfried der zarten Braut den Kuß
Zum ewigen Bunde reichte,
Da fühlte der Hagen nur Verdruß –
Bis an den Scheitel er bleichte.

»Der Siegfried ist allen Frauen hold –
Und ich sehe zu von ferne!«
Sprach er zu sich, und er nahm sein Gold:
»Dafür tun es alle gerne!«

Doch hatt' er sich bei Kriemhild geirrt.
Sie liebte nur Siegfrieds Glieder.
Umsonst hatte Hagen sie umschwirrt.
»Hah!« rief er, »ich komme wieder!«

Kriemhild vernahm seine Worte wohl.
Nun, Siegfried würde sie schützen.
Was nützt Euch, Madam', solch ein Idol!
Der Hagen schießt mit Haubitzen.

Kriemhildens Rache-Lied

Oh, Hagen, was hast Du bei Nacht getan?
Du nahmst mir den Buhlen, den besten Mann!
Wer soll mir den Helden ersetzen?
Jetzt muß ich das Messer wetzen.

Bald, Hagen, wirst Du ein Häuflein nur sein
Von stinkendem Blut und zerhacktem G'bein.
Dich sollen die Aasgeier greifen
Und Dich zu der Hölle schleifen!

Dort, Hagen, kriegst du statt Wasser und Brot
Nur einmal die Woche von Bismarcks Kot.
Der hat uns're Welfen vertrieben.
Ihm geht's – wie Dir – nach Belieben!

Hei, Hagen, dort liegst Du in Deiner Qual,
Vom Satan bespien mit bitterer Gall'!
Ich bin über alles im Bilde,
Ich, Siegfrieds Witwe Kriemhilde!

Der Königinnen-Empfang

Ostern steht vor der Tür. Die Konsulsfamilie gedenkt, diesmal das Fest der Auferstehung des Jesus von Nazareth mit der Teilnahme an einem Königsempfang zu krönen. Die greise Dichter-Königin von Rumänien, Elisabeth zu Wied, macht in Hamburg Station. Ein Komitée, dem die Konsulin angehört, soll der Ehre teilhaftig werden, die in einem Grandhotel der Hansestadt residierende Monarchin am zweiten Ostertage besuchen zu dürfen.
Königin Elisabeth, die sich als Dichterin den klangvollen Namen Carmen Sylva zugelegt hat und eine üppige Matrone mit romantisch-vertrackten Gewohnheiten ist, hat nach diesem Empfang die Konsulsfamilie zu einem Teecercle gebeten, um »die Lieben, die zu Jüngern meiner Poesie geworden«, ordentlich zu bewirten. Julie gehört mit zur Familie. Sie darf eine leibhaftige Königin von Angesicht sehen. Sie ist ganz weg vor Ehrfurcht und Erregung.
Tagelang wird im Konsulshaus exerziert. Ein Tanzmeister ist zum Etiquette-Unterricht erschienen. Er bringt den Damen bei, wie sie nach alter spanischer Regel den Hofknicks auszuführen haben und wie sich der Herr Konsul in »edler Verbeugung« zu beherrschen hat.
Julchen: Herr Beuss traktiert uns fürchterlich. Morgens zwischen elf und zwölf müssen die Frau Konsulin, Mathilde und ich in die Knie. Nachmittags übt der Konsul Verneigung, Rückgang zur Tür, Vorstellung und Aufrechterhaltung der Atmosphäre. Herr Beuss sagt, daß Aufrechterhaltung der Atmosphäre das Wichtigste bei der Begegnung mit Königinnen ist. Man soll nur reden, wenn man gefragt ist. Man darf die Königin nicht anreden, man darf sie nicht geradewegs ansehen, man darf nicht zur Tasse greifen, wenn sie es nicht auch tut. Man ißt die Cakes nicht, die sie einem anbietet. Man dankt nur dafür, daß sie es einem angeboten hat.
Die Konsulin soll zuerst zwei Schritte hinter dem Konsul stehen, der die Ansprache hält, wenn sie ihm Guten Tag gesagt hat. Vier Schritte nach der Tür geht alles, was Weib heißt, in bewußter

Haltung in die Knie, wobei man nicht wippen darf. Erst wenn die Königin ein huldvolles Zeichen gibt, darf man wieder hoch. Auch wenn es einen zwickt und juckt, darf man sich nicht rühren. Kratzen und Zwicken ist in der Gegenwart einer Königin eine Todsünde. Husten darf man auch nicht... und wenn man dabei erstickt.

Mathilde und ich müssen ganz hinten bleiben. Wenn die Königin sagt, daß wir uns setzen sollen, muß sich erst die Konsulin setzen, dann kann sich unser Gebieter setzen, dann erst wir. Wenn die Königin steht, darf keiner sitzen. Mit dem Schoßmops, den sie hat, darf keiner spielen; auch nicht »wau-wau« oder »wo ist er denn?« sagen. Sie soll auch eine Katze haben und einen Vogel.

Herr Beuss sagt, daß es nicht erlaubt ist, zu bunte Kleider anzuziehen. Die Konsulin will deswegen in Schwarz gehen, Mathilde in Weiß. Ich soll ein graues Kleid mit Schleppe anziehen, was ich für die Sache mit Albert Niemann gekriegt hatte. Was das alles für Umstände mit einer Königin sind. Ich weiß, daß ich bestimmt alles verkehrt mache. Wenn es doch nur keine Königinnen gäbe, dann hätte es nicht solche Aufregungen! Aber ich sage mir: sie haben den Hintern auch nur in zwei Hälften!

Mathilde wird mit einem riesigen Blumenstrauß bestückt: weiße Rosen und lila Iris, die Lieblingsblumen der Dichter-Königin. Auf der Fahrt nach Hamburg kriegt die Konsulin Zustände.

»Du machst bestimmt bei der Verbeugung einen Katzenbuckel«, sagt sie zu ihrem Mann. »Und dann genieren wir uns ganz gewaltig vor Ihrer Majestät. Es ist zum Auswachsen mit dir! Du hast deine Steifheit von deiner Mutter, die war auch so ein Bestüh wie du!«

»Igitt, was du fürn Gejappel machst!« keift sie der Konsul an. »Laß' meine Mutter man aus dem Spiel. Deine war auch man nur aus Tostedt und hat in ihrer Jugend den Kuhdreck mit dem Besen vom Tisch gefegt.«

Madame kriegt keine Luft mehr: »Du ruinierst uns, du gemeiner Bock! Und das vor den Ohren Mathildchens und Julchens. Du bist überhaupt nicht fein. Solche Wörter, wie du sie gebrauchst, schmücken einen gebildeten Menschen nicht. Aber ... was ist schon deine Bildung! Künstler heranschleppen und sie durchfüttern, damit das was ist vor den Augen der anderen. Das ist keine Kunst. Und hinterher bist du dann so ein Unmensch, der eine schutzlose Frau in Unmoral und Niederigkeit stößt! Igitt, was für ein Zustand!«

So ging das hin und her.

Julchen: Sie hakelten sich, als wären sie Zimmermann und Maurer.

Man kann deutlich sehen, daß ihre Bildung nichts ist und nur wie der Rahm auf der Milch schwimmt. Der Konsul ist männiglicherweise ein Ekel, der es faustdick hinter den Ohren hat.
Erst vor Hamburg waren sie wieder in einem Korb. Madame hatte genug zu tun, um an Mathildens Kleid und Mantille herumzuzupfen und die Stäubchen von des Konsuls Bratenrock zu zupfen, mich zu ermahnen, hübsch bescheiden zu sein und nicht zu vergessen, welch' hohe Ehre uns zuteil würde.
Dann gingen wir ein Stück, bis die Kutschen kamen, die hier Droschken heißen. Wir stiegen ein und der Kutscher, welcher in Hamburg Droschkenfahrer tituliert wird, fragte nach dem Ziele, was ihm der Konsul vermeldete, worauf er tief den Hut zog und den Konsul mit »Herr Graf« anredete. Die Droschkenfahrer zu Hamburg sind keine gewöhnlichen Leute. Julius Goldschmidt hat mir berichtet, daß sie einen in die Oper genommen haben, welcher Fritz Bötel heißt, wo er nun den Postillion singt, was eine schöne Oper ist, in der es bekannte Lieder gibt und wo er lustig mit der Peitsche knallen kann, was sein eigentliches Metier ist.
Julius hat gesagt, daß der Herr Bötel sonst man ziemlich dumm ist und zuviel säuft, wodurch er manchmal nicht weiß, ob er Bötel oder Bismarck heißt. Ich habe Herrn Bötel noch nicht genossen, was ich aber später mal nachholen will.
Dann waren wir an dem Hotel, wo Spalier gemacht war. Die anderen vom Komitée waren schon da und begrüßten den Herrn Konsul lange und mit vielen Reden. Da waren auch zwei Hamburger Dichter, welche dem Alkohole schon reichlich verfallen waren und der Konsulin die Schleppe zertraten, was die Kleiderfrau im Hotel hat wieder auffrischen müssen, der guten Frau aber bald den Verstand gekostet hat, weil all das Schöne dahin war. Diese versoffenen Dichter!
Dann wurden wir in einen Raum geführt, wo Mathilde und ich warten mußten. Wir kriegten Tee und Amerikaner. Das Komitée ist dann die Treppe hochgegangen, wo der oberste Diener der Frau Königin und einige Kämmerlinge die Damen und Herren in Empfang nahmen. Nach fünf Minuten hat die Königin sie bitten lassen und ist dagesessen in einem blauen Kleide mit viel Pelz und einem Diadem in den weißen Locken. Sie hat gelächelt und die Komitanten haben auch gelächelt. Dann hat sie geredet und die Komitanten haben auch geredet. Die Blumen haben zu ihren Füßen gelegen, daß es wie eine Beerdigung war. Einer hat ihr einen Lorbeerkranz überreicht und ein Gedicht von ihr aufgesagt. Dann haben sie alle »hoch! hoch! hoch!« geschrien, daß wir es unten in

dem Teeraume hörten. Bald haben sie noch einmal »hoch! hoch! hoch!« gerufen. Dann sind sie alle wieder raus und haben gelächelt, weil sie die Königin gesehen haben.
Nach einer halben Stunde haben sie uns geholt. Ein Diener vom Hotel und ein Diener der Königin, in roten Fracs mit weißen Jabots und Handschuhen. Der Diener vom Hotel war ein alter mit grauen Haaren, steif und abgewirtschaftet. Der Diener der Frau Königin aber war frisch und jung, von guter Taille, und hat mit mir gezwinkert. Obwohl er ein königlicher Diener war, habe ich mich zurückgehalten. Leider gelang es mir nicht, sofort zu erröten, was er als schlechtes Benehmen wird gedeutet haben.
Plötzlich ging vor uns eine große Tür auf. Da saß sie auf einem Goldkäferstuhl, den Mops auf ihrem Schoß. Die Konsulin saß mit einer Kammerfrau an einem Tischchen vor ihr, der Konsul stand dahinter. Wir gingen in die Knie, wie Beuss uns das beigebracht hatte. Ich war so aufgeregt, daß mir die Beine schlotterten. Mathilde war kreidebleich im Gesicht, und ich habe es gehört, daß sie einen Pups mußte lassen, als sie in die Knie ging. Das kommt von der Aufregung. Wenn ich ganz toll aufgeregt bin, könnte ich immerzu pupsen.
Auf einem Male ist eine schöne, dunkle Stimme an mein Ohr gekommen: »Erhebt euch!« Das war wie am Jüngsten Tage, wenn Gott der Herr zu den Auserwählten sagt, ihr sollt zu meiner Rechten sitzen. Ich kam hoch, sah aber nicht hin, weil Beuss das gesagt hat. Da sagte sie: »Herr Konsul, Sie wollen so lieb sein, mir die Mademoiselles vorzustellen, damit ich sie auseinanderhalten kann.« Der Konsul sagte mit zitternder Stimme: »Das ist meine Tochter Mathilde« – wofür er hinterher von der Konsulin ein schönes Unwetter auf den Kopf gekriegt hat, indem er gesagt hatte, »das ist meine« … und nicht: »das ist unsere …«. Dann hat er gesagt: »Und das ist unsere Gesellschafterin und Hofmeisterin, die Sie, Majestät, die Ehre hatten, mit hierher zu bitten.« Das mit der Hofmeisterin hat er nur so gesagt, um mir einen Stand zu geben, weil es nicht gestattet ist, eine Bedienstete von niederem Rang mit zu einer Königin zu nehmen.
Da hat sie gesagt: »Sehr erfreut!« Und da bin ich wieder in die Knie, bis sie mir sagte, daß ich nun auf einem Sessel Platz nehmen sollte, welcher hinter der Konsulin und hinter der Hofdame stand, welche nach einem Puma roch, was von ordinärem Schweiße kommt, der unter den Armen ausbricht. Es zeigt wieder einmal, daß auch die hohen Herrschaften wie wir gemacht sind und genauso stinken können wie eine Bäuerin, die sich die Füße nicht wäscht und den Hals nicht badet.

Ich war wie in einem Traum und habe in die Wirklichkeit nicht finden können. Die Königin hat geredet und geredet, wodurch Konsuls nicht zu antworten brauchten. Sie hat Mathildchen über den Scheitel gestrichen und an den Blumen gerochen, mit dem Schoßmops gespielt und ihn »Wulli-Wulli« gerufen. Dann hat sie von einem Diener die Cakes reichen lassen. Wir haben gedankt; aber sie hat gesagt, daß sie nicht solch eine wäre, die auf das Spanische sähe, weswegen wir ruhig zulangen könnten. Es waren aber ganz gemeine Plätzchen mit Schmalz, was ich sogleich geschmeckt habe, woran man sehen kann, daß Königinnen auch knauserig sein können. Wir bei uns zu Hause backen alles in Butter. Schmalz ist was für die Tagelöhner.
Dann hat sie mich ganz zum Schlusse gefragt, ob ich ein privates Milieu hätte. Da hat der Konsul zuerst für mich geantwortet, daß ich eine Dichterin wäre und schon in der »Gesellschaft« abgedruckt worden sei. Da mußte ich nach vorn kommen und sie hat mir die Hand gegeben und zu mir gesagt: »Pegasus hat Sie also auch geritten, mein Kind? Lassen Sie sich anschauen! Gewiß, Sie haben Dichteraugen.« Da war ich ganz verschämt und den Tränen nahe, und als ich mich setzte, hatte es mich geadelt. Ich beschloß, ein besserer Mensch zu werden und Doktor Ulrich aus meinen Sinnen zu verbannen. Daß mich ein Pferd geritten haben soll, welches Flügel hat, habe ich zur Zeit nicht verstanden. Aber die Frau Königin wird schon nichts Unanständiges damit gemeint haben, denn ich bin ja nicht wie die Freifrau von R. in München, die sich auch mit Pferden einlassen soll. In einem Lexikon steht, daß Pegasus ein Pferd ist, und die Konsulin hat hinterher gesagt, daß man es als Sinnbild nehmen muß.
Dann hat die Königin ein Zeichen gemacht, und wir haben uns wieder in die Knie gesetzt, bis wir aufgestanden sind, als der Konsul »ah« gemacht hat, was Beuss ihm beigebracht, damit wir uns am Boden alle verständigen konnten. Dann sind wir rückwärts wie die Krebse aus dem Saal durch die Tür, bis wir am Treppengeländer waren und die Flügel vor uns geschlossen wurden, wobei wir noch einmal in die Knie mußten. Der Diener hat uns endlich aufgeholfen und mich in den Derrière gezwickt, was ich ihm nicht vergessen kann, indem er die ganze feierliche Atmosphäre damit zerstörte. Aber die Männer können es nun einmal nicht lassen. Wo sie einen aparten Popo sehen, da müssen sie hineinzwicken – wie die Biene, wenn sie einen nackten Arm sieht.
Unten war die Konsulin ganz alle und hat immerzu geweint, so daß wir haben Trost und Hoffnung auf sie werfen müssen. Der Konsul

ist auf Bier und Schnaps weggegangen, was er aber nur so gesagt hat. Ich glaube, daß er den Kalkhof besucht hat, um mit den Damen des Lasters eine Runde zu machen. Wir haben in einer vornehmen Kaffeestube Kuchen und Warmes gehabt und sind dann zur rechten Zeit zum Bahnhof, wo uns der Konsul erwartet hat. Er war ganz betrunken und hat allen Leuten ins Gesicht gesagt, daß er bei der Königin von Rumänien gewesen ist. Das ist nicht schön und zeugt von keiner Vornehmheit. Dann sind wir im Coupé gesessen, und während der Herr Konsul einen bösen Schnarch vor sich hergeschoben, haben wir die Köpfe zusammengesteckt und über den Aufzug der Frau Königin geredet. Dann war bald Bremen und wir sind aufgeregt zu Bett.

Der Neger

Eine Geschichte nach dem Leben

Er hieß Theodor Igitt und war der Hausneger bei Konsul Neegebuhrs in Bremen. Der einzige Hausneger, welchen man sich weit und breit vorstellen kann. Seine Farbe war von Moser Roth's Schokolade, nicht ganz braun, nicht ganz beesch, so in der Mitte. Statura war sehr hoch, über Küchenschrank hinweg, Corpus sehr in Schuß, aber ein negeriger, daß keiner nicht ein Auge auf warf, außer Mathilde Ribarsch aus Sachsen, welche eine Kriegskasse hatte und hinkte. Die Kriegskasse aber war kein sehr großer Puckel, aber da, und sie ging gleich vom Kopfe aus, so daß kein richtiger Hals bei ihr nicht vorhanden, was sie sehr verunziert und zum Gespött gemacht, indem sie von den Konsulschen immer Puckel-Tildchen gerufen. Theodor Igitt war an die dreißig Jahre und von den Colonien, Mathilde Ribarsch zehn Lenze mehr, aber eigentlich mit hübschem Gesichte und hellen Augen, Fräulein und von keinem Manne nicht berührt.
Weil sie manchmal, wenn sie nicht am Kochtopfe stand, einen so estimierbaren Blick auf Theodor Igitt geworfen, kamen die Konsulschen auf den fürchterlichen Gedanken, sie mit dem Hausneger zu necken. Sie war sehr erschrocken über diesen Neck, weil er ja ein Neger war und sie eine Christin aus Sachsen. Aber sie mußte es sich gefallen lassen und jeder uzte sie, daß sie was mit Theodor Igitt im Geheimnis und daß er ihr Cavallier. Erst hat sie bitterlich geweint, dann kam in ihr ein komischer Stolz hoch und sie sagte: »Einen solchen Bräutigam hat nicht jede!« Sie tat so, als brächte sie alles auf Einbildung. Und einmal gab sie Theodor Igitt sogar einen Kuß vor den Herrschaften, damit die Unterstreichung sichtbar, welche alle machten, indem sie ihr das Verhältnis andichteten.
Theodor Igitt wurde ganz lila, denn die Negers werden nicht rot, weil sie ja braun oder beesch sind. Er hatte die Stotterei und lief hinaus, weil er sich schämte. Keiner nicht hatte daran gedacht, daß sich auch ein Hausneger schämen kann, der kein Christ ist und aus den Colonien kommt, wo sie die Scham nicht kennen, weil alle nackigt herumlaufen und zeigen, was sie haben.

Einmal hatte sich der Hausneger Theodor Igitt den linken Fuß gebrochen und große Schmerzen. Er lag einsam in seiner Bodenkammer und Mathilde Ribarsch mußte ihm das Essen auf dem Blechteller bringen. Sie steckte ihm heimlich manches Stück Braten zu und gab ihm roten Wein, was die Konsulschen nicht wissen durften, denn sie hatten die Devise, daß ein Neger aus den Colonien nichts anderes zu essen braucht wie Wauwi, der Hofhund, oder die Mausekatzen auf dem Boden, welche die Ratten und Springmäuse wegfangen sollen, die zwischen all den Plünnen brüten und sich colossal vermehren.
Theodor Igitt war sehr dankbar auf Mathilde Ribarsch und drückte ihr ab und zu die Hand. Dann kriegte er Fieber und es kam an sein linkes Bein, wo der Fuß gebrochen, der kalte Brand auf ihn zu, daß er gestorben wäre, wenn Tildchen nicht alle Stunde einen heißen Umschlag von Pellkartoffel gemacht und Salbeiöl darauf und heißen Grog zum Trinken. Nach vier Tagen hatte sie ihn durch und fest in ihr Herz geschlossen, indem sie die Erkenntnis in sich gebracht, daß auch ein Neger nur ein Mensch ist und ein Herz hat wie du und ich und nicht wie Wauwi behandelt werden will.
Jedereiner hatte die Verwandlung in Mathilde bemerkt und daß sie nicht mehr weinte und die Scham kriegte, wenn einer sie die Frau von Theodor Igitt genannt. Vier Wochen darauf erbat sie die Kündigung von ihrem Dienstverhältnis bei Konsul Neegebuhrs, welche sie ungern erhielt, denn sie war eine Perle, aber man mußte sie gehen lassen, zurück nach Sachsen, wo ihr Vater, ein Schuster, gestorben war und ihr ein Häuschen und hundert Goldmärker auf Hinterlassenschaft gegeben. Gleich darauf bat auch Theodor Igitt um seine Lösung von den Neegebuhrschen. Das war nicht so einfach, denn ein Hausneger hat keine rechten Papiere und ist auf dem Amt nicht als ordentlicher Mensch geführt. Es ist aber keine Sklaverei mehr in Bremen und so mußten sie ihn losgeben. Er kriegte zwanzig Goldmark für vier Jahre harter Arbeit und einen alten Anzug vom Konsul, Strohhut und eine Zehrung für den Weg, den sie nicht wußten, wohin er ihn ging.
Zwei Monate zogen ins Land, da kriegte der Herr Konsul Neegebuhr zu Bremen ein Schreiben aus Altenburg, wohin Mathilde und Theodor Igitt gemacht. Sie waren dortselbst auf eine christliche Ehe gekommen und der Klapperstorch sollte bald klappern.
Bei den Neegebuhrschen war ein colossales Gelächter und sie gaben die Vermeldung sogar in die Bremer Zeitung, daß jeder sich darüber kaputtlachen konnte: Mathilde und der Hausneger ein Paar in Altenburg! Ein Jahr weiter und der Herr Herzog von Altenburg

machte eine Staatsvisite in Bremen. Er hatte ein prunkvolles Gefolge und jeder stand an der Straße, die Kalesche mit ihm und seiner werten Frau Gemahlin zu sehen. Es waren vier Kaleschen auf Tour durch die Stadt und zum schönen Rathause, wo der Herr Bürgermeister auf die hohen Herrschaften wartete und mit ihnen anstoßen wollte, denn er hat ja schöne Weine in seinem großen Keller, die er jeden schmecken läßt, welcher sein Gast an und für sich ist.

Nun kam die erste Kalesche und es war der Hofmarschall mit dem Leibdiener. Die Bremeraner machten einen tiefen Diener vor ihnen, weil sie keine Hofmarschälle und keine Leibdiener nicht kennen und sie von hohem Stand halten. Der Leibdiener aber hatte ein beesches Gesicht und die barften Hände waren oben auch bräunlich, nicht ganz dunkel, so wie Moser Roth's Schokolade. Statura war sehr hoch, Corpus sehr in Schuß. Und er trug ein hübsches Gewand von blauer Seide und jeder dachte: »Was ist das für ein hübscher Leibdiener! Man möchte ihn anbeißen!« Die Frau Konsul Neegebuhr aber hatte ihn erkannt und machte eine aufgeregte Flüsterung zu ihrem Manne, der auch gedienert hatte. »Das ist Theodor Igitt!« sagte sie. »Ischa woll nicht zu fassen!« Sie wurde ganz baff und kriegte die Kulleraugen und griff sich ans Herz, weil es so klopfte und das enge Mieder nicht vertragen konnte. Der Konsul machte Stieraugen und fragte nachher einen Altenburgischen Staatsmann nach dem Woher des Leibdieners. »Das ist der Baron von Cammerun!« sagte der Staatsmann. »Er steht bei seiner Hoheit in größter Gunst und hat viel Begabung und Diplomatie!« Das war aber nicht alles. Im Rathause war die Begleitung der Frau Herzogin: die Frau Baronin von Cammerun, Hofdame und sehr hübsch im Gesicht, bloß mit einer Kriegskasse und ohne Hals, aber alles schön verdeckt durch ein Sammetkleid mit großer gelber Schärpe und Glitzerstern am Busen, was ein hoher Orden ist, den man kriegt, wenn man es dem Herrn Herzog von Altenburg und seiner Frau Gemahlin sehr wohl gemacht hat.

Und dann war Menü im Rathause von bestem Geschirre mit Anstoßung und Musik. Und der Herr Konsul Neegebuhr und seine Frau saßen ganz am Ende der Tafel und keiner hatte Kümmerung um sie. Die Frau Baronin von Cammerun aber saß neben dem Herrn Senator Koopmann und hatte innige Conversation mit ihm. Der Herr Baron von Cammerun stand hinter seinem Herzog und legte ihm auf, wenn er noch was wollte. So ist das, wenn einer die Negers nicht achtet! Dann werden sie eher ein Baron als ein Bremeraner Konsul!

Paul Lincke

Der dunkle Schleier des heiligen Karfreitags zog sich an die Seite und ließ das freundliche Gesicht des Osterfestes erscheinen, als die Frau Konsulin dem Personale nahelegte, sich kräftig um Küche und Sauberkeit zu mühen, weil Herr Compositeur Lincke den zweiten Tag des schönen Festes zu Gast sei, was alles in gewisse Fiebrigkeit und Aufbringung versetzte, denn dieser Mann gilt zum ersten als ein höheres Etwas, zum anderen auch als ein wundersames Geschenk der Natur, was ich damit sagen will, daß er ein Mann von besonderen Gaben und wundersamer Nützlichkeit für die zierliche Frauenwelt ist.

Lincke und Ostern! Oh, stolze Brema, kränke Dich, daß Du verblichen und nicht spürst, was Männertugend und Frauenhoffen ist, denn Du bist tot und Stein und hast keinen Puls, welcher bei mir seit der Ankündigung der Frau Konsulin in gewisses Rasen geraten.

Ich kenne Paul, den Gott, aus der »Gesellschaft«. Und ein Gott ist er in seiner ganzen Contenance! Vivat, vivat, mein Ich, Du siehst ihn, dessen Bartes Zier allein schon die Glieder der Schmachtenden zittern läßt wie der warme Wind von Ozon die unblätterigen Äste der herbstlichen Birke auf dem Felde und der Heiden. Göttlicher Paul, benetze die Ohren Deiner Jüngerinnen mit den Tauperlen Deiner göttlichen Melodeien. Dein ist mein Herz ... und soll es ewig, ewig, ewig bleiben?

Die Ankunft des Tonschöpfers

Reißt auf die Pforten mit Girlande,
Es kommt der Hehre mit Posaunenschall!
Und ziert Euch mit dem Staatsgewande,
Denn festlicher wird's nicht noch mal!

Streut hin ihm Löwenmäulchenblüten,
Nehmt säckevoll den Duft von dem Jasmin!
Laßt fallen aus des Füllhorns Tüten
Gold. Und seid dem Meister recht intim!

Kniet vor ihm auf der harten Erde
Und schont für ihn nicht Euer weiches Knie!
Er ist und bleibt das Stirb' und Werde,
Was man ihm tut, vergißt er nie!

Dann trat Maestro Paul auf. Julie betete ihn an, kaum ... daß er den ersten Hauch durch den Garderobenraum verbreitet und sich anschickte, den vorderen Salon zu betreten, wo die Konsuls in ihrer weiblichen Vertretung sich aufgebaut hatten, wozu auch ich mich hinzurechnen durfte, scheint doch die Rechnung dieser lieben Bremer Familie ohne meine Anwesenheit niemals mehr aufzugehen.

Paul sah ihr vielsagend und durchsiedend *in die Augen. Abends fühlt sich unser Fräulein* hingewühlt auf dem Bette. *Sehr unruhig sind ihre Schriftzüge, wenig ordentlich die Orthographie. Amors Liebesmücken haben sie wieder einmal kräftig gestochen, und das Gift hat ihren Blutkreislauf durcheinandergemengt.* Reicht mir einer den Ysoph-Schwamm, um meine trockne Zunge zu benetzen? Ich bin gekreuzigt durch *ihn!* Niemals zuvor sah ich einen solchen herrlichen Knaben von Mann. Er wiegt an die zwei Zentner und wäre schon eine süße Last! Großer Gott, wie hast Du ihn propper und schier geformt, damit auch nichts an ihm fehle, gar nichts! Sein Anzug ist von feinstem englischen Tuche: mausgrau. Die Beinkleider sind nach Grünlichem hin, was auch Mathilde in Aufruhr versetzte, denn wer wird nicht von katholischer Sinnlichkeit befallen, wenn sich ihm grünliche Mannsbeinkleider entgegenstrecken!

Da fällt um mit Krachen und Schnaufen, was sich weiblich auf der Erden tut. Ich sage Dir, liebes Buch der Geheimnisse, dieser Paul Lincke wirkt wie der frühe Rettich. Es stößt einem immerfort nach ihm auf ... und Du kannst es nicht ändern. Sein Bart ...! Ein querer Violinschlüssel. Ach, auf welche Notenlinien hat er ihn schon alles gedrückt! Warum heißt meine Bettstatt diese Nacht nicht Paul, warum mein Kopfkissen nicht, mein Laken? Warum verwandelt sich mein Paradekissen nicht in ihn? Man sollte Geister rufen, um ihn zu zwingen, sich dem liebenden Geiste zu opfern. Mathilde und die Konsulin ... sie harren auch auf ihren Laken und wissen nicht, wie sie den nächsten Morgen erreichen sollen. Was eine Welt! Durch Paulen hat mir das Schicksal wieder eine Nessel zwischen die Beine geworfen... Welcher Balsam soll da heilen? In den nächsten Wochen soll ich mich in Ferien ergehen, und da werde ich die Kur nehmen zu Ballenstedt am Harze, wo ich schon in jungen Jahren interniert war, um gebildet zu werden. Ob sie noch leben, meine Mademoiselle Vertikow und die Knille-Kuhloo? Vielleicht sind sie zugedeckt vom ewigen Rasen ... wie mein heißgeliebter Emil, welcher zwar noch nicht zur Gänze tot, für mich aber längst gestorben...

Nun deckt Dich eiseskalt Marmor.
Das Blut verstockte längst in Deinen Adern.
Die Rosigkeit verließ die Wang', das Ohr.
Es ist jetzt aus mit Deinem Liebeshadern!

... Wie komisch geht es doch in der wahren Natur zu: die Liebe höret nimmer auf! Kaum ist der eine weg und fertig, wächst Dir der andere entgegen. Verblühter Emil, fahles Laub von einem Mann, Du Efeu um Amors Hinkefuß! Jetzt, jetzt blüht ein anderer: eine Gardenie von Mann, eine Orchis mit sattem Blütenstempel, welcher auf den Rauschnamen Paul hört!

Du greifst der Harfen Akkorde,
Du greifst der Mädchen Panier,
Du greifst die Orchesterhorde,
Wann greifst Du endlich nach mir?

Du zupfst auf der Violine,
Du zupfst das Stäubchen vom Frac,
Du zupfst mit der heitersten Miene
Die Schönen gar im Genack.

Du lenkst mit dem Zauberstabe
Den Fluß Deiner Melodein.
Ach, lenke, mein Freund, denn ich habe
Die Lust, Dir ein Taktstrich zu sein.

Du schreibst so gediegene Lieder,
Auch Walzer und Märsche an Zahl...
Oh, schreibe nur immer wieder
Das Schönste zu meiner Qual!

Dann spiel' ich die heil'gen Sonaten
Still für mich hin am Klavier.
Wie lohnst Du mir, Freund, solche Taten?
Ei, ei! Das verschweigst Du mir?

... Jedes Ding hat seinen Zweck in der Welt; doch ich habe im Augenblick nicht den richtigen Zweck, denn der meinige wäre, mit Paulen zu komponieren ... viele, viele Strophen und immer wieder den gleichen Refräng! Gewiß: es ist so gemacht, daß der Refräng immer derselbe ist. Du kannst anfangen, womit Du willst, es reimt sich alles, alles in der Weise, wie es schon bei Adam und Eva war. Paul ist ein gediegenes Frühlingserwachen. Er ist da, aber doch nicht da, so ganz wirklich da. Es ist schändlich, daß wir vom Schicksal dazu ausersehen sind, aus der Distance zu lieben, was natürlich nur eine Gedanken-Angelegenheit ist, denn kein Seufzer dringt durch die Tür, kein Geruch Amors säuselt durchs Schlüsselloch. Die Liebe ist viel Phantasie! Ohne Phantasie wäre sie Karlchens Hühnerhofspielen in wahrstem Effecte!
Stell' Dir vor, Du bist nicht phantasievoll in einen Mann verliebt. Dann hast Du ein Stück Holz in Deinen Armen oder nagst wie die Ziege an einem Kohlstrunk. Aber Phantasia dabei ... und der Holzpflock wird zum Prinzen und der Kohlstrunk zu seinem Marschallstab, womit er Dich regiert. Das hat die Natur nun mal so eingerichtet, daß der Mensch Phantasie haben muß, was ich von Marie, Dora und Alwine aus Suderburg nicht glaube, daß sie selbige haben. Darum lieben sie Holzpflöcke und lassen sich von Kohlstrünken heimsuchen.
Bei Paulen ist die Phantasia mächtig zu Hauf gekommen. Alles an und in ihm ist ein fruchtbarer Gär und ein männlicher Treib. Man kann sich nur an ihm verschwenden und an seiner lieben Musik, die auch bei Kaisers am Hofe zu Berlin erklingt. Herr Lincke hat für Ihre Majestät eine Polonaise verfertigt, welche dann erklingt, wenn es die kaiserlichen Beine juckt, ein Tänzchen zu wagen.
P. L. ist zu Berlin und anderswo bekannt wie das Maggi oder wie mein Herzens-Mozart, was davon kommt, daß so viel Herrliches von seiner Seele abgegangen ist.

Die Töne

Auf Paul Lincke

Die Töne sind sein Heimatland,
Die Töne sind sein Reich der Liebe,
Die Töne schwingen unverwandt
Hinein sich in sein Denkgetriebe.

Die Töne sind sein Taggebet,
Die Töne sind sein Lied am Abend.
Ob er nun wandert, sitzt und steht,
Der Töne Flut ist für ihn labend.

Er läßt die Töne aus sich raus
Wie andere die Worte.
Mal kommen sie mit viel Gebraus',
Mal sind sie güld'ner Sorte.

Ich hörte Töne von ihm mild;
Ach, manche waren gräulich!
Und einer war wie Polka wild,
Der drang in meine Kammer neulich.

Die schönsten Töne lässest Du,
Wenn Dich ein Walzer quälet.
Das ist des Waidmanns rechte Ruh',
Wenn er sich nach dem Schuß beseelet.

Ja, lasse, Freund, nur weiter so
Den Tönen freien Lauf.
Du stimmst die ganze Menschheit froh:
Bestimmt! Verlaß Dich drauf!

Der fesche Maestro Paul würdigte Julie kaum eines Blickes, dafür beschlich er um so mehr Mathilde, die – wie wir wissen – durchaus keine Schönheit war, aber Geld besaß. ... Ein Beziehungskind! Und der mußte Lincke gehorsam sein, denn Beziehungen waren auch für ihn »einfach alles«. So machte er der Konsulstochter kräftig den Hof, obwohl im fernen Berlin seine ihm unter dem Segen der Kirche angetraute Gattin saß.

Es geniert ihn nicht, beim Kaffee in der Veranda die Hand an ihren Peau-Peau zu legen, um denselben in einerseits erquicklicher, aber andererseits äußerst ordinairer Weise zu zwicken, tätscheln, anzubohren, zu gerben, beklopfen und beprickeln. Als wenn Mathildens Peau-Peau etwas Besonderes wäre! Im Gegentume: er ist viel zu fett, wabbelig und wie von der Dreitalerkuh. Daß ein Componist von gewissem Range an solchem Riesenauflauf sich erfreuen kann! Man sollte ihr die Hose zubinden, daß er nicht noch womöglich ihre vielen Sicherheitsnadeln findet, mit denen sie ihr Inneres zusammenhält. Mathilde ist eine Schluderhenne, aber Paulen ist in ihre Schluderei ganz versessen, indem er ihr sogar unter den Armen mit der Nase was schnüffelt.

Die Seelen-Orgel

Es würgt mich an der Gorgel,
Die Pfeife ist verstopft.
Ach, meine Seelenorgel!
Ob wer den Teppich klopft?

Wer zieht mir die Register,
Wer tritt die Bälge mir?
Die Tafel im Tornister
Giert nach des Griffels Zier.

Wer setzt auf die Pedale
Die Füße zur Musik?
Längst ist die Liebesfalle
Geschlossen. Welch' Geschick!

Hast Du noch letzte Töne,
Die dringen an mein Ohr?
Ich kenn' nur das Gestöhne,
Der Nornen schwarzen Chor.

Ach, meine Seelenorgel,
Wann darf ich Dich betun?
Es würgt mich an der Gorgel,
Es läßt mich nicht mehr ruh'n!

Was blieb da übrig, als Retreigte *zu machen, Retraite: Rückzug oder Zapfenstreich für unser Fräulein?* Ich bin jetzt ganz hohl wie eine Runkel, die von wilden Vögeln ausgefressen worden, *heißt es in ihrem Tagebuch.* Es nagen jetzt in mir grausame Schmerzen. Ach, Paul!!! Nein, ich lasse ihn, denn er verdient mich nicht, da er sich an Mathilde sattgegessen, was davon zeugt, daß er von ganz, ganz schlechtem Geschmacke ist.

Dennoch: Julie war entflammt, und weil nichts ihren Brand löschte, zwang sie sich kurzerhand zu etwas Unintaktem. Wir können dieses – wie die Psychoanalytiker gelehrt sagen würden – Kurzschlußartige der Situation in folgender »Ballade« ablesen:

Der weiße Handschuh

Es war in einem Aufschwung der Gefühle,
Daß mir der Eindruck von Verbot'nem kam.
Ich schlich hinaus auf uns're dunkle Diele;
Wie schlug das Herz so laut und wundersam!

Da hing der schwarze, pelzbesetzte Mantel,
Belegt von Pelz nach mod'scher Biberart.
O Gott, mich sticht die Sucht wie die Tarantel,
Noch nie ward solches Tun mir offenbart.

Aus rechter Tasche hing in reinlichstem Glacée
Ein Handschuh raus. Und dieser war mein Ziel.
Ich dachte nicht an des Gewissens Wehe
Und labte mich an diesem Hochgefühl.

Halb zog's mich hin. Ich habe ihn genommen
Und zärtlich an mein armes Herz gedrückt.
Wie kann Dir, Kind, nur so ein Handschuh frommen?
Gott Amor weiß's, denn er macht uns verrückt!

Das Osterfest im Bremer Konsulshaus hatte noch einen gehörigen Abgang voller Caprizen und Eindeutigkeiten. *Zunächst einmal war Julie* bis auf den allerletzten Tod erschrocken, *als sie am Morgen der Abfahrt Maestro Linckes im Keller* einen furchtbaren Rumor mit schlimmem Gebrause *vernahm. Sie eilte in den Keller, öffnete die Tür zur Waschküche,* da in selbiger ein Teufel imgange sein mußte, weil es so klang, als ließe sich des Satans Großmutter bejachtern. *Das ohnehin angegriffene Herz unseres Fräuleins geriet ins Stokken: Unter dem polareiskalten Wasserstrahl des Zuflußschlauches stand der Herr Compositeur wie weiland Herkules unter dem Wasserfall von Eritrea, um sich* schnatternd, juchzend, keifend, bellend und seufzend *(dicit Julchen) einem morgendlichen Refraichissement hinzugeben.*

Da stand er nun, so, wie ihn einst der Herrgott erschaffen, freilich viel ausgewachsener als in der Stunde seiner leibhaftigen Geburt. Gewiß, er war sehr schön und stark und hatte viele herzliche Ecken und Enden. Aber: ich muß gestehen, daß ich schon Männer von besserer Vollendung gesehen, was besagt, daß auch ein Componist nichts Außergewöhnliches besitzen muß. Als ich dieses bei mir bedachte, erkannte ich auch, daß dieses der Grund gewesen, warum mein lieber Ludwig van Beethoven auch an keine Frau gekommen. Nichts Außergewöhnliches, und doch die Neunte Symphonie, die uns stets am Jahresende entgegenkracht, wenn wir in den Saal gehen, um sie zu hören, weil vier Sänger sie singen ... und dahinter ist die Kapelle, welche die Sache wie in der Offenbarung St. Johanni schmettert, wenn die Siebente Posaune am Posaunen ist.

Dennoch war es schön, als ich Paulen so vor sich hinprusten sah und mir dachte, wie es wäre, wenn ich den Spritzeschlauch auf seinen weißen Leib gesetzt.

Da er mich sah, wie ich fassungslos die Tür umklammert hielt, schrie er abermals auf und griff nach einem Tuche, welches er vor seine Scham hielt, was aber nichts mehr nützte, denn ich hatte selbige ja von Angesicht zu Angesicht erblickt, aber kein besonderes politisches Interesse daran gefunden, weil der Minister nicht stattlich war wie Blüchern oder Karlens Bismarck, den man zum Denkmal machen sollte.

Dann kam die Sache in der Tuchkammer. Mathilde hatte darin etwas zu besorgen. Der fesche Paul hinterher, um in der Stille des abgeschiedenen Raumes ein wenig vertraulicher werden zu können. Er glaubte, Mathilde stünde hinter der großen, schweren Eichentür des Wäscheschrankes. Neckisch legte er die Arme um ihren Kopf und hielt ihr die Augen zu: »Wer bin ich?« Und dann, dann drückte er ihr ein Küßchen oder zwei, drei in den Nacken und seufzte laut:

»Mein Tilli-Schätzchen!«

Da langte eine resolute Damenhand nach den Wangen des Herrn Tonschöpfers. Perdautz hatte der Maestro eine geknallt bekommen, daß ihm die Glühwürmchen seines berühmten Idylls vor den

Augen flimmerten. Das war die Konsulin. Wie peinlich! Julie erfuhr davon und reimte die Sache schicklich zusammen:

Herein trat neckisch er vom Flur,
In seinem Herzen gärte Fieber.
Er sprach: »Ein kleines Küßchen nur!«
Du hattest Dich geirrt, mein Lieber!

Als Du Dich kühn dem Nacken beugt'st,
Um Dich mit Lust hineinzugraben,
Da hattest Du, eh' Du entfleugt'st
An einem harten Streich zu tragen.

Das ist, wenn man genau nichts weiß,
Als wenn im Faß geklümpt die Butter.
So zahlt der Flücht'ge seinen Preis,
Wenn er vertauschet Maid und Mutter!

Nichts frommt dem ehr'gen Manne hold,
Als wenn er die Geliebte kennet.
Denn was man wahrhaft kennt, ist Gold,
Nicht heißer Stahl, der Dich verbrennet!

So hatte Julie eine richtige Genugtuung: Daß er, der große Held, in dieser Art eine Belohnung für seine Streiche erhalten, machte mir das Herz hüpfig und nahm mir den Schleim, den bösen, der seit Tagen auf meiner schönen Brust geklebt. Ja, ja, Herr Compositeur, man muß schon wissen, wohin man langt!
Nun will ich aber meinen, daß die Konsulin hinterher tief bereut, was sie getan, indem sie auch nur zu willfährig ist, wenn ihr ein Mann den Zucker vom Kuchen knuspern will.
Wir Weiber sind allzumal solche Schleckerchen und Rackerchen, daß wir selbst mit dem lieben Gott buhlen würden, schickte er uns seinen Blitz unter die Decke.
Durchwühlt von allerlei Gedanken legte sich unser Fräulein abends zur Ruhe. Da fühlte sie neben dem Kopfkissen ein österliches Angebinde. Von Lincke? – Nein! Vom Konsul, bestimmt. Julie konstatierte, daß ihr der Herr und Gebieter in letzter Zeit einen Haufen unruhiger Augen gemacht, *und daß er* unruhig wie der Gest in der irdenen Schale mit Milch und Mehl vor dem

Backen *aufmüpfig geworden sei. Auf jeden Fall war es hübsch, dieses kleine Angebinde. Und ehe sie endgültig für diese Nacht die Augen zutat, zwang sie hurtig ein lyrisches Bedankmich in vier Zeilen:*

Paul...!

Wer hat denn nur das Ei verziert,
Das einer auf dem Bette ließ?
Mein Herz, nun fühl' Dich verlustiert
Und meid' das Maue und das Mies!

Es steht ein Name in der Welt,
Der jedem Weibe sehr gefällt,
Ob sie ein schiefes, g'rades Maul...
Der Name?
Rate mal!
Paul heißt er, Paul!

Es geigt ein Geiger auf der Geig',
Ein jeder Strich ein Fingerzeig!
Er heißt nicht Meyer, heißt nicht Kaul...
Der Name?
Rate mal!
Paul heißt er, Paul!

Es predigt einer laut von Gott
Und von der Menschheit Sündenspott.
Er nannte sich vorzeiten Saul.
Der Name?
Rate mal!
Paul heißt er, Paul!

Es rast ein Finger am Klavier:
Gehört er mir, gehört er Dir?
Er rast wie ein Remontegaul...
Der Name?
Rate mal!
Paul heißt er, Paul!

Wer liebt Pariser Kammerfrau'n
Recht rosenherzig anzuschau'n?
Wer liebt zu jeder Stund' Gekraul?

Der Name?
Rate mal!
Paul heißt er, Paul!

September 1909

Lieber Willy!
Jetzt schießen sie wie aus einer Kanone, weil Herr Fleischmann zu Berlin mich in die Zeitung gebracht hat. Ich soll zum Gericht und sie wollen mich in die Paragrafen bringen, daß ich von Sünde und Kot gedichtet hab'! Ich hab' aber nicht dasselbe gedichtet, nur den Anstand und die Liebe als solche. Wo ist da Sünde und der Kot?
Sie sind allemal Sünder, große! Nur der Neid macht sie so bissig, daß sie wie schreckliche Töhlen über ein armes Menschenkind herfallen, es zu zerreißen und in den Unflat dieser Welt zu stoßen.
Ich gehe jetzt zu Herrn Kortzhagen, Notarius, welcher mich durch das Unselige des Alltags begleiten und vor die allgemeine Rechtfertigung bringen will. Er ist sehr nett und von juristischer Bildung. Er hat gesagt, daß ich auch an den Meister schreiben soll. Ich hoffe, er wird's wohl machen! Der Herr Zebaoth stehe mir bei!
Wenn Du mir helfen willst, so schicke zwanzig Mark Kuhrant für Herrn Kortzhagen, denn er will auch satt werden und kann nicht von der Luft der Gerechtigkeit leben!
Es umarmt Dich Dein Schwesterlein Julchen.

Liebste Freundin!
Für alle Eventualitäten bin ich in diesem Falle da!
Paul Lincke.

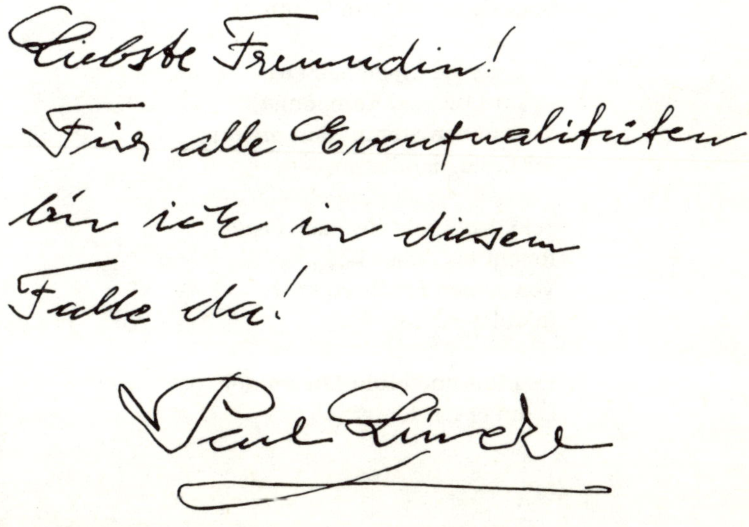
Liebste Freundin!
Für alle Eventualitäten
bin ich in diesem
Falle da!
Paul Lincke

Liebster Willy! Berlin…
Gott sei Dank!
Herr Kortzhagen und der Meister haben die Schande von mir genommen, daß ich keinem schändlichen Urteil bin unterworfen und als freier Christenmensch meinem Tagwerk kann nachgehen.
Ich schicke Dir, was sie von der hohen Behörde an mich gewiesen haben.
Herr Kortzhagen ist mit fünfundzwanzig zufrieden. Ich schicke Dir fünfzehn wieder zurück.
Sage nichts Grummuttée und Emma, daß sie nichts merken.
Wer aber in des Herrn Hand ist, der ist zufrieden alle Tage. Amen!
Deine Julemule, wieder mit Lust!

Das anstößige Gedicht:

Es biegt sich eine Linde,
Sie biegt sich zu Berlin.
Wenn ich sie heut' noch finde,
Eil' schnell ich zu ihr hin.

Ich will an ihrem Ständer
Mich halten ewig fest.
Oh, Du mein Heilsgeländer,
Mein blühender Podest!

In Deinem Schatten säuseln
Mir tausend Lieder zu.
Du schaffst ein süßes Kräuseln
Vom Halse bis zum Schuh.

Wie tut die Linde heißen?
»Paul Lincke«, Komponist!
Will seinen Stamm laut preisen,
Ihr Leser, daß Ihr's wißt!

Sein Ast reicht bis nach Osten,
Reicht bis Ameriko.
Von seinen Früchten kosten…
In dulci jubilo!

Er grünt und blüht Dir immer,
Denn er hat Ewigtrieb.

Salon und Krankenzimmer,
In beiden ist er lieb.

Paul Lincke...! Meine Linde!
Du biegst Dich zu Berlin.
Wenn ich Dich heut' noch finde,
Eil' schnell ich zu Dir hin.

Die Feuilleton-Redaktion der »Vossischen Zeitung« wollte den Spaß ihren Lesern nicht vorenthalten. Die Verbreitung des Gedichtes wurde »förmlich« verboten. Julchen kam ohne Strafe davon. Lincke und seine Freunde amüsierten sich königlich. Das Gedicht wurde in Abschriften weitergegeben. Otto Julius Bierbaum erhielt es ... und ließ es prompt in seinem Kabarett von Kurt Gerron aufsagen. Später haben Freddy Sieg und Hubert von Meyerinck mit diesem »Stück«, vertont von Stefan Weintraub, großen Erfolg gehabt.

Das Verhältnis zu den Freimaurern

Im Frühjahr 1906 machte Julie Urlaub. Ich war unvermutet zu drei Wochen Ferien gelangt, da mich die Konsulin entbehren konnte und mir dankte, daß ich so viel gearbeitet und alles in ihrem Hause zum Besten gekehrt. So fuhr ich nach Suderburg, um bei Emmakindchen und der Mutter, welche nun fest dort wohnte, für ein Etwas zu verweilen. Auch trieb es mich gen Lüneburg, wo ich dies und das im Sinne hatte.

Dies und das. Dies war die Familie des Goldschmieds Hillmer, das war der Soldat August Meyer, auf den Julie ihr Augenmerk und ganzes inneres Trachten *gerichtet hatte. August tat Dienst für Majestät und Vaterland und hatte es bereits zum Feldmeister gebracht. Der muskulöse Knallprotz aus der Lüneburger Heide, ein entfernter Verwandter ihres Schwagers, war ihr* ein Wunder aus ungemischter Natürlichkeit, männlicher Famosität und gänzlich schöner Gläubigkeit, ein Phoebus, der mit der Schlohe reinen Heidewassers getauft, ein guter Christ und Mann von gezielten Sinnen.

Es war Sonntag. Und während August Meyer in einer wohlgestallten Parade die Blicke des Publikums auf sich lenkte, *schlenderte Julie am Sande und am Strand der Ilmenau dahin, um am Busen der Natur Atem zu schöpfen, war doch der Samstag schon* wie eine gewaltige Belagerung der Düppeler Schanzen über mein Dasein hinweggegangen. *Lesen wir in unseres Fräuleins Buch der Geheimnisse:*

Die verwichenen Stunden hingen in meiner Seele wie in einer dunklen Räucherkammer, um für ewig und alle Zeiten eingepökelt zu werden. Die Parade war für mich eine Augenweide, was nicht heißen soll, daß ich den Blicken des Herrn Offiziers aus der ersten Reihe allzu viel beimesse. So blickt auch das Schaf nach der Krippe, wenn sie mit frischem Gras gefüllt ist.

Merkwürdig! Schon auf der nächsten Seite ihres Journals ist diesem unbekannten Offizier ein ganzes Gedicht gewidmet:

Herr Offizier, Herr Offizier
Im schmucken Parapete!
Was zielt' sein Aug' so scharf nach mir
Wie blitzende Muskete?

Herr Offizier, Herr Offizier
Mit Adler auf dem Pickel!
Verlangt sein Herz mit voller Gier
Von meinem Herz ein Stückel?

Herr Offizier, Herr Offizier
Mit weißen Epauletten!
Ach, ja! Wie wär's, wenn Sie mit mir
Die Cour der Couren hätten?

Herr Offizier, Herr Offizier
Nun reden Sie ein Wörtchen!
Sie wähnen voll mich von Genier
Und denken an ein Örtchen!

Herr Offizier, Herr Offizier
Mit den betreßten Hosen!
Das Örtchen, es gefällt auch mir
Zum Herzen und zum Kosen.

Herr Offizier, Herr Offizier
Mit blankgeputztem Säbel!
Frontalangriff sei sein Panier...
Das andre liegt im Nebel.

Herr Offizier, Herr Offizier
Mit schneidigen Kokarden!
Erstürm' den Fels der Liebe dir
Wie einst die Langobarden.

Herr Offizier, Herr Offizier
Der Fels wird weich wie Himmel!
Herr Offizier, Herr Offizier:
Signale zum Getümmel!

Lüneburg, den 3. März 1906: Hier soll ein Herr Herzog gelebt haben, welchen man »das Kind« genannt hat, was er aber nicht war, denn er hat es richtig drall mit den Dirnen des Hofes getrieben und war ein Ganz-Wilder, der in seiner Regierung und bei den Weibern nicht hinsah, was oben und unten. Solch ein Herzog ist eine Plage für das ganze Land, schlimmer als die Sieben Plagen in der Bibel, welche ich immer gern gelesen, weil sie dem Menschen zeigen, was ihn erwartet, wenn er Gott und die Gerechtigkeit schlecht behandelt. Unsere Zeit ist reif, daß ihr auch Sieben Plagen kämen: die Pest über die Sozialdemokraten, die Räude über die Preußen und den toten Bismarck, der Aussatz über die Franzosen, der Rotlauf in die Engländer, welche nach unseren Kolonien gieren, die Fliegende Hitze auf den Amerikaner, welcher an unserem Gelde herumdoktert, die kleinen Milben sollen die Freimaurer zernagen, weil sie den Kaiser und die Könige verraten, obwohl manche von ihnen auch frei maurern.
Bei Schuster Müllers Emma, welche zu Salzwedel bei Lichtes in Diensten steht, habe ich mit den Freimaurern ein Verhältnis gehabt, indem mich Emma, welcher das Pflegen der Utensilien obliegt, mehrere Blicke hat tun lassen in den Saal, den sie Loge nennen, obwohl es gar keine Loge im eigentlichen Sinne ist. Die Freimaurer haben keine Brüstung mit Vorhängen, welche die Logen der Theater zieren. Das kommt, weil sie in ihrem Saale kein Theater oder Oper machen, obwohl ich eine Orgel gesehen habe, auf der sie ihre Lieder spielen. Emma hat gesagt, daß die Loge das Ganze ist, und wenn sie die Freimaurer betreten, dann bringen sie ein Geheimnis mit hinein, was Emma auch noch nicht gesehen hat.
Emmas Gebieter, Herr Licht, ist der oberste Freimaurer, welcher schon seit langem und besonders gut mauert, so daß er Meister ist und von allen mit »Euer Ehrfurcht« angeredet wird. Herr Licht war sehr freundlich zu mir, weswegen ich in Zweifel geraten, ob sie wirklich alle Könige und Kaiser verraten. Er hat sehr gütige Augen und ist von natürlicher Figura, weswegen Frau Licht in ihn auch sehr verliebt ist, was man daran sehen und erkennen kann, daß sie ihn »Männe« und »Strolchi« nennt, was ich noch nie zuvor für die Benennung eines Ehegemahls gehört habe. Vielleicht hat Frau Licht diese Benennung von den Freimaurern, weil Emma sagt, daß sie gewisse Titel und Namen haben, die der ordinäre Mensch nicht kennt.
Schuster Müllers Emma sagt, daß sie einen Sarg in den Saal bringen, wenn sie maurern. Das ist nicht schön, denn mit einem Sarg soll der Mensch nicht spaßen! Auch haben sie einen richtigen Totenkopf,

sagt Emma, an dem noch Haare sind. Darin stellen sie eine Kerze, was aussieht, wie wenn man einen Kürbis zu Martini aushöhlt und ihn mit einer Kerze stopft, womit man kleine Kinder fexiert. Aber die Maurer sind keine kleinen Kinder, sondern ausgewachsene Männer. Und da kann ich nicht verstehen, daß sie einen solchen Unsinn verzapfen.

Wenn einer Freimaurer werden will, dann setzen sie ihn in Lichtes Kabäuschen, welches neben dem Saale ist und wo Emma ihre Besen und Schrubber drinhat. Das ist ganz schwarz und spaakig. Und da muß einer bei Wasser und Brot fasten und in sich gehen. Wenn er nicht mehr kann, holen sie ihn raus und führen ihn in den Saal, wie sie einen in die Kirche führen, wenn er Hochzeit hat und vor Aufregung ganz baff ist, daß er nun eine Frau kriegt, mit der er machen kann, was er will.

Emma hat gesehen, daß sie ihm die Hose an den Beinen aufschneiden, was sehr komisch ist, denn an den Beinen der Männer kann man nicht erkennen, wess' Geistes Kind sie sind. Und die freien Maurer haben es mit den Geistern, die sie beschwören, weswegen an den Wänden die Namen von Goethe und Fichte stehen. Johann Wolfgang hat viel in seinem Leben gemauert, was man auch von Friederike weiß.

Fichte ist einer, der Philosophie gemacht hat, was soviel heißt, daß er die Welt hat versuchen wollen mit seinen Worten zu ändern, was ihm aber wohl nicht geglückt sein muß, denn man nennt ihn zu wenig; auch steht er in keiner Zeitung, was verdächtig ist. Sein Geist war wohl nicht so groß, wie das bei Goethe der Fall gewesen ist, welcher ja in eherner Erhabenheit uns auf Schritt und Tritt begleitet, von der Wiege bis zur letzten Ruhestätte:

> Sag', lieber Freund, Dir Goethes Verse auf,
> Wenn Du mit Zagung an den Alltag denkst.
> Ich sage Dir: Es wird Dein Gang zum Dauerlauf,
> Wenn Du mit Wolfgang die Gefühle lenkst!

Emma sagt, daß sie nur Männer mit Abituff nehmen, womit sie meint, daß man ein Abitur haben muß, wenn man frei maurern will. Emma ist sehr freundlich, aber von kleiner Geistigkeit, was viele aus Suderburg sind, weil dieses Kaff zwischen dem Mond und dem Mars liegt, was auch ein Stern ist, aber viel größer als die anderen. Mars ist auch ein Gott. Er lenkt die Kriege und ist ein ganz derber Mann, was manchmal gut ist, denn die Zierden des Salons haben allzu oft Gips in den Knochen und sind ganz marode, wenn sie die Tour einmal hinter sich haben, was ich von vielen Dichtern weiß, welche ich bei mir arbeiten ließ.

Mars ist von derbster Sorte und kann es zwanzigmal, was die alten Griechen schon gewußt haben, indem sie ihn sehr gewaltig und plusterig gemalt haben. Ich habe mir eine Vase zu München zeigen lassen, auf welcher er dargestellt ist. Mensch, halte die Luft an: der ist wie ein Stier! Die Frau Baronin von R. in München sagt zu allen Kavalieren Mars, weil sie sich einbildet, daß alle wie der Gott auf der Vase sind, was aber nicht stimmt.

Obwohl Otto und Karl auch ganz schön fest und gewaltig sind, so sind sie doch nur Märschen, was ich hiermit hochachtungsvoll feststelle. Wenn die Freifrau R. meinen Otto, welcher nur eine Flüchtigkeit in meinem Leben war und welcher aus dem kleinen Dorfe Graulingen stammte, welches dem größeren Dorfe Suderburg vorgelagert ist, gekannt hätte, sie möchte ihn auch mit Mars angeredet haben, was ich ihr aber ausgeredet hätte, denn Otto ist nichts für edle Damen und Freifrauen, welche zuviel Parfum in die Sache kippen, was dem einfachen Menschen nicht bekommt, welcher alles mit Natürlichkeit macht und sich nicht darauf versteht, die Orgien des Satans an sich auszuprobieren. Otto war ein Mars von anständiger Natur, welches ich ihm nachrühmen muß.

Lied an Otto-Held

Kommt der Ostwind mit den derben
Kälteschauern über mich,
Will ich Deiner Treu ersterben,
Otto-Held, so lieb' ich Dich!

Kommt der Abend so um neune
Dämmertrunken, sommerlich,
Bin ich pünktlich an der Scheune.
Otto-Held, dort lieb' ich Dich!

Sollte Dich der Hafer stechen,
Ehe uns die Nacht beschlich,
Will ich mit der Herrschaft sprechen.
Otto-Held, dann komme ich!

Fürchtest Du die Roggen-Muhme,
Die schon manches Paar verblich?
Ich bin Deine Pusteblume...!
Otto-Held, ach, puste mich!

Auch an Karlen, meinem lieben Cousin aus Hannover, hätte die Baronin R. nicht genügend Mars gefunden. Bei ihm steht der Kohl lange auf dem Strunk. Treibt höchstens dann einen vollen Kopf, wenn der Herbst lange und sommerlich war. Nein, Karl ist kein Mars, obwohl er mit seiner lieben Gattin recht zügig vorankommt und sie die Betten öfters als einmal am Tage richten muß, was ein gutes Zeichen ist.

Schuster Müllers Emma hat gesagt, daß Herr Licht ein Ganz-Treuer ist, so daß seine Gattin mit ihm getrost nach Hamburg fahren könnte, wo sie den Kalkhof haben, auf welchem die Damen der lockeren Zunft ihr Gewerbe ungenierlich treiben – und das ganz dicht an der Oper, wo die Musen sich die Ehre geben! – Emma sagt, Herr Licht könnte ganz nackt unter die Damen gesetzt werden, er würde sein Hälmlein nicht nutzen und unbeschädigt von seiner Frau Gemahlin wieder nach einigen Stunden hinweggeführt werden können. Emma sagt, daß er das von den Freimaurern hat. Kein Freimaurer würde was tun, wenn man ihn nackt auf den Hamburger Kalkhof hinsetzt!

An der Orgel in ihrem Saale haben sie ein Bild von unserem göttlichen Mozart, welchen Emma, weil sie es nicht wußte, für den Schwiegervater von Herrn Licht hielt, was ich ihr aber gleich erklären konnte, weil ich mit Mozart sehr intim bin!

Mozart ist ein Wunderkönig!
Fürst der Fürsten vom Olymphe!
Und geliebt hat er nicht wenig!
...Von der Hausfrau bis zur Nymphe!

Daß die Freimaurer den Mozart bei sich haben, ist auch ein gutes Zeichen, obwohl er früh verblichen ist, was manche für eine krumme Tour der Freimaurer halten, indem sie sagen: Was die mit den Königen und Kaisern tun, das tun sie auch mit Mozart und Beethoven!

Emma sagt, daß Mozart ein Gott für die Besagten ist. Was sehr schön ist, obwohl wir uns neben dem Herrn Zebaoth kein Bildnis noch irgendein Gleichnis machen sollen. Aber ... bei Mozart sage ich »ja!«, denn Mozart ist von göttlicher Natur und ein Herzensschimmer, wenn man ganz bedrückt und zerschunden ist, weil des Alltags teuflische Wucht uns herniederdrückt. Mit Mozart ginge ich in die Hölle! Oh, Wolfgang Amadeus, Du mein Streiter wider das Schlimme dieser Zeit, Du mein ewig Geliebter, mein Helot, mein Schwan der Schwäne, mein Bubi, mein Gott, mein Engel!

Emma ist nicht auf Mozart zu bringen, weil sie bei Pastor Oberdieck in Suderburg nur auf Jesus Christus gebracht worden ist, welcher herrschet und regieret von Ewigkeit zu Ewigkeit. Soll er man regieren! Mozart herrschet auch von Ewigkeit zu Ewigkeit. Und sein heiliger Geist der Musik ist mehr zu spüren als der andere, der in den Wolken wohnet. Ich sage Euch, geliebte Seiten, dieser Mozart wäre ein besserer Gott für alle als der Herr Zebaoth, dem sie's in der Kirche geben! Obwohl ich sagen muß, daß es auch schön ist, der Krippe zu dienen. Das ist wie mit der Torte: Man wünscht sie sich und man ißt sie. Den Christus wünscht man sich, den Mozart ißt man. Was ist da besser? Ich will lieber essen, essen, essen, als immer nur wünschen, wünschen, wünschen...!

Nun will ich für heute schließen. Ihr habt viel gekriegt, liebe Seiten, darum will ich morgen knausern, denn man soll nichts in der Welt verwöhnen. Auch nicht August Meyer, welcher heute Abend wieder das Abendgebet von mir verlangt.

Lüneburg, den 10. März 1906: Es drängt mich nun, nach Suderburg zu reisen. Mein Urlaub verfliegt und ich will die liebe Emma und das Muttchen noch sehen, auch einen Tag nach Celle reisen, wo mich Lühmanns Alwine eingeladen hat, welche mit mir den heiligen Akt der Konfirmation zusammen genossen und welche bei einem Pastoren das Brot nimmt. Lüneburg ist mir ein Juwel in meiner Erinnerung geworden! August hat mich viel und großmächtig beschert. Mein Mars, mein Held, mein Feuerwerker!

Bei Goldschmied Hillmers traf ich den lieben Dichter Gottlieb Müller, welcher ein Schulmeister ist, aber schöne Gedichte macht und mit Hillmers in verwandtschaftlichen Verhältnissen lebt. Seine Frau ist aus Räber, was bei Suderburg liegt. Sie ist sehr gediegen und trägt einen feinen Pelz, welchen ihr ein Oberforstrat aus Hannover geschossen, als ihm ein herrliches Tier vor die bewußte Flinte gekommen.

Müller hat viele schöne Gedichte vorgetragen, als wir beim Kaffee in der guten Stube von Hillmers saßen, wozu es auch feinen Sandkuchen und Torte à la Chalotte gab, welche wir auch immer zu

Bremen herstellen, weil es eine eitle Schleckerei, ein Himmelsbalsam ist, in die matschige Fülle mit den Zähnen hineinzubeißen und den Schlick auf der Zunge zu haben. Das ist, wie wenn man auf August Meyer herumbeißt, nur viel weicher und zärtlicher, aber im Gefühle so ähnlich. Es ist nämlich in der Natur des Menschen, daß er alles, was er ißt und ist, miteinander vergleicht.
Als sich Müller anschickte, mit seiner Frau Gemahlin zur Bahn zu fahren, habe ich ihm ein Gedicht von mir gereicht.
Der liebe Müller hat sich darüber gefreut wie jene griechische Göttin, welcher der Apfel der Schönheit von einem Jüngling gereicht wurde, welcher wie die französische Hauptstadt genannt wurde. Paris, was aber mit dieser Stadt nichts zu tun hat, denn der Herr lebte zu einer Zeit, da das jetzige Paris noch nicht stand, sondern Moor und Wüste war, was ich den Franzosen jetzt noch gönnte, denn sie sind ein schamloses Volk, rasieren sich alle Haare – außer die am Kopfe –, treiben es von allen Seiten wie die Küchenschaben und sind schlechte Christen, weil sie den Tand zum Papste haben, lieber in den Spiegel gaffen als in die Bibel und alles mit sich anstellen lassen, was manchen Franzosen schon dazu gebracht hat, sich mit seiner eigenen Groß- und Schwiegermutter einzulassen. Pfui! Welch eine Verderbnis in den Sitten! Das haben sie alles von einem verfressenen König, welcher Lui hieß – mit Zunamen Quatorze.
Müller hat mir aus seinem Dichterbuche eine Seite herausgerissen und mir ein Blatt gegeben, welches ein schönes Gedicht enthält, welches von wahrer Poesie ist. Dabei hat er mir die Hand geküßt, mich wie ein Truthahn, dem die Henne abhanden gekommen ist, angesehen und innerlich gejauchzt, was ich an seiner Physiognomis erkannt habe, welches die typische Gesichtshaltung an und für sich ist. Das Gedicht habe ich des Abends mit Inbrunst gelesen. Es ist ein Gebet der Heide. Amen, Amen, lieber Müller!
Müllern hat das Herz auf der Zunge! Er ist eine Prachtnatur, trägt immer einen Bratenrock und hat einen grauen Backenbart, welcher ihn wie Excellenz Holstein aussehen läßt, welchen man jetzt öfters in »Sport und Gesellschaft« abgebildet sieht. Ich lese »Sport und Gesellschaft« sehr oft, weil es ein gutes Blatt ist und ziemlich bildet, indem man hinterher genau über die höchsten Herrschaften reden kann, was ein großer Gewinn ist, denn in der feinen Gesellschaft reden sie nur über Majestäts und die Cumberländer.

Kunstgenossen

Vis-à-vis

Wilhelm Busch aus Niedersachsen,
Vater kühner Dichterstreich'!
Wie aus Dir Gedichte wachsen...
Manchmal bin vor Neid ich bleich.

Übrigens: die Witwe Bolte...
Hast Du heimlich sie verehrt?
Ob sie jenes von Dir wollte,
Was ein jedes Weib begehrt?

Leider bliebst Du Junggeselle.
Wilhelm, gab es keine, die
Dich verwöhnt' im Bettgestelle
Ganz normal ... und vis-à-vis?

Plückerjahn

Plückerjahn ist auch ein Dichter
Und er weiß, was sich so reimt,
Wenn auch holdestes Gelichter
Selten ihm im Busen keimt.

Er hat's oft mit den Balladen
Und mit dreister Frauengunst.
Plückerjahn, es könnte schaden,
Steigerst Du Dich gar in Brunst.

Nimm von allem Drang ein Viertel
Und verhalte Dich genant.

Kaltes Wasser auf dem Bürtel …
Und Du bist sofort entspannt.

Um so reiner kommen Lieder
Dir aus Deinem Herzensgrund.
Wogt es Dir auch unterm Mieder …
Keuschheit krönt den Dichterbund.

Byron

Byron heißt er und war Lord;
Ach, wie schön ist's ihm geflossen
Aus dem trauten Dichterport!
Gestern hab' ich ihn genossen.

Heißer Atem strömt aus ihm,
Wenn ihn Pegasus bereitet.
Vorwort nennt ihn »sehr sublim!«
Deubel weiß, was das bedeutet!

Ach, sein Bildnis, welch ein Fest!
Wäre er doch noch lebendig!
Wahrlich, Julchen hielt' ihn fest:
Überall und eigenhändig!

Anonymus

Liebe mich, Du kühner Dichter,
Lass' mich Deine Muse sein!
Allerholdestes Gelichter
Bring' ich Dir ins Herze rein.

Nehme Dir, mein keusches Rehchen,
Was Dir Deine Nächte trübt.
Lindere Dir Dein Wehwehchen.
Julchen ist darin geübt!

Gib mir Deine Patschhand, Lieber,
Daß ich sie bestreicheln kann.
Schon der kleinste Nasenstüber
Zeigt Dir gutes Wetter an.

Bist Du dann gelöst vom Wahne,
Komm' ich etwas näher Dir.
Und dann steigt die Freudenfahne
Bis zu Deines Daches Zier.

Bis zum Steiß!

Geharft und nie vergessen...
Die Melodie von Liszt!
Sie hat mich schon vorzeiten
Ins tiefste Ohr geküßt.

Oh, welch ein trautes Schallen,
Ein Tönen ungemein!
Gleich schon die ersten Takte
Durchpulsen das Gebein.

Die wuchtigsten Akkorde
Durchsieden stets mich heiß.
Oh, Liszt, Du machst mich glücklich
Vom Schopfe bis zum Steiß!

Heyse Paul

Morgen kommt mein Reisegaul,
Auf geht es zum Süden!
Bald ist mir mein Heyse Paul
Zum Gespräch beschieden.

Vierzehn Briefe schrieb er mir,
Zierte sie mit Bändchen.
Paul, ich werde Dir dafür
Streicheln Stirn und Händchen!

Willst Du mehr, dann bitteschön.
Dichter sind das Höchste.
Ja, es wär' mir angenehm,
Wärest Du der Nächste.

Die Gewichte

Herr von Seydlitz las mir vor
Fünfzehn Herbstgedichte.
Sie lagen mir nicht sehr im Ohr,
Sind trotzdem von Gewichte.

Auch, was er sonst zu bieten hat,
Das drückt die Waage runter.
Sind seine Strophen müd' und glatt,
Im Vortrag ist der munter.

Vergattert

Boelitz hat gewiegte Verse,
Schlägt die Leier wundersam.
Leider hat er mich mißachtet,
Als ich ihm zu nahe kam.

Viele Dichter sind verdattert,
Wenn die Muse plötzlich küßt.
Manchen hab' ich schon vergattert...
Wenn ich nur die Namen wüßt'!

An Eugen Hildach

Gestern hört' ich im Casino
Deinen schönen Einzugsmarsch.
Leider klangen die Trombino
In der Höhe ziemlich harsch.

Thema eins... Schon kamen Tränen,
Weil Du mir entschwunden bist.
Warst mein Hoffen, warst mein Sehnen,
Hart hab' ich um Dich gebüßt!

Nichts blieb mir als die Musike,
Die Du mir geschrieben hast.
Lieber wär' mir Deine Pieke,
Die mich piekt vor Liebeshast!

Zeitgemäß

Dann und wann
Packt Sehnsucht mich
Nach Felix Dahn
Ganz fürchterlich.

Nehm' sein Bild
Und kose es
Heiß und wild,
Doch zeitgemäß.

Bin dann satt
Und ausgefüllt.
Wie schön, man hat
Ein Dichterbild!

Rilke soll...

Rilke soll...
Tut sich das lohnen?
Soviel Fräuleins auf einmal...!
Ist er toll?
Er müßt' sich schonen.
Eine reicht zum Liebesmahl!

Ob er wohl...?
Ich will ihm schreiben.
Nehm' ich das Portrait von Licht?
Alles Kohl!
Ich lass' es bleiben,
Denn er nimmt mich sicher nicht!

Das Ragout

Frau von Goertz, genannt von Schlitz,
Ist von edlem Stamme.
Dichter Fjodor Zobeltitz
Macht bei ihr die Flamme.

Ob er sie gehörig brennt,
Dieser derbe Slawe?
Wer die Dame »nur so« kennt,
Hält sie für 'ne Brave.

Doch ich weiß, sie liebt partout,
Was sich männlich kregelt.
Warum sie das Mannsragout
Nicht nach dem Verstande regelt?

Heilige Vakanz

Schiller ...? Nein! Er sei mir ferne!
Liebe muß ich ihm entzieh'n.
Er, der hellste aller Sterne,
Darf auf keinem Pfühl verglüh'n.

Seine Arme dienen nimmer
Einem schnöden Liebesdienst.
Wehe Dir, Du Frauenzimmer,
Wenn Du trotzdem Dich erkühnst!

Ist er schwach und überwindet
Seine heilige Vakanz,
Gut, wenn er sich dann verbindet
Mit der Jungfrau Orleans.

Diese ist von keuscher Haltung
Und verwirrt nicht sein Gemüt.
Selbst in hitzigster Verfaltung
Bleibt sie edel von Geblüt.

Schiller ...? Nein! Man muß verzichten!
Makellos schwebt droben er.
Er ist höchstens zu bedichten
Und für geistigen Verkehr.

Das Laster

Er könnte es viel besser haben,
Besäh' er sich die Frauenwelt;
Doch August Platen liebt die Knaben,
Zu denen er die Griechen zählt.

Ich frage mich: Woher das Laster?
Man ist aus gleichem Holz geschnitzt...
Bezahlt er es mit teurem Zaster,
Wenn es in ihm vor Liebe blitzt?

O Gott, kannst Du ihm gar nicht helfen?
Schick' einen Engel auf die Welt,
Ein Heer von liebesflinken Elfen,
Damit er nicht noch tiefer fällt!

Doch leider ist er längst gefallen
Und ruht in fremder Erde Bett.
Er war der Herrlichste von allen...
Nur in der Liebe gar nicht nett!

Der Zitterwels

Ich könnte mich vergessen!
Der Dichter ist ein Narr.
Er ist auf mich versessen
Und nennt sich Hermann Bahr.

Er kam mir »bar« entgegen
Im Zimmer des Hotels
Und zeigte mir verwegen
Den langen Zitterwels.

Ich war nicht g'rad bei Angel
Und ohne Appetit.
Gewiß, es war kein Mangel...
Ganz hübsch, was man so sieht.

Doch brauche ich zu jenem
Gefühl und Atmosphär'.

Man muß sich schon bequemen ...
Kaffee, Sekt und Liqueur.

Herr Dichter, also heute ...
Das war mir zu robust.
Ich bin doch keine Beute
Für eine Handvoll Lust!

Du hast von der Schönheit der Frauen
Nichts gewußt, mein Platen.
Nahmst lieber im Morgengrauen,
Was schon die Griechen taten!

Die Sonate

Wie denn ...? Dies' heißt man Sonate?
Zwei Stunden nichts als Klavier ...?
Mein Herr, mit Verlaub, ich entrate
Mir heute solch kühnes Pläsier.

Ich dachte ... Sie machten ein Spielchen
So nebenbei am Spinett ...
Und bäten das herzliebe Zielchen
Dann baldigst ins Kuschelbett.

Im Bilde

Oh, nimm mich auf zum Dichterbund,
Du feiner Oscar Wilde!
Hienieden kamst Du auf den Hund ...
Warum? Ich bin im Bilde!

Hätt' ich zu sagen, Trauter Du,
Man krümmte Dir kein Härchen.
Ich lese g'rade ab und zu
In Deinem Bande Märchen.

Wer Märchen schreibt, ist wahrhaft rein
Und pfeift auf dumme Liebe.
Ich halte Dich nicht für gemein...
Obwohl:
Gelegenheit macht Diebe!

Alles Neue für die Orgel
Macht diabolisch Krach –
Ach, wie milde ist dagegen
Johann Sebastian Bach!

[illegible], ach Kindskopf wen!
Hätte Gott dich auch verlassen –
Deine Kinder pfeifet man
In den Domen, auf den Straßen!

Wolfi

Es bricht aus mir ein Strom heraus,
Er fließt zu Dir, mein Goethe.
Ich komm' zu Dir mit Sturmgebraus
Und einem Sack voll Nöte.

Die Welt versteht mich nicht, mein Heil.
Nur Du begreifst mein Wähnen …
Ich hoffe nicht das Gegenteil.
Wolfi, es gäbe Tränen!

Nimmst Du mich in den Kuschelarm
Und sagst zu mir »Mein Täubchen«?
Ach, bitte, schlag' nicht gleich Alarm,
Bekriecht Dich Julchen-Räupchen.

Ich will ja nichts als Deinen Rat,
Den Hauch aus Deinem Munde.
Du bist für mich von früh bis spat
Die beste Lebenskunde.

Berlin

Berlin, im August 1907

Mein liebstes Schwesterlein!
Diese Zeilen sind von Berlin poste directe an Dich abgesandt, woraus Du entnimmst, daß ich hier wohlbehalten und mit all meinen Gliedern angekommen. Ich bin voll erster Eindrücke und will nicht umhin, Dir davon ein Gewisses auf Mitteilung zu geben, denn es wird Dich interessieren, was es wirklich fürne Stadt ist, wo der Kaiser wohnt und sie die meisten Menschen im Deutschen Reiche haben.
Es ist hier ganz anders als in Bremen. Du mußt Dir, mein liebes Emmakindchen, das so vorstellen, als wenn Bremen eine hustende Lungenjungfer ist, Berlin aber eine Madam', die es mächtig um sich herum hat. Das kommt eben, weil Kaisers hier den Ton angeben. Kaisers sind das Oberste, was es gibt.
Die Herrschaft liegt auf meiner Schulter, indem die Tante, was eine verwitwete Frau Kommerzienrath von Beuthen-Kalckrieß ist, schon so porös in ihrem Fleische ist, daß man denkt, sie kippt jede Minute aus den Pantinen. Dann sind hieroselbst drei Schwestern bei dem Herrn Konzertmeister, welcher Kammermusikus genannt wird, was ich nicht so schön finde. Hab' ihm das auch gleich gesagt. Die eine heißt Flora, die andere Smaragda und die junge Trine, was ein schreckliches Durcheinander ist, sintemal bei uns in Rosche, wie Du Dich erinnerst, die Kühe oft Flora und Trine genannt wurden. Smaragda aber ist was Überkandideltes, das nicht in meinen Sinn will. Nachher nennen sie die Mädchen noch wie Bernstein und Arme-Thysten. Alle vier, wenn ich die Tante mit einrechne, sind ohne Gemahl, was man an ihren Gesichtern ablesen kann, denn sie sehen alle aus wie der Herbst, wenn die Wiesen rasiert sind.
Da ist der Herr Konzertmeister aber was anderes! Er ist fein raus und trägt immer eine grüne Joppe wie der Kaiser, wenn er auf Jagd geht. Gestern haben wir den Kaiser und seine Tochter, Fräulein Kaiser,

von weitem gesehen. Da sind wir alle vor Ehrfurcht in die Knie, weil die Majestät einen dazu zwingt. Dann wackeln Dir die Füße und Du hast das große Zittern in den Beinen und Hüften. Obwohl ich den Umgang mit Königen schon gewohnt bin, ist das bei dem Kaiser was anderes. Du weißt nicht, was das ist: Es ist eben mal so.
Der Herr Konzertmeister ist an die vierzig Lenze und hat eine Gewisse in Treuenbriezen, was hier in der Nähe liegt, aber nicht so vornehm ist. Sonntags gehen wir über die Mopke, was der Soldatengarten des Herrn Kaisers ist. Dann trinken wir hinterher eine Molle, wie man hier ein Glas mit feinem weißen Bier nennt. Ich muß sehr viel hinzulernen, weil die Berliner Küche anders ist und alles andere Namen hat. Ich überwache hier nämlich auch die Küche, welche von einer kalten und einer warmen Mamsell gemacht wird. Die Marie Kötschka, welche aus Sachsen ist und auch so riecht, sie macht den Aufwasch, sagt, daß D. mit der warmen Mamsell schon mal . . ., was ich nicht glaube, denn er hat feine Manieren und läßt sich nicht mit dem Personale ein.
Willi war gestern bei mir. Er läßt Euch alle vielmals grüßen und sagt, daß er hinten jetzt mit y will und nicht mehr mit i, weil es feiner ist. Wenn Ihr ihm jetzt schreibt, dann hinten nur noch mit y und nicht mehr mit i, sonst wird er nachher böse. Was sieht er jetzt plietsch aus! Er ist ganz aufgegangen und ein Mann von großer Ausstrahlung und Gediegenheit. Daß er sich auf die Politik versteht, davon hat er mir Proben geliefert. Wenn ich ihn so sehe, glaube ich, daß seine Politik ihn kräftigt. Vielleicht kommt es, daß die Politik bei den Mannsleuten den Mumm macht und den Schißlaveng! Mit Fritze Ebert ist er nicht mehr zugange, weil dieser avanciert und schon was sehr viel Vornehmeres ist.
Ob Eberten jetzt noch zu Bremen sattlert, weiß ich nicht. Unser Brüderchen sagt, daß er sicher mal was Oberstes wird, was, sagt er aber auch nicht, bloß was Wichtiges.
Unser Edelsteinchen arbeitet jetzt bei einem Obersten, welcher mit einem Flugapparat durch die Luft schifft. Michaeli kann man ihn durch die Luft schiffen sehen, wenn das Wetter gut ist. Da bin ich aber wirklich gespannt drauf!
Was sie nicht alles erfinden! Wenn's so weitergeht, fliegt noch eine ganze Eisenbahn durch die Luft und der Herr Konzertmeister sagt, daß sie eine Wippe erfinden. Schwupp . . . und Du bist von Berlin in München. Aber das ist Fexiererei, daß sie Dich nur bange machen wollen und Du sollst auf all den Jux reinfallen.
Dieses ist für heute ein Erstes. Ich schicke Dir, liebstes Emmakindchen, in den nächsten Tagen ein Zweites. Aber ich muß erst mal

Luft kriegen ... und die ist hier ganz anders als zu Bremen. Ich nehme den Hingfong und kann ganz gut schlafen. Schlafe Du auch gut, mein Herzchen! Es kost Dich für heute und umarmt Dich Dein getreues Schwesterlein Julie.

Berlin, ... Oktober 1907

Liebste Grummuttée!

Von einem Donnerstage grüßt Dich sehr innig aus dem großen Berlin Dein Töchterlein Julie. Liebes Goldmuttchen, Du hast hoffentlich nicht mehr die Ischiase in der Hüfte. Der Doktor soll Dich schön medizinieren, daß Du wieder aufs Gesäß kommst! Wenn Du es nicht bezahlen kannst, werde ich Dir jeden Monat zehn Mark Kuhrant bezahlen, daß Du auch die gute Medizin nimmst und nicht die schlechte, die für gemeine Kutscher ist.

Wenn Du ißt, iß schön fett und viel, daß Du nicht vom Fleische fällst, wie die Fürstin Hohenlohe, welche die Bleichsucht gekriegt, am Ende noch dreißig Pfund gewogen und bald hernach selig im Herrn entschlummert. Wir haben hier viele Fürstinnen und Prinzessinnen zu Berlin. Wenn sie auf der Straße gehen, kann man sie nicht gleich erkennen, daß sie einen gewissen Stand haben. Ihr Adel sitzt tiefer, wo er ihnen angeboren ist. Herr Leopold sagt auch, daß man Adel nicht im Gesichte hat, sondern im Herzen.

Du kannst Dir ein Beispiel nehmen an Frau von der Wense, Holdenstedt, welche auch immer schön adelig gewesen ist, man es ihr aber nicht gleich im Gesichte hat abgesehen.

Ich soll Dich schön von der Berliner Emma grüßen, welche sehr ins Kraut geschossen, aber eine Schönheit an und für sich worden.

Und nun sei schön brav mit der Medizin und labe Dich köstlich!

Hast Du die Sache mit Deinen Pensionen erledigt? Gib nicht nach. Du bist eine Pensionistin von Gesetz und keiner kann Dich kirre kriegen. Ich bin ja zu Berlin! Wenn sie Dir nichts zahlen wollen von der Eisenbahn, geh' ich zu Kaisers und sage es ihnen. Du bist in guten Händen, Goldmuttchen!

Nun muß ich aber schließen, denn Herr Leopold verlangt sein Recht. Es herzt Dich und drückt Dich fest an ihren Busen Julchen, Dein Kindchen.

Berlin, Berlin, wo fängst Du an,
Wo hörst Du auf, Berlin?
Und mitten durch die Pferdebahn,
Die edle Rösser zieh'n.

So groß, so edel und so schön
Bist Du, Herrn Kaisers Stadt!
Man kann Dich hundert Jahr' beseh'n
Und wird doch niemals satt!

Die Mopke dröhnt Soldatenbeins,
Wenn sich Parade zeigt.
Und hinterher trinkt man sich eins,
Wo man Paul Lincke geigt.

Du hast die Spree und manchen Fluß,
Der schlängelt sich durch Dich.
Und Deine Knaben sind in Schuß...
Ein Blick, schon ziept es mich!

Das Schloß, so groß und kolossal,
Daß man es gar nicht glaubt.
Im Wannsee lebt der Räucheraal,
Im Grunewald es staubt.

Berlin, Berlin, wo fängst Du an,
Wo hörst Du auf, Berlin?
Im Zoo, da steht ein Pelikan,
Träumt von der Tauentzien...

Er kann nicht hin, wo feines Obst
Und Pelz Geschäfte füllt.
Er mag es gern, wenn Du ihn lobst.
Sein Kropf ist dick gefüllt.

Die Lindenstraße ist famos,
Kennt Denkmals hehre Wucht.
Hier läßt Du Deine Künstler los,
Die schnieken. Ei, verflucht!

Ich mag Dich gern, Du Stadt Berlin,
Du bist des Reich's Juwel!
Hätt'st Du auch keinen Kaiser drin,
Du wärest ohne Fehl!

Drehorgeln tuten immerzu
Durch alle Straßen laut.

Vorgestern ist mein Pompadu
Von einem Dieb geklaut!

Zu Potsdam ist die Garnison;
Da gibt es Männer fett!
Ein einziger genügte schon
Als Garde für das Bett.

Das Glockenspiel macht bimmelbimm,
Die Seele ist erfreut.
Wenn ich jetzt einen Mann erklimm',
Denk' ich an das Geläut'.

Herr Kaiser, Deine schöne Stadt
Hat mich total betört!
Man weiß, was an Berlin man hat,
Wenn man durch dieses fährt.

An die Cousine Anna Biesen in Chikago:
Berlin ist der Bauchnabel der Welt, und oberhalb von diesem ist genau soviel Schönes wie unterhalb von diesem. Was es hier gibt, gibt es woanders nicht. Schlösser, Kneipen und Soldaten gibt es hier am meisten. Und alle sind sehr riesig, auch in dem, was man nicht gleich sieht.
Berlin, den 10. Dezember 1907: Ein Zirkus dieser Tage! Da kommt der Herr Verleger Kürschner, welcher meine Gedichte im »Hausfreund« und im »Hausschatz« gelesen. Will er gar ein Bändchen davon machen. Das wird nichts! Ich gehe nicht unter die Literatur. Hat Herr Konzertmeister D. auch gesagt, indem er es im Gefühl hat, daß sie mich ausnehmen wollen und sich nachher, wenn sie mich ausgenommen, den Bauch schütteln vor Gelächter. Das sollen sie nicht. Ich habe deswegen Kürschner einen Korb gegeben.
Herr D. hat vieles im Gefühl, was für mich gut oder ungut ist. Er ist so sensibel und sentimental. Manchmal geigt er mir was vor. Dann sitze ich stumm auf der Ottomane und bete in mich hinein, daß diese heilige Stunde niemals möchte aufhören. Aber sie hat stets ein Ende, wie alles sein Ende haben muß. So ist denn auch die Frau Tante vor acht Tagen im Herren sanft entschlafen. Sie haben sie in ein Institut gebracht, wo sie zu Asche wird. Sie hat sechs Stunden gebrannt. Da war sie fertig. Und nun hat der Herr D. die Urne auf seinem Schreibschrank, indem ihm die Tante immer gegenwärtig

sein soll. Sie hat ihm sehr viel Geld vermacht, was die Schwestern ihm nicht gönnen. Wenn D. nicht in der Wohnung ist, verhöhnen sie immer die Tante in ihrer engen Urne, indem sie um sie herumtanzen und ihr die Zunge herausstrecken und sagen, daß sie jetzt nichts mehr zu sagen hätte, weil sie doch zu Backpulver gemacht worden. Ich denke, daß sie bei dem Treiben einmal noch die schöne Urne herunterstoßen werden ... und dann liegt die Tante auf dem Persercordon, woraus sie bestimmt schwer wieder zu entfernen ist, denn dieser hat ein grobes Gewebe, so daß viel durchfallen kann.

Den 12. Dezember: Gestern hatten wir Visite von Herrn Doktor Strauss, welcher, wie D. mir sagte, ein ganz großer Tonschöpfer ist, weil derselbe mit D. etwas zu beraten hatte wegen der Märsche von dem Genannten, die dieser dem Kaiser gewidmet und welche Anfang des Jahres aufgeführt, aber nicht zum rechten Erfolg geführt hatten. Nun will Strauss mit den Märschen was anderes, und D. soll das Orchester beeinflussen.

Strauss ist ein Herr von bayerischen Manieren, nicht so groß wie die Preußen im Durchschnitt, aber ganz stattlich und von männlicher Ausstrahlung. Er hat einen Bratenrock mit Sammetkragen und eine schwarze Sammetfliege um den Hals. Sein Gesicht ist von starker Eierform, umrahmt von einigen letzten Haaren, so daß seine Künstlerstirne ganz frei zum Denken ist. D. sagt, daß Strauss eine Sängerin als Hausfrau hat, welche Pauline heißt und ihn durch die Gegend jachtert, daß es schon keine Art mehr ist.

Strauss hat D. bei Tische gesagt, daß er einen neuen Charakter haben will, indem er in der Kanzlei darum wühlt, daß sie ihn und Muck, den ich ja schon aus Harburg kenne, Generalmusikdirektor benennen sollen. Ein Herr Meyerbeer spielt dabei eine Rolle, welcher auch diesen Charakter gehabt haben soll. Meyerbeer ist aber schon lange tot, sagt Herr D. Ich frage mich: Was kümmert sie dann noch der Charakter dieses Herrn? Die Toten soll man ruhen lassen und sich um ihren Charakter nicht mehr streiten.

Wir hatten Kapaun, Trüffeln, Spargel und Himbeeren ... und das mitten im Winter! Dann haben sie Kaffee und Cognac geschlürft unter dem Adventskranz, welchen ich mit fleißigen und geübten Händen gebunden. Ein Prachtstück. Hat auch der Herr Strauss gesagt, indem er seiner Pauline so was nicht zutraut.

Er will jetzt von Berlin für ein paar Monate weg ... und D. soll so lange Stimmung für ihn machen, damit das Orchester sich nicht von ihm entwöhnt und andere den Platz einnehmen. Das nennen die beiden Diplomatie. Ich sage aber: Das ist Mache und ein

scheußliches Hintenherum. Wenn Herr Strauss so berühmt ist, warum hat er dann Angst?
Er will jetzt eine Oper machen, welche Elektra heißen soll. Alle Tonschöpfer machen jetzt auf elektrisch. Erst Lincke mit seinen Glühwürmchen, jetzt Strauss mit dieser Elektra. Das neue Licht muß sie alle närrisch machen, dabei war's bei dem alten viel schöner, weil man nicht alles sogleich sehen konnte und es einem nicht so direkt auf die Finger schien. Ich sage Euch, nicht alles Neue ist gut.
Der Herr Konzertmeister D. nahm Julie mit in eine Vorstellung der »Salome« von Strauss. Unser Fräulein war zutiefst empört von diesem lüderlichen Spektakel. *An ihren Bruder Willi schrieb sie aufgeregt:*

Daß Du mir ja nicht in dieses Stück gehst! Es ist das Schändlichste, was ich gesehen, und verdirbt alle Menschen, besonders die Männer. Das Weib entschleiert sich bis aufs Letzte, so daß man schon alles sehen kann: unten und oben. Dazu schreit dieses Weib wie eine Henne, die aus Versehen vom Schafbock getreten wird. Hat man so etwas erlebt! Ich schäme mich zutiefst, einen Blick in dieses Sodom getan zu haben. Und das unter den keuschen Augen unseres Kaisers und der schönen Kaiserin, welche das Stück auch gesehen haben sollen. Willi: das ist das Ende! Versprich mir, daß Du dahin nicht gehst! Du bist ein fester Charakter, aber dieses Weib macht das so schlimm wie eine ganz schlimme Buhlerin. Du könntest zu Schaden kommen. Das will nicht Deine Dich liebende Schwester Julie.

Im Tagebuch heißt es zu dem entsetzlichen Geschehnis: Dieser infame Strauss! Das Stück ist ein Stück aus dem Schweinestall, aber die Musik ist noch schlimmer: Ein Mann, der hinter mir saß, hat nicht an sich halten können. Nachher war der ganze Sitz und der Boden naß. Die Salome hat sogar seine Blase gedrückt. Und das ist furchtbar! Ein Abgrund! O Beethoven, o Mozart! Ihr Ewigkeuschen! Macht diesen Strauss kirre, damit die Menschheit weiterhin bleibe verschont von solchem Unrat. Amen!

Schön klingt mir des Pumas Schreien,
Milde ist der Schnarch vom Gnu.
Doch bei diesem Richard Strausse
Halt' ich mir die Ohren zu.

Ende Februar 1909 ist Strauss wieder einmal Gast beim Konzertmeister D. Inzwischen ist seine »Elektra« in Dresden ur- und in Berlin erstaufgeführt worden. Mit von der Partie war die Sängerin Thila Plaichinger.

Julie: So was Ordinaires! Sie hat ein Kleid an, was oben nur Stoff über Kreuz hat. Man kann in den Ausschnitt hineinsehen und sieht ihre Brüste in voller Länge, welche dort wie Schlappsäcke hängen, weil ihnen längst die Luft der Jugend ausgegangen ist. Da kann jedermann hineingreifen, wie wenn er mal eben nach der Brieftasche langt. Was für Sitten!

Strauss ist jetzt älter, noch kahler am Kopfe, weil er hat Federn lassen müssen für die »Elektra«, welche noch schlimmer als die »Salome« sein soll. D. hat mich mitnehmen wollen, aber da sei die Vorsehung davor! Ich ließe mich nicht von der Polizei dorthin bringen, wo soviel Blut und Geifer auf der Bühne fließt! Ich kann es mir schon denken, wie diese Frau Thila sich darin badet. Sie hat die Suppe gegessen wie eine Magd aus Sachsen, die alles auf einem Male in sich hineinschütten muß, weil sie sonst nicht satt wird mit ihrem Kuhmagen. Ich habe es schon seit langer Zeit festgestellt, weiß es auch noch von den Bremer Verhältnissen, daß alle Leute, welche singen, unheimlich fressen können. Niemann aß soviel wie ich in einer Woche ... und diese Plaichinger frißt soviel wie ich in einem Monat. Vielleicht haben Sänger einen Pansen oder Labmagen, in dem sie sich noch etwas für schlechte Zeiten aufheben? Ich weiß es nicht, wie man das sonst erklären soll. Da hab' ich mal einen aus Dresden gesehen, welcher zwei ganze gefüllte Enten in fünf Minuten verschlungen hat, wie ein Zauberer, der Karnickel und weiße Mäuse frißt. Nur bei diesem an Magenerweiterung leidenden Kammersänger kamen die Sachen nicht wieder zurück. Er hatte sie mit Vergnügen in seinem Bauch sitzen und ließ sie bei Champagner und Cognac zu dem werden, was alles wird, was wir einmal gegessen haben.

Herr Strauss ist da von großer Bescheidenheit. Er hat nur ein wenig Suppe genommen und so wenig Fleisch, daß ich dachte, der Braten hätte einen Stich und er möchte nicht. Das tut er aber deswegen, weil es nicht gut ist, soviel zu schlingen. Sicherlich wird er deswegen sehr alt.

Die Plaichinger sang nach dem Mokka ein Lied von Strauss. Das machte Julchen versöhnlicher:

Es war ein sehr schönes Lied, das von Herbstblumen sprach. Ach, da war ich ganz traurig, denn das frommt meinem Herzen. Wie denn? Der Herr Strauss kann auch anders? Nicht immer Blut und

Geilheit? Ja, ja, er kann's! Meine Gebete haben genützt. O Beethoven, o Mozart, o Brüll! Ihr habt ihn aus der Finsternis heimgeführt in die Lande der echten Musik. Dank, Dank, Dank! Macht, daß er künftig solche Untaten läßt und daß die »Salome« von den Flammen des ewigen Gerichtes verzehrt wird, die »Elektra« dazu ...!

Als Julie später einmal den »Rosenkavalier« gehört hatte, schrieb sie in ihr Tagebuch: Das Schwein! Er kann es nicht lassen, obwohl seine Musik besser geworden ist. Jetzt ferkeln sie im Bett herum: zwei Weiber miteinander! Er ist eben doch ein Ganz-Schlimmer ... und an seiner Abart läßt sich nichts mehr ändern.

Peu à peu wächst des Konzertmeisters Herz dem Herzen unseres Fräuleins zu.

Eines Tages kann sie in ihr geliebtes Buch der Geheimnisse schreiben.:

Er sagt mir »Du«,
Ich sag' ihm »Du«,
Wir sagen es uns immerzu:
Vor, bei und nach der Liebesruh'!

Später heißt es:

Leopold, ich will Dich kränzen,
Wo's sich immer kränzen läßt!
Selbst an Deines Bartes Schwänzen
Hält sich die Marg'ritte fest.

Ostern 1910 legt der Herzenshase Julie *dem Konzertmeister Leopold D. folgendes Poem ins Nest:*

Das Osterlämmchen

Leopold, mein Osterlämmchen,
Geigenkünstler ohne Fehl',
Ew'ges Öl, mein Lebensflämmchen,
Labetrunk für Herz und Seel'!

Sitzt Du im Orchestergraben
Und ich auf dem Stuhl im Saal,
Möcht' ich Deinen Bogen haben,
Mit Dir geigen allzumal.

Möcht' die Saiten mit Dir zupfen,
Wie es Vater Verdi will,
Über Steg und Seele hupfen,
Bis die schöne Musi still.

Weil Du oft mir schon was geigtest,
Welche frische Herzenscour,
Und Dich dabei herzlich zeigtest...
Dieses Angebinde nur.

Ja, mein edler Herzenshase:
Dies hab' ich für Dich gelegt.
Such' es aus dem grünen Grase,
Daß es Deinen Schädel pflegt.

Trägst Du nächtlich diese Mütze,
Ist der Nervenpein dahin.
Und fidel wird Deine Grütze,
Neugeboren Herz und Sinn.

Und den kleinen Wuschzipfel,
Welchen hinten dran ich hing,
Nehme, wenn der Unruh' Gipfel
Sich in Deinem Leib verfing.

Zipfelhauben sind, mein Lieber,
Noch die beste Medizin!
Hast Du Heimweh, hast Du Fieber
Oder leises Gallenzieh'n.

Und dann, ach, wenn ich Dich kose,
Geht der Zipfel hin und her.
Deine woll'ne Unterhose
Krieg' ich nächstens wieder her.

Denn mein Leopold soll schließlich
Nicht am Podagra vergeh'n.
Solches machte mich verdrießlich.
Merke Dir das Bitteschön!

Die zärtliche Idylle zwischen Julchen und Leopold wurde höchstens durch den Besuch einer Künstlerin oder eines Philharmonikers unterbrochen, mit denen D. geschäftlich zu tun hatte. Manchmal kam die alte Lilli Lehmann, welche mit dem Vater von D., einem bekannten Sänger, zusammen aufgetreten war. Julchen war von dem Charme der Old Lady, die noch höchstpersönlich mit Richard Wagner poussiert hatte, hingerissen.

Lilli Lehmann

Es braust eine Stimme durch Welt und All
Wie Harfenton lind und Schalmeienschall,
Wie Engelsklaviere in strahlendem Dur...
Oh, jauchzende Stimme, oh, Vollnatur:
Dich rührte ein Finger der Fee an,
Dich,
göttliche Lilli Lehmann!

Vom Mütterchen hast Du den heit'ren Teint.
Lachst Du mit den Augen, die Sonne scheint!
Verkünden die Lippen das freundliche Lied,
Wie Frieseln es über den Körper zieht.
Deine Haut, sie mutet wie Schnee an:
Ach,
göttliche Lilli Lehmann!

Vom Väterchen hast Du die Hochfigur,
Das schwankende Glück zwischen Moll und Dur,
Die himmlischen Öhrchen im Haarwald versteckt,
Den Cul, welcher sich in die Höhe streckt.
Kein Mensch sieht Dir üppig Filet an,
Dir,
göttliche Lilli Lehmann!

Das Schicksal hat Dir keinen Mann beschert...
Und doch bist Du in aller Welt begehrt.
Es schlafen die Menschen im Bettgestell nicht,
Wenn Deine Stimmgewalt zu ihnen spricht.
Du hängst jedem Dein Portepée an,
Du,
göttliche Lilli Lehmann!

Du hast Wolfgang Mozart zum Freund erkor'n,
Der heimgesucht war mit Hasenohr'n.
Was macht Dir ein Ohr aus, wenn Geist in ihm wohnt?
Du bist durch die Zauberflöte belohnt.
Es kommt immer auf die Flöté an!
Nicht wahr,
liebe Lilli Lehmann.

Mozart war nicht nur der Favorit der göttlichen Lehmann. Julchen hielt ihn für das Nonplusultra aller Kunst. In ihrem »philosophischen« Brevier schreibt sie einmal:
Sie können machen, was sie wollen, komponieren und dichten, was die Sachen nur herhalten. An Mozarten kommen sie alle nicht heran. Er ist so unendlich weit weg von ihnen, daß sie vier oder fünf Leben brauchten, um ihn und seine von Gott gewollte Kunst zu erreichen. Mozart ist der einzige wahre Gott der Musik: Wolfgang Jesus Amadeus Christus Mozart!

Mozartiana

Mozart, Mozart über alles
Über alles in der Welt!
Selbst im Falle eines Falles
Bleibest Du der Töne Held.

Ach, es droht so manches Fremde
Aus Frau Musicas Gesicht.
Salome singt nur im Hemde:
Was sie singt, versteh' ich nicht.

Deine alte Zauberflöte
Ist das beste Instrument.
Weckt der Jugend Morgenröte,
Wenn Morphéus selbst noch pennt.

Leider ist die schöne Carmen,
Meister Mozart, nicht von Dir.
Und auch Lohengrins Erbarmen
Ist nicht Deines Geistes Zier.

Dennoch, lieber Amadeus,
Bist Du's, der mich singen macht.
Du, mein Wonnefreund Orphéus,
Hast der Töne Lust entfacht.

Schade, daß die Badner Mad'ln
Nicht von Dir entworfen sind.
Darum will ich Dich nicht tad'ln,
Stolzer Musen Liebeskind.

Selbst beim Höhepunkt des Balles,
Mozarts Musik ein sich stellt.
Mozart, Mozart über alles,
Über alles in der Welt!

Oder, eine schöne Kunst mit sehnsuchtsvollem Kräuseln! Bei Wagner braust stürmische Flut, freilich ist mir das Glück der Musik an und für sich, aber Mozart, durchrauscht meine Seele! Die Wonne! Mozart treibt mich so sehr, daß ich matt hinsterbe und meinen Geist aufgebe wie ein krankes Tier. Mozart schwebt durch die Luft, setzt sich glücklich auf meinen Busen und schüttelt mich unaufhaltsam. Was auf dem Hirn mir krankend lastete — ist entflossen. Mozart, Gipfel! Alles, was ich dir verdanke, kommt auf die Saiten, alles, alles! Auch Thomas Mann sagt, du mußt einer sein, der alles tut und so macht, daß wir in Liebe uns ergossen!
Mozart, Mozart über Alles, über Alles in der Welt!

Berlin, den 3. Juni 1911: Wenn es so weiter geht, werde ich mit Leopold so alt wie ein gewisser Methusalem, welcher es auf 160 Jahre brachte. Wir sind so bürgerlich, so unlustig. Was er tut, was wir tun, es ist immer von gleichmäßiger Art. Man kann aber die Strümpfe nicht immer im gleichen Muster gestrickt tragen. Verdammt noch mal! Leopold geht mir über die Hutschnur. Er ist ein Großvater, den ich immer nur ins Bette bringen soll. Und wenn er liegt, dann liegt er. Man ist ja aber nicht nur zum Liegen geboren! Wenn das Liegen wenigstens noch ein gewisses wäre. Aber nein, nein, nein!
Den 5. Juni: Ich will ihm mal entfleuchen. Willi holt mich morgen ab. Zu einer Geburtstagsfeier. Da ist auch Emmas Schwägerin Emma mit ihrem schönen Offizier. Sie wollen bald heiraten. Und da soll ich mit nach Suderburg, wenn's dann soweit ist.
Berlin, den 9. Juni 1911: Frau Rat Blume, welche ich bei Willi kennengelernt hab', bat mich zum Tee. Sie ist ein falscher Fuffziger, weil sie aus der Sippe Zungenlicker stammt. Kaum war ich in ihrem Salonne, da hat sie mich wollen küssen wie ein Mann. Und dann hat sie mir Dinge gesagt, die ich nicht glaube. Es war ein Ungeheuer. Ihr Mann selig, hat sie gesagt, hätte es mit Leichen in Moabit gemacht. Da bin ich weg, weil das die Hölle am Kurfürstendamm ist.
Den 11. Juni: Fahre ab nach Suderburg. Leopold ist traurig. Ich lasse ihn. Er ist trocken wie Kork.
17. Juni 1911: Wundervolle Hochzeit der Berliner Emma! Es wurde auf dem Saal von Gasthof Behrens gefeiert. Berliner Emma hatte zwei Garderoben, was sie in Suderburg noch nie gesehen haben: eine weiße für die Kirche, eine hellblaue für den Saal. Und alles hohe Berliner Offiziere. Da war alles ganz baff von wegen der Vornehmheit.
Unsere liebe Mutter hatte eine Robe aus braunem Sammet mit gelben Perlen und feiner Goldhaube mit falschen Locken.
Nach der Rückkehr von dieser Hochzeit verdünnisierte sich – nach Julchens Worten – das Verhältnis zum Konzertmeister D. Der Musikus neigte zur Hypochondrie. Mir ist jeder Lackaffe lieber als dieser Opa im Schlafrock, *schrieb sie in ihrem Buch der Geheimnisse nieder.* Ich kehre mich jetzt einen Dreck um meinen Gebieter, und mache, was der Berliner nennt: flottlebe. Ich flottlebe durch die Gegend, meist mit Willi und seinem netten Freund Gustav, welcher sich Justav nennt, weil kein Berliner ein richtiges »g« sprechen kann. Sie sagen immer Jemüse, Jeht nich und Jar nischt. Das weiß der Deubel, warum sie das so sagen.
Der Kaiser spricht mit seiner Familie in englischem Dialekte, weil

seine Großmutter eine Engländerin war, welche Kwiehn hieß. Komisch: dann müßte ich ja calenbergisches Platt reden, weil meine Großmutter aus dem Calenbergischen stammt. Das tue ich aber nicht, weil ich das für eine Marotte ansehe. Der Kaiser hat mehrere Marotten. Das kommt, weil er soviel Inzucht in seiner Familie hat. Sagt Willi.

Wir hatten früher einmal Inzucht bei den Schafen. Weil der Schafbock mit seinem Fräulein Schwester in den Mist ging, haben sie ein Kind gekriegt, was zwei Köpfe und vier Schwänze hatte, was man aber von unserem Herrn Kronprinzen nicht sagen kann. Schließlich ist unser Kaiser ja auch nicht der Bruder von unserer Kaiserin und sie damit nicht sein Fräulein Schwester. Der Kronprinz ist fesch. Er hat so was, was viele Männer nicht haben. Manchmal – sagen sie – geht er mit einer in die Wuhlheide, die vor Berlin liegt. Da macht er Menkenken. Sagen sie. Was das ist, weiß ich nicht. Kann es mir aber plausibel machen. Die arme Frau Kronprinzessin: kriegt ein Kind nach dem anderen. Und er macht diese gewissen Menkenken!

Gustav von U., Willis Freund, nachmals ein bekannter Theater- und Filmregisseur, zeigt Julchen, wie Berlin »von inwändig« aussah.

Er schleifte mich durch allerhand Kabaretts und Häuser, welche man Tingeltangels nennt. Im Wintergarten trafen wir auf Maestro Nelson, welchen von U. gut kennt. Ein wunderbarer Herr, welcher zuckersüße Musik schreibt. Durch Nelson, welcher aber mit bürgerlichem Namen Lewisohn heißt und mit Vetter Mendelssohn verkehrt hat, welchen ich selten zu Gesichte bekomme, weil er einfach zu vornehm und stets in Geschäften ist, lernten wir den göttlichen Jean kennen, in dessen Villa wir jetzt schon ein dutzendmal gegastet haben. Da haben sie so einen neuen Tanz mit mir ausprobiert, welcher Tango heißt und ganz himmlisch ist, indem man nämlich bei jedem Schritt zwischen die Kniee seines Partners gerät und mit ihm in Elektrizität kommt.

Jean – das war der Operetten- und Schlagerkomponist Jean Gilbert aus Hamburg. Als Gilberts Weltschlager »Puppchen, du bist mein Augenstern« herausgekommen war, reimte unser Fräulein als »Gegenstück«:

Puppchen, das ist von Jean Gilbert,
Welcher in einem Auto fährt.
Dieses kann man für tausend Mark
Sehen im dunklen Lunapark,

Wenn man mit Vetter Jean Gilbert
Ganz allein durch stille Gassen fährt,
Und es sich so im Ganzen fügt,
Daß man in seinen Armen liegt.

Ob Julchen gelegen *hat, wir wissen es nicht. Es tut ja auch nichts zur Sache. Auf jeden Fall* naschte sie an allen Ecken und Kanten am süßen Berlin herum. *Im Wege war ihr eigentlich nur die vornehme Betulichkeit der oberen Zehntausend,* die nach vorne nicht wissen, wie fein sie noch tun sollen, aber nach hinten es faustdick hinter den Klüsen haben. *Der Oberste aller Oberen war der Kaiser. Julchen kriegte ihn – wie sie sagte – allmählich aufs Visier:*
Mir fiel es wie Schuppen von den Augen, als ich wieder daran dachte, daß sein Großvater es ja war, der die armen Welfen aus Hannoverland vertrieben hatte, unseren ewigguten König Georg und die holdselige Königin Marie. Ich wünschte ihm und seinem Bismarck die Pest an den Hals. Als Willi mir sagte, daß Wilhelm von Preußen einen kurzen Arm hat, war ich glücklich wie ein Siebenmonatskind, das vor neun Monaten gemacht worden ist.

So schmuck der Mann, daß Gott erbarm!
Der Kaiser hat 'nen kurzen Arm.
Doch hat er Geist, der Feindesfänger...
Das macht den Arm ihm etwas länger.

Julchens Dichtung ist ungemein ehrlich. Sie schreibt ihr Gefühl auf. Und am Schlusse lasse ich es reimen, *teilte sie einer Freundin mit.* Was sich nämlich am Schlusse reimt, ist Harmonie. Wenn ich was Böses gesagt habe und es reimt sich, dann ist es eigentlich nichts Böses mehr.
Im »philosophischen« Brevier unseres Fräulein lesen wir dazu:
Das Böse hat Gott deswegen in die Welt gesetzt, damit wir das Gute um so mehr herausfinden können. Deswegen ist das Böse an sich nichts Unredliches. Wie man es nimmt: Wenn man damit etwas Gutes heraussondern soll, dann kann es einfach nichts Schlimmes sein.
Und dann haben die Menschen das alles auch nach ihrem eigenen Geschmack und Willen eingeteilt. Sie haben es gar nicht von Gott, dem Allmächtigen, welcher die Liebe auf alle Zeiten in sich birgt.

Sie haben die Einteilung selber gemacht. Einer hat gesagt: Dies ist gut und das ist schlecht. Ob der im Recht war?
Ich sage nein. Wenn ich zwei Tiere hätte, die noch keinen Namen haben, und ich sage: du bist das Schaf und du bist das Schwein. Dann sage ich das. Und die Menschen mögen das mir nachtun. Aber ich habe das gemacht und gesagt, obwohl Gott das Schaf und das Schwein erschaffen und erfunden hat. So ist es auch mit dem Guten und dem Bösen. Einer hat's gesagt, der andere hat's nachgeplappert. Und nun behaupten alle das, was der eine gesagt hat: dies ist gut und das ist böse.
Das ist das Marodeste, was die Welt gemacht hat! Sie sollten es schnell wieder abschaffen, denn ich habe mit meinem schwachen Leben festgestellt, daß viele Dinge, die bös' sein sollen, sehr gut sind. Zum Beispiel die Liebe unter vier Augen. Man tut dabei, was man kann, und es ist schön, wenn Haken und Öse ineinanderpassen. Und dann sagt die Welt: das ist schlecht! Was wissen denn die! Gar nichts.

Eines Nachts kommt Julchen von einem Ball zurück. Da findet sie die Konzertmeisters-Etage in hellster Aufregung. Die drei Schwestern wälzen sich vor Schmerz und Kummer auf den Sofas herum, das Dienstmädchen steht entsetzt in der Flurtür, das Bündel bereits gepackt.
»In diesem schrecklichen Haus bleibe ich nicht eine Minute länger!« schreit die sächsische Maria. »Sehen Sie sich die Ferkelei nur an, Mademoiselle . . .!«
Julchen eilt durch den Salon in das angrenzende Arbeitszimmer des Konzertmeisters. Sie findet dort nichts Anstößiges. Sie geht behutsam zur Schlafzimmertür, öffnet sie... Ein Schrei. Die Schwestern fangen die Ohnmächtige auf. Als Julchen aus der Dämmerung erwacht, muß sie erst einmal ihre Gedanken sortieren: Da lag also der feine Herr Konzertmeister im Bett, ganz pudelnackt, blaugrün im Gesicht, erstickt, aus seinem Mund hängen die Bänder von Julchens Korsage. Den ganzen Apparat hat er sich in den Hals gewrungelt. Armer Leopold! Welch ein Liebhaber!
Man findet ein Testament. Auch Leopold will – wie die Tante – eingeäschert werden. Seine Urne soll neben der ihrigen auf dem Vertikow der Ewigkeit entgegenharren. *Für Julie gibt es im Augenblick nur eine Überlegung: soll er mit oder ohne Korselett im Rachen den Flammen übergeben werden? Die Schwestern sind für* mit.

Der Hausarzt ist außer sich. Für einen großzügigen Scheck ist er bereit, einen Schlaganfall als Todesursache anzugeben. So wird Leopold D. mitsamt der Korsage eingesargt und eines lieblichen Donnerstagmorgens den verzehrenden Flammen übergeben, damit er zu Pulver werde.

Julchen packt wieder einmal ihre Sachen. Zunächst will sie sich in Suderburg bei Schwester Emma und der guten Mutter von den Strapazen erholen. Nur raus aus diesem Sodom! *schreibt sie in ihr Tagebuch.* Ich habe das Gefühl, all die Jahre wie in einer Kanone gesessen zu haben. Ich habe nur darauf gewartet, daß sie einer abschießt. Da ist aber der Schuß dem Konzertmeister im Halse stecken geblieben... Den Toten soll man nichts nachsagen. Ob Korselett schneller verbrennt als Mensch?

Julie dichtete über alle und von allem, sie brachte alles, was sie erlebte, sah oder erhoffte, in Verse, in Verse, die uns heute erheitern ob ihrer naiven Reimkunst, ihrer direkten, unverblümten Ansprache: Liebesgedichte, Hymnen an die Größen des Kulturlebens ihrer Zeit, Rachegedichte gegen die Politiker: kurz – ein Kaleidoskop herrlichster Texte...
(Wolfgang Lindow in »Heimatfunk – Radio Bremen«, 11. 6. 1977)

Gedichte, die in Berlin entstanden

Der rote Strich

In Deinem Taschenbüchlein
Bin ich ein roter Strich.
Gleich neben Zahl und Monat
Findet man mich.

Kommt so ein Tag geschlichen,
Da Amor mit uns rauft,
Dann werde ich gestrichen,
Als wär' ich ausverkauft.

Die Rösser

Ich kenn' so viele Rösser,
Ich weiß so manchen Stall.
Auf Wiesen und in Schlösser,
Man sieht sie überall.

Sie sind von schönen Mähnen,
Ich liebe sie darob.
Verlor um sie schon Tränen,
Vor allem beim Galopp.

Sie sind von großem Nutzen,
Man pflügt mit ihnen Feld.
Wenn Wege sie beschmutzen,
Bringt dieses selbst noch Geld.

Ach, Karl, wär'st Du ein Gäulchen
Und pflügtest mir mein Bett,
Kriegt'st Zucker in Dein Mäulchen,
Bis Dir die Lust vergeht.

Bigamie

Hast Du mir nichts zu sagen,
Du Fluch in meiner Brust?
Ich tad'le Dein Betragen,
Weil ich es tadeln muß!

Du warst auf Pirsch mit Emma
Und hast sie derb gejagt.
Was machst Du mir Dilemma ...!
Hätt'st Du mich doch gefragt!

Jetzt bist Du ein Verfemter ...
Den Bruch vergess' ich nie!
Nun stehst Du da, Verschämter,
Mit lauter Bigamie!

Der Fetisch

August, ach, von Dir ein Fetisch,
Die Gamasche wundermild!
Sie liegt hier auf meinem Teetisch ...
Rasend macht sie mich und wild!

Könntest Du, mein Lieb, mich blicken,
Wüßtest Du, wie ich intim ...
Tätest mir was and'res schicken,
Nicht nur dieses Fußparfüm ...

Das Telephon

Das Telephon ist eine Macht,
Die unsereins beherrscht.
Wenn's mal den Tag nicht klingling macht,
Ist man total zerknerscht.

»Hallo, mein Schatz, wie geht es Dir?
Bist Du auch gut zuhaus?«
Da macht es »knacks!« – ein Stimmgewirr,
Die Phonerei ist aus!

»Hier Meyer. Ist dort Hofrat Beck?«
Die Leitung hat das Bocken.
»Was kostet jetzt der Schinkenspeck?«
»Sie, meine Kuh steht trocken!«

Und plötzlich ... plötzlich hörst Du ihn,
Er kriegte Deine Nummer.
»Ich liebe Dich!« Die Drähte glüh'n ...
Im Ohr sitzt Dir ein Brummer.

Du wählst zurück: »Ich lieb' Dich auch!
Ich denke an Dich täglich!«
Es knurrt, als wäre es sein Bauch ...
Dies Telephon! Unmöglich!!

Donnerstag

Heute ist ein Donnerstag,
Heut' geh' ich zu ihm.
Ob er mich noch immer mag –
Geistig und intim?

Ja, ich fühl's, er harret mein,
Wäscht sich schon den Leib,
Sieht auch in den Spiegel rein –
Bloß aus Zeitvertreib.

Schlägt's vom Turme siebzehn Uhr,
Bin ich gleich zur Stell'.
Durch die Türe, durch den Flur –
In die Kammer schnell.

Ach, was für ein Donnerstag!
Ging' er nie zu End'!
Treff' mich, Hannes, Schlag auf Schlag ...!
Wie??? Der Schlingel pennt!

Blümelette

Eine Blume war ich einst,
Stolz und sehr adrette.
Seh' ich mich im Spiegel an:
Arme Blümelette!!

Ach, was habe ich geblüht
Auf dem Gartenbette!
's kam ein Herbst und machte »schnitt!«
Arme Blümelette...

Wäre ich doch aus Papier,
Lila und kokette!
Würde nie verblühen dann,
Arme Blümelette!

Das Liebesmesser

Was melkst Du mein Gewissen,
Bin ich denn eine Kuh?
Die Nerven sind zerschlissen,
Lass' mich doch heut' in Ruh!

Du solltest es doch merken,
Mein einzig lieber Mann:
An meine Damenstärken
Da kommt kein and'rer dran!

Ich bitte Dich, sei ruhig,
Verschone mein Gemüt!
Ich schreie sonst... Das tu' ich!
Wer weiß, was Dir dann blüht.

Schon morgen ist es besser,
Beruhigt sich mein Rumpf.
Dann ist das Liebesmesser
Auch wirklich nicht mehr stumpf.

Wir können wieder schneiden,
Was heute sich verbiegt.
Mein Schatz, ich mag Dich leiden,
Ist auch der Quell versiegt.

Was man tut...

Was man selten tut,
Tut man es mit Leidensflut,
Ist's immer gut!

Was man gerne tut,
Tut man es mit Übermut,
Ist's nicht so gut!

Was man abends tut,
Tut man es mit Liebesglut,
Ist's fürs Herzchen gut!

Die Bürde

Ach, trage mich, mein Freund
Als eine leichte Bürde!
Ich bin so zart,
So windig von Figur...
Es paßt wohl nicht zu Deiner Würde,
Was ich geoffenbart...?
Na, warte nur...!

Ach, liebe mich, mein Freund
Als einen lichten Engel!
Ich bin so fromm,
So friedvoll im Gemüt...
Was soll nur dieses hitzige Gedrängel?
Wenn ich jetzt zu Dir komm',
Was Dir dann blüht...!

Ach, kose mich, mein Freund,
Mir ist entsprechend!
Ich bin so mild,
So seidig und so schwül...
Wie? Der Rekrut tut protzig sich erfrechend?
Was für ein kühnes Bild
Im männlichen Gewühl...!

Skat

Herzdame hast Du gestochen,
Mein Bube von roter Kuleur.
Ich stak in gemischten Wogen,
Pik-König bedrängte mich sehr!

Jetzt liegen wir auf einem Asse,
Ich bringe viel Augen Dir ein.
Zerdrück' mir nicht gleich meine Passe,
Du Ramscher! Das ist doch nicht fein!

Der Gott

Im Park hab' ich den Gott erspäht,
Er steht auf einem Sockel.
Vor seinen Füßen Staub aufweht...
Mein Gott, sein süßer Gockel...!

Die Waden sind aus Marmorfleisch,
Die Kniee sind vermörtelt.
Der Knabe scheint mir ziemlich keusch,
Denn er ist ganz umgörtelt.

Von Osten sieht man seinen Peau.
Derselbe ist recht schinkig.
Mir schwindelt, prüf' ich sein Niveau.
Im Liebestraum versink' ich.

Wer schuf nur solches Götterbild?
Wer wagte solche Schenkel?
Mein Wissensdurst bleibt ungestillt.
Vielleicht erfahr'n 's die Enkel!

Der Sauertopf

Auf meinem Busen ruht Dein Kopf,
Schläfst Du mir auch nicht ein?
Du bist ein rechter Sauertopf...!
So gar nichts fällt Dir ein.

Sieh nur, wie sich's zur Linken regt...
Und auch zur Rechten...! Chic!
Daß so etwas Dich nicht bewegt...
Nicht mal ein warmer Blick!

Und dort, wo Deine Hände ruh'n,
Fühlst Du dort nicht ein Grübchen?
Mein Gott, was gäbe es zu tun...!
Doch Du tust nichts, mein Bübchen...

Ferkelmarkt

Beim Ferkelmarkt von Husum,
Da hab' ich ihn geseh'n.
Er hatte fünfzig Schweine
Und war so herrlich schön.

Trug eine grüne Joppe,
Der Hut war braun von Filz.
Es jagten mir die Pulse,
Es stak mir in der Milz.

Doch er sah nur die Ferkel
Und dachte ans Geschäft.
Das Blut stieg mir zu Kopfe,
Es schwanden mir die Kräft'.

Oh, lass' doch Deine Schweine,
Du windgebräunter Mann!
Und treib' mit mir den Handel
Zu Husum dann und wann.

Kapitel sechzehn

Ich sei ein zartes Wesen,
Hat Paul zu mir gesagt.
Man könnte in mir lesen...
Was ihm gewiß behagt.

Er hat mich aufgeschlagen
Und Seite fünf erlebt.
Jetzt kennt er mein Betragen
Und weiß, wie ich gewebt.

Wär' er doch schon viel weiter,
Auf Seite hundert gar,
Dann wüßte er, wie heiter
Kapitel sechzehn war!

Nußknacker

Heute bin ich »Fee dragée«,
Tanz' für Dich ein Weilchen.
Hugo, sieh ins Portemonnaie...
Reicht's noch für zehn Veilchen?

Streue mir den Blütenprunk
Vor die kleinen Füßchen.
Dadurch krieg' ich sehr viel Schwung.
Danke Dir mit Küßchen.

Möchtest Du mich im Tou-Tou...
So als süßes Früchtchen?
Eil' Dich, Hugo! Nun man zu!
Sag's mir ins Gesichtchen.

Bei Tschaikowsky bin ich ganz
Und gar aus dem Häuschen...
Doch jetzt enden wir den Tanz.
Rein in das Kabäuschen!

Tochter aus Elysium

Gestern war mir – wie noch nie –
Nach der Neunten Symphonie.
Schicksal machte mich betrunken...
»Freude, schöner Götterfunken!«

Hermanns Brieflein bracht' mich um...
»Tochter aus Elysium!«
Sich am Inhalt zu ergetzen,
Braucht man Musik in vier Sätzen.

Ach, es war ein schöner Sang,
Der mir aus den Zeilen drang.
Solche Musik nie erniedrigt...
Ludwig, Du hast mich befriedigt!

Vor dem Konzert

Was rumpelt und pumpelt in meinem Bauch?
Was ist's, Herr von Hohenlohe?
Verspüren Sie dieses Drängeln nicht auch
In der Spitze Ihrer Oboe?

Ich glaube, wir stehen vor einem Konzert.
Schon werden die Geigen geschliffen...
Man gibt ein »a« und ist alert.
Sie haben doch wohl begriffen?

Jetzt kommt, wie ich sehe, aus hinterstem Raum
Mein Dirigent mit dem Stabe.
Er hebt ihn... Ach, welch ein Walzertraum!
Er ist ein begabter Knabe.

»pp.«

Du hast mich ausgestrichen
So wie ein Schwefelholz.
Auf Deiner rauhen Fläche,
Da schoß ich arg Kabolz.

Du warfst mich in den Ascher
Und hast mich ausgedrückt.
Du böser, böser Nascher:
Die Sache ist mißglückt!

Ich werde wieder glühen,
Streichst Du mich noch einmal
Und Dir pp. verbrühen;
Das ist mir ganz egal.

Die Rispen

Du bist wie eine Schote,
Mein kleiner Kürassier.
Ein frecher Liebesbote...
Dein Erbschen dankt es Dir!

Du tust mich zart umschließen
Und bist doch noch so grün!
Wenn erst die Rispen sprießen...
Dann platzt bald Dein Kostüm.

Harmonisch-phil...

Ich liebe die Posaune sehr
Und die Trompete noch viel mehr.
Man kann sie ohne Maßen
Von vorn und hinten blasen.

Ich liebe auch das Glockenspiel,
Obwohl es nicht harmonisch-phil.
Man kann es vielfach deuten,
Wenn einem Glocken läuten.

Ich liebe auch das Cembalo
Und in der Stimme Tremolo.
Das bringt mich zum Erbeben.
Mit Musik muß man leben!

Ich liebe auch den Paukenschlag,
Er dringt bis unter's Operndach,
Und kommt zumeist geknallt,
Wenn es Dir g'rad mißfallt.

Harfenspiele

Fräulein Trampel streicht die Harfe
Hier im Operninstitut,
Und sie macht das Goldgezirpe
Mit den Händen wirklich gut.

Auch Herr Pohlmann hat berichtet,
Daß sie ganz von erster Wahl.
Gestern, als ich sie gesichtet,
Trat er ihr auf das Pedal.

Und da hat sie aufgemeutert,
Pohlmann ein Filou genannt.
Erst als er sie zart geeutert,
Wurd' sie weniger blamant.

Ja, das Harfenspiel ist köstlich,
Wenn man es verstehen tut.
Manchmal greift man ziemlich östlich,
Doch auch südlich ist es gut!

Aida

Eingemauert wegen Liebe...?
So was bringt doch nur Verdruß!
Wenn ich die »Aida« schriebe,
Gäb' es einen and'ren Schluß.

Beide träfen sich zum Schmusen
Unter einem Fliederstrauch.
Er läg' fest an ihrem Busen
Und besänge ihren Bauch.

Nein, die Oper ist zu triste,
Ihr Beschluß ist einfach Käs'!
Schickt das Pärchen in die Wüste:
Aida samt Radames!

Fagott

Sehr gediegen … dieser Schnorchel,
Wie ein Regenwurm, bei Gott,
Dringt aus seines Mundes Morchel …
So was nennt man nun Fagott!

Wie er seine Wangen pustet,
Links und rechts ein Gasballon.
Gott sei Dank, daß er nicht hustet!
Kriegte Blähungen davon.

An dem Schnorchel eine Stange,
Die ihm aus dem Schoße sprießt.
Solche peinlichen Belange
Hätten mir das Spiel vermiest.

Therese

Eine Erzählung

Wenn ein Mensch Therese heißt, muß er schon sehr katholisch, von Bayern oder ein sehr großes Lork sein, wie die Bewußte, von welcher ich jetzt die Geschichte aufschreiben will. Nennen wir sie Therese Aufinger, obwohl ihr Vater, der Rentier aus Rosenheim, noch etwas anders getauft war, aber so ähnlich. Wenn man die Wahrheit aufschreibt, darf der Dichter oft den richtigen Namen nicht nennen, damit er nicht vor die Gerichte muß, um sich zu verantworten wie Jesus Christus vor Pontius Pilatus, welcher zwar keine Therese Aufinger gekannt hat, dafür aber die große Sünderin, die wo es ähnlich getrieben hat wie die Besagte.

Therese war in jungen Jahren von Rosenheim in Bayern nach Berlin gemacht, was ihr nicht sehr bekommen ist, denn die Preußen lieben die Bayern nicht, was auch umgekehrt der Fall ist, indem die Menschen in München alle Berliner Saupreußen nennen, alle Berliner die Bayern hingegen Schweinepriester. Therese war auf dem Bahnhofe in Berlin schon von einem gewissen Herrn Schickolo angesprochen worden, auch Ausländer, aber er wußte überall in der großen Stadt Bescheid, wo es brenzlig war und wo vornehm. Therese, siebzehn Lenze jung und ohne Ahnung, geriet in seine derben Hände, was soviel heißen will, daß er mit ihr machen konnte, was er wollte. Ihr Herr Vater, der Rentier zu Rosenheim, schrieb sehr viele Briefe von Bedringlichkeit und väterlicher Sorge an seine Cousine Nora, zu welcher das Mägdelein hatte in Stellung kommen sollen, aber nicht gekommen ist, weil sie vom Herrn Schickolo in eine Stellung gebracht, welche weder christlich noch moralisch war. Sie ist aber katholisch gewesen und hat sich nicht viel daraus gemacht, daß ihr Herr Vater in seinen Briefen geweint und gebettelt hat, daß sie zu Tante Nora gehen soll und nicht zu Schickolo. Es hat keine Nützung erbracht, denn sie war der fleischlichen Lust verfallen und wärmte das Bett vom Herrn Schickolo in ihrer jugendlichen Sünde.

Als Herr Schickolo alles von ihr wußte, hat er die Nase von ihr voll, behielt sie aber als williges Werkzeug in seinem sündigen Pfuhl und schickte sie auf die Straße, welche Tauentzien heißt, wo es nicht geheuer ist und die Frauen mit einem Pompaduhr als Abzeichen auf die Männerwelt lauern, die nicht verheiratet ist oder es nicht sein will, und wo der Herr, der auf gewisse Lüste aus ist, für wenig Salähr das haben kann, wofür er zu Hause gar nichts bezahlen muß. Aber manche Herren bezahlen lieber, als daß sie zu Hause was umsonst nehmen, weil es sie killert, wenn es ein Geschäft ist. Die Sünde ist teuer und mancher hat schon Haus und Hof dabei verloren, wenn er zuviel auf die Pompaduhr gesehen hat.

Dahin schickte Herr Schickolo die Therese. Sie hatte einen schönen Pompaduhr und hat viele Herren mit auf die gute Stube von Herrn Schickolo gebracht, wo dieselben ihren Spaß an dem Mädchen hatten, dann aber ganz schön haben auf Bezahlung kommen müssen, was Herr Schickolo kassiert hat, denn es war eigentlich sein Geschäft, was die arme Therese betrieb. Nun war es eines Tages so, daß ein sehr stabiler Herr von fünfzig Jahren auf ihren Pompaduhr sah und in Liebe zu ihr verfiel, indem er ihr zwanzig Mark in einem Goldstück mit Kaiser Wilhelm drauf für eine einzige Wohltat bot, wofür sie sonst mindestens vier Herren mit zu Herrn Schickolo gebracht hätte, um auf den hohen Preis zu kommen. Therese fand den fremden Herrn sehr wohlhabend und sie dachte, daß er sie vielleicht vom Herrn Schickolo hinwegführen könnte, damit sie ihr eigenes Geschäft machen und nicht alles, was sie so hart verdient, an ihren Entehrer abzuführen brauchte. Darum bat sie den fremden Herrn, der sich als Herr Kirchhoff vorstellte, lieber mit in die Wuhlheide zu fahren, welche vor Berlin sich ausdehnt und sehr einsam sich erstreckt, so daß man dort zwischen Ginster und Birken wohl ein Nickerchen haben kann, ohne daß es einer sieht. Der fremde Herr aber wollte nicht, weil er auf Pension hielt, die er in der Nähe der Tauentzien kannte, wo beide hingingen, um das Zwanzigmarkstück klein zu kriegen.

Es war eine sehr vornehme Pension mit Plüsch und Vertiko und sogar rotem Lichte und gelben Seidengardinen. Therese war sehr geblendet von dem Reichtume und den Kristallbrillanten, welche von der Decke hingen und auf Lampe machten. Und die gnädige Frau, welche die Besitzerin der Pension, war auch sehr vornehm gekleidet in ein rotes Schleppkleid mit grünen Fransen und einer Goldmütze und französische Bemalung im Gesichte. Herr Kirchhoff nannte sie Madame und Therese war's ganz plümerant, weil sie dachte, was wird sich die Madame wohl denken, wenn sie dahinter kommt, was wir hier wollen. Aber die Madame kam sehr auf

Mütterlichkeit und führte beide in ein Gemach, welches mit blauen Kissen übersät war wie ein richtiges Blumenbeet mit Vergißmeinnichten. Auch hier war Kristall und gediegene Bilder von nackten Amoretten und einem Herrn, welcher Hörner am Kopfe und einen Pferdefuß, was aber nicht der Teufel ist, sondern ein gewisser Satorius, welcher bei den Griechen alle Frauen und Mädchen geneckt hat und nachts über sie kam, daß sie eine Wohllust kriegten im Traume und am nächsten Tag war nichts geschehen.
Therese hatte Bangigkeit in den Knochen und wollte schon wieder umkehren, als sie sah, daß Herr Kirchhoff an Madame auch zwanzig Mark Salähr bezahlte. Da wußte sie, daß dieses ein Haus wie das vom Herrn Schickolo war, bloß ein wenig vornehmer und stiller und mit weichem Bett und sehr sauber und Schampanjer auf dem Tisch.
Herr Kirchhoff zog sich seine gelbe Jacke aus und seine Weste und war ein Mann von fünfzig, aber noch sehr schier und keine Wölbung am Bauche machte unserem Mädchen einen Abscheu. Sie huschte aus ihrem dünnen Kleidchen und stand bald ganz nackigt, aber nicht verschämt vor ihm, weil sie das schon kannte und allerhand Abbrühung von dem Herrn Schickolo gelernt hatte. Herr Kirchhoff konnte nicht so rasch aus den Hosen. Und bevor er's war, umschlang er schon mal ihren Leib und küßte ihn überall, was gegen das sechste Gebot ist, wenn man nicht auf den Ehebund getreten ist.
Herr Kirchhoff klingelte mit der Bettklingel nach Madame, welche auch gleich erschien. Und er sagte zu ihr, daß sie mal die Therese sollte anschauen, indem sie so was von schön sei. Madame faßte sie hier und da an und lobte das feste Fleisch und dankte dem Herrn Kirchhoff, daß er das Mädchen aus Bayern in ihr nobles Haus gebracht. Sie fühlte auch bei Herrn Kirchhoff nach und sagte, daß auch er schönes festes Fleisch haben täte und daß es wohl eine gute Liebesnacht werden könnte und morgen wollte sie mit Therese reden und über das Salähr, und wenn das Mädchen wollte, könnte sie im Hause bleiben und für den Herrn Kirchhoff in Reservierung treten, daß sie immer nur für ihn da wäre, wenn er mal von der Wohllust heimgesucht und zu Hause keinen Braten auf dem Tische vorfände.
Madame ging wieder hinaus und Herr Kirchhoff kam jetzt auch aus den Hosen und war so nackigt wie Therese, die von ihm umschlungen wurde, daß ihr bald die Luft ausging. Sie kamen beide schön auf Kuß und liebten sich sehr. Und der Schampanjer war bald in der Neige, Herr Kirchhoff klingelte mit der Bettklingel und Madame

brachte neuen Schampanjer und lächelte und sagte »Junge, Junge!« und ging wieder hinaus und die Liebe kam nochmals über sie, daß es nur so ein Fest war, dann holte sie Morfeuß, der Gott des Schlafes, in seine Arme und sie schliefen fest umschlungen bis zum anderen Morgen, woselbst sich Herr Kirchhoff sehr rasch anzog und das Haus verließ.

Madame kam herein, war sehr freundlich und sprach: »Willst du hier bleiben, Therese? Der Herr Kirchhoff ist ein sehr hochstehender Mann, der ganz anders heißt. Du hast seinen ganzen Adel in dieser Nacht auf Bewunderung nehmen können. Er ist ein fürstlicher Mensch und der Freund von Kaiser Wilhelm und solch einen strammen Herrn kriegst du nicht so leicht wieder. Er zahlt schön und du sollst von allem, was er zurückläßt, über die Hälfte haben.«

Therese war es einverstanden und war sehr froh, daß Herr Schickolo sie nicht finden konnte. Der aber suchte sie überall und fand bald heraus, wo der Vogel sein Nest gefunden. Ein Diener von Madame, der Herrn Schickolo kannte, hatte ihm die Vermeldung getan, und so war Therese in größter Gefahr, aber sie wußte es nicht und dachte immer nur an Herrn Kirchhoff, der in Wirklichkeit ein Fürst war und der Freund von Kaiser Wilhelm. Und was hatte Herr Kirchhoff für fürstliche Glieder! Nein, so was hatte noch keiner vor ihm gehabt. Alles war so schön propper und gediegen und konnte einem auch am Tage in die Welt des Traumes bringen.

Nun erfuhr Herr Schickolo auch, welches der Herr war, der Therese in das Haus von Madame gebracht, und daß viel Geld dafür auf Bezahlung an das Mädchen und Madame kam. Neidisch wurde Herr Schickolo und er besann sich auf heiße Rache in seinem Busen, der nicht so breit war wie der vom Herrn Kirchhoff und auch nicht so haarig, was an und für sich gleichgültig ist, aber wenn schon ein Fürst, dann lieber auch ein haariger, woselbst in dieser Fassong alles zusammenkommt.

Therese lag auf ihrem Paradebett, als es klopfte und sie dachte, daß es Madame wär' oder der Herr Kirchhoff-Fürst. Und sie sagte »herein, wenn's kein Dieb ist!«. Und da kam er herein, der Herr Schickolo, vom Diener der Madame durch den Hintereingang auf Einlaß gebracht. Therese schrie auf und entwich hinter die Portjehren, aber Herr Schickolo kam auf Sprung und hatte sie gleich am Genick wie der Meutehund den Hasen, welcher nicht so schnell ist wie der Jäger. »Kanallje!« schrie Herr Schickolo. »Hier finde ich dich! Her mit dem Gelde oder ich bringe dich umständlich auf Tod!« Nun war aber alles Geld auf Conto, weil Madame das gesagt hatte, denn es ist besser, wenn du nicht zuviel Taler im Strumpfe hast, sondern auf Zinsen aus bist und einem Bankier deine Habe leihst. »Ich habe nichts auf der Hand!« sagte Therese mit Bebung. »Alles ist auf Conto. Nur ein Halsband...!« Das aber war dem Herrn Schickolo zu wenig. »Ein Halsband nur!« schrie er entzückt. »Damit mußt du jetzt in das finstere Jenseits.« Er würgte sie sehr mit der Goldkette und nach ein paar Minuten war sie ganz hinüber. Er bemerkte die Drosselung und wurde bleich, aber nicht mutlos. Er besprach sich mit dem falschen Diener von Madame, legte die tote Therese auf das Bett und entkam durch die Hintertür, die ihn auch hereingelassen hatte.

Der Diener hob eine große Klage an und schrie sich die Kehle wund, bis alles, was in dem Hause wohnte und auf Arbeit ging, herunterstürzte und die Malesche sah. Da kam auch Madame und verfiel in eine tiefe Ohnmacht. Als sie erwachte, fragte sie nur »wer?« und der Diener flüsterte ihr ins Ohr: »Der Fürst! Ich habe es mit meinen eigenen Augen gesehen!« Das war nun ein großer Skandahl und Madame wußte nicht, was sie tun sollte. Es vergingen Stunden, da pochte es an ihre Tür und der Herr Kirchhoff, welcher ja in Wirklichkeit ein Fürst und der Freund vom Kaiser Wilhelm war, stand freundlich lächelnd und mit einem Zwanzigmarkstück winkend vor ihr. Sie war sehr in Bleichung begriffen und starrte ihn an, daß er fragte, ob was ist, und sie sagte: »Das müssen Sie Untier doch wissen!« Er kam herein und sah die Schweinerei und das tote Thereschen, an welcher er so gehangen, weil sie alles in sich aufnahm, was er ihr zu geben hatte, dann weinte er bitterlich und rief aus: »Den verdammten Mörder werde ich schon kriegen!« Der Diener aber kam frech hervor und sagte: »Dann müssen sich Durchlaucht selber kriegen!« Darauf wurde Herr Kirchhoff wie eine Salzsäule, kriegte das Zähneklappern und setzte sich. Der Diener forderte hunderttausend Goldmärker, indem er dafür das Thereschen aus dem Hause schaffen und in die Panke werfen wollte, daß keiner nicht dahinter käme, was sich hier bei Madame abgespielt. Der Fürst war aber nicht so reich. Man kam auf fünfzig Tausend bar cassa. Niemand hatte jedoch mit dem Herrn Schickolo gerechnet, der, was der falsche Diener auch nicht wußte, gleich zurückkam, um Madame nach dem Conto von Therese auszufragen. Da wußte der Fürst, welches der richtige Mörder war und auch Madame und sie schmiedeten einen Kommplott und sagten, daß der Diener fünfzig Tausend haben wollte für sich und daß sie dem Herrn Schickolo nichts davon sagen sollten, indem er keinen Pfennig davon kriegen dürfte.

Oh, Meuchel, was bist du Gewalt! Herr Schickolo stürzte sich auf den Diener, welcher in Zeterung geriet, aber es half nichts und die Gorgel ward bald zu und der Diener perdüh. »Ich wasche meine Hände in Unschuld!« sagte Madame, aber der Fürst holte die Polizei, die er kannte, und sagte zu derselben: »Da hat mich ein Freund in bitterster Not zu sich gerufen. Da und da ist ein Mädchen gewürgt und auf Tod gekommen und der Herr Schickolo war's!« Die Polizei war sehr zufrieden, denn der Herr Schickolo war ihr Freund nicht gar und hatte schon vieles getan, was ein ehrenhafter Mann nicht tut. Sie nahmen ihn fest und er kam bald an den Galgen, wo er schön gehängt wurde und die Zunge hing ihm weit heraus. Madame aber kriegte vom Herrn Kirchhoff ein großes Salähr und von Kaiser Wilhelm ein Stück Lilienmilch-Seife zum Geburtstag, weil durch sie der schlimme Meuchler gefaßt und auf Justitia gebracht worden. Therese aus Bayern wurde in einem schönen Holzsarg beerdigt und der Herr Kirchhoff kam jedes Jahr zu ihrer Gruft und betete für sie und brachte ihr Vergißmeinnicht und Kränze, woran man sehen kann, daß auch ein Fürst ein Herz hat und nicht so leicht vergißt, was ihm die Wohllust bereitet hat.

Der Floh

Eine Geschichte von größter Wahrheit

Der Floh ist ein sehr gemeines und unsichtbares Vieh. Bei den alten Römern, welche einen Nero kannten, hieß derselbe Pulex, weil sie sehr viel an den Kwaddeln herumpulten, die wo er macht. Es gibt sehr viele Sorten von Pulexen, helle und dunkle. Mannige sind auf Hund aus, andere wieder auf Katzen und Igeln, aber es sind auch welche genannt, die sich auf leibhaftigen Königen und Kaiserinnen befinden. Das sind die majestätischen Pulexe, welchselbe blaues Blut in ihren Adern haben, weil sie nur Könige und Kaiser bevorzugen.

Ich will heute von einem Pulex schreiben, welcher sich an Auguste Viktoria erfreute. Er war vor Jahr und Tag in einer armen Hütte geboren, die einem Köhler gehörte, welcher in Centrum machte, dann aber ein Socialdemokrat gewesen. Dieser Köhler, Heinrich Brettschneider mit Namen, beherbergte an Corpus die Nisse, welche die Frau Mutter von erwähntem Pulexe gewesen ist. Es kam ein schöner Floh von der Nachbarin des Köhlers Brettschneider. Da ward die Nisse schwanger und nach neun Wochen gebar sie einen Sohn, der sehr kräftig wurde und der Welt was zeigen wollte. Er biß den armen Köhler sehr, der ihn manchmal beinahe zwischen die Finger kriegte, aber es waren nur die Schwestern und Brüder des Starken, welcher zu Höherem von der Macht des Lichtes ausersehen.

Es war dies ein herrlicher Junitag, die Sonne schien fett vom Himmelszelt herab und machte die Stirnen der Menschen wässerig. »Wo soll das noch hin!« seufzte der Köhler Brettschneider. »Wenn es weiterrum so heiß bleibt, bin ich das Zerfließen in Person und muß meine Arbeit auf den Winter verschieben.«

Er nahm Platz hinter einem Grünebusch und wollte gerade einen schönen Schluck Conjack nehmen, da sagte es zwick auf seiner breiten Brust. Und es sagte nochmals zwick. Könnt ihr's auf Erratung bringen, liebenswerte Leser, was solchen Umstand herbeiführte? Es war Pulex, der Sohn der Nisse, welchselber die Brust des

Köhlers Brettschneider auf Erforschung brachte, indem dieselbe für ihn ein wahrer Ocean des Paradieses! Das war ein Wippen und Rasen, nie Ruh', nie Rast'! Durch den dichten Haarwald hüpfte unser Liebling, hin und wieder auf Ausweichung vor dicken Schweißtropfen und der Hand des Köhlers, welche dem munteren Treiben ein Machtwort entgegendonnern wollte.
Aber unser Pulex war geschickt und sehr politisch und hat alle Hürden genommen, sich zuletzt im Nabel seines Oceans verborgen und dort mit seinen Stichen Vesuv gemacht, daß ganze Berge von Schwellungen und Hügel mit Flohgift aufgingen an der schönen Gegend unseres Köhlers Brettschneider. Zuletzt war Pulex schon ganz duselig von seiner langen Wanderung und sehr betrunken von dem starken Blut des Köhlers, daß er einschlief in einer verborgenen Spalte auf der anderen Seite seiner Erde, wo es milde war und doch sehr auf Parfühm, denn Herr Brettschneider hatte ein sehr männliches und wildes Parfühm, was eine Zierde des Mannes an und für sich ist, von vielen Damen aber ruchbar gemacht und deswegen in schrecklichste Verpöhnung geraten.
Hier schlief nun unser Pulex den Schlaf der Gerechten. Und als er erwachte, war unser Herr Brettschneider auf Versammlung bei den Socialdemokraten. Es begab sich aber, daß die Gebieter des armen Köhler zu ihm sagten: »Du gehst jetzt nach Berlin, wo unser Ebert ist, indem daß du ihm eine Stütze sein sollst und ein wahrer Bruder. Er braucht Hilfe und du bist die Hilfe in Person, weil du schöne Zischkohle machen kannst und jedwedereinen damit den Allerwertesten sollst verbrennen, wenn die Herren nicht so wollen wie wir es wollen.« Herr Brettschneider mußte sich fügen, denn er war den Socialdemokraten hörig und er hatte Centrum verlassen, weil die alle so schnöde und den Mammon in ihren Taschen gelagert hatten. Der Köhler nimmt bald darauf Coupeh vierter Klasse und macht nach Berlin, wo Herr Ebert ihn sehr freundlich begrüßt und ihn seinen Bruder nennt und sagt, daß es mal schön ist, jetzt einen Köhler bei sich zu nehmen, welcher so schöne Zischkohlen macht, daß alle vom Centrum sich darauf den Allerwertesten verbrennen sollen und auch die Polen, welchselbe die Aussätzigen bei Centrum sind. Auch die lieben Welfen sind Centrum, weil sie so geschmäht und auf Verleumdung gebracht seit Bismarck und weil keineiner sie nicht nehmen will, obwohl sie was viel Besseres sind als bloßes Centrum, was auch sehr katholisch ist und ganz nach Rom und die verflixten Piusse riecht, die manchmal auch Benedix oder Greger heißen. Eben noch sagt Herr Ebert »Oh, wie schön!«, da denkt er: »Was ist's, welches meinen Rücken so gemein bespringt? Ein

wüster Nager? Schelm, ich werd' dich greifen!« Er haut sich auf die Schultern, daß es kracht, aber Pulex ist rascher und schwupps die Schosseeh entlang über Po und Stock und Stein bis auf Gamasche, wo es windig ist, aber sehr viel Schutz. So trägt Herr Ebert den Floh des Köhlers Brettschneider in den Reichstag, welches kein allgemeiner Tag wie Montag oder Freitag ist, sondern ein Haus, in dem sich allerhand Volkes aufhält, um die Steuern der Armen unter sich zu verteilen. Manchmal sind auch ganz hohe Herren da, die auch den Hals nicht vollkriegen können und noch was nehmen von der Aufbringung und Eintracht der deutschen Bevölkerung. Es ist dieses eine richtige Schmach, aber nicht zu ändern, weil sie alle nur nehmen wollen, aber nicht zum Geben bereit wie unser Herr Jesus Christus, welcher im Garten Gethsemaneh alle die Steuern der Armen auf sich genommen und Judas ist gekommen und hat ihn geküßt und verraten und da waren die Steuern aufgedeckt und der Fißkuß von den Hohen Priestern hat sie schnell an die Seite, für sich... und keiner nicht hat's gesehen.
Leider hat Pulex den Reichstag nicht mit seinen braunen Augen erblickt, weil ihn vor demselben eine sehr schöne Frau in die Nase gestochen, welche Herrn Ebert von Angesicht kannte und auf ihn mit Plausch kam. Diesen Umstand hat Meister Hüpf auf Nutzung gegeben und sich schleunigst in die hübschen Gefilde der Dame geschlichen, wo es wie Weihnachten und Pfingsten zusammen war, denn Madammchen war sehr reinlich und von starkem Pouder aus Paris und sämtlichen Wohlgerüchen des siebenten Himmels. Muschuß bei Brust, Veilchen bei Achsel, Maiglöckchen in des Nabels verwegener Kuhle, Doktor Schliemanns Bananenmilchextract aber dort, wo wir's nicht nennen dürfen, weil die Pforte der göttlichen Moral uns dieserhalb eine ordentliche Verbietung macht. Bananenmilch...! Schon bei diesem Gedanken war Pulex ganz meschugge und er hat sich sogleich in das Abenteuer gestürzt, welches der Dame ärgste Pein bereitet, konnte sie sich doch angesichts von Herrn Ebert nicht dorten kleien, wo es wahre Notdurft erfordert hätte. Sie stand Höllenqualen aus, ward bleich und hitzig zugleich und kam bei der Nahe auf eine gediegene Ohnmacht, wenn nicht Herr Ebert zu seinen Geschäften gerufen und Madame hinter dem Sonnenschirm mit der rechten Hand unter Corsagerie alles abgesucht und durchkratzt. Aber Pulex der Große war längst in anderer Welt, dort wo sich eine wunderbare Allmacht unterhalb des Rückens zu wirklich schöner Betrachtung für die Männerwelt aufwölbt. Kühl war's hier, denn der gewaltige Cul bot Schatten und belieferte die große Erdspalte mit lindem Zephir.

»Nanu?« dachte unser Liebling. »Was wehet denn aus dem Süden? Ein grauslicher Schirocko oder das Säuseln des Regenbogens?« Letzteres war's, denn Madammchen hatte nicht an sich halten können bei all der Aufregung. Sie war ja so was von den Nerven runter, daß sie ihr Pflichtgefühl und ihren hohen Adel vergaß und Menschliches aus sich heraus ließ, was, wie wir soeben gelesen haben, unserem Meister Pulex recht angenehm in die Nase stach. Kaum war dieses geschehen, dachte er, daß's Zeit sein müßte, ein wenig Nektar aus dem Elfenbein von Madame zu saugen. Es wässerte ihm das Maul bei all der schieren Pracht, die vor ihm unentdeckt und heimatlos darlag. Ein gewaltiger von wahrer Inbrunst durchbebter Biß... ihm schwanden die Sinne... und Madame schrie laut »auh!« »Das hat man davon, wenn man mit einem Socialdemokraten auf Plausch kommt!« seufzte sie bei sich, während sie Sonnenparaplüh geschickt nach hinten verdrehte und sich kräftig beim Cul in die Oberpobeine kleihte. Pulex war schon längst von der Stätte des Glücks entschwunden und wagte sich nun an das schreckliche Gebiet, wo die Lawa zu sehen ist, weil der Vesuv sie nicht ganz zudeckt. »In das kochende und tötende Brodel hineinstürzen, Rom sehen und sterben!« seufzte unser Liebling. Aber irgendeine Vorsehung hielt ihn davon ab. Es sollte bald noch Größeres auf ihn zukommen.

Madame war eine directe Untertanin Ihrer Majestät, der Kaiserin Auguste Viktoria. Sie war Hofdame und hörte auf einen sehr edlen Namen. Ihr Geschlecht war schon sehr alt, über 800 Jahre, und es hatte im Laufe der großen deutschen Geschichte für viele Schlachten und starke Helden hergehalten. Nun diente sie der Kaiserin, welche aus Schleswig-Holstein eingeheiratet, wo es viele Kühe und reichlich Wiesen gibt, aber auch viel Dummheit und Derbheit. Auguste Viktoria war sehr hehr und hatte ihrem Kaiser vielmals gezeigt, was eine wahre deutsche Mutter ist. Eine Schar glücklicher Kinder war ihrem edlen Leib entsprungen, darunter ein schöner Kronprinz, welcher eine Cecilie nahm, aus Mecklenburg, wo alle Fürsten Franz heißen und in Frankreich wohnen.

Unsere Hofdame mit Pulex am Leibe ward auf Bestellung bei der Frau Kaiserin, halb zwölf. Es war eine sehr milde Unterredung wegen Hoftheater und Garderobe, da dachte Pulex: »Jetzt oder nie!« Und er sprang ab und kam sehr schön auf Dekollertee hinten bei Ihrer Majestät, der Kaiserin, welche noch nichts von ihrem Zuwachse verspürte. Hofdame ward entlassen, da legte sich die Frau Kaiserin vor dem späten Mittagessen noch ein wenig auf Berschere. Und da... in der Gegend des majestätischen Knies auf

der linken Seite ... ein kleiner, süßer Stich wie von Elfen gemacht. Pulex zitterte. Es war seine große Stunde. In das edle Wellfleisch einer wahren Kaiserin hatte er noch nie gestochen. Er fühlte sich wahrlich geadelt und mit neuen Kräften und viel Mut gestärkt. Er lief, so rasch er konnte, den wunderschönen Schenkel Ihrer Majestät zur Höchte, bis er an eine Biegung kam, wo ein Wall von feiner Seide und Kreppdeschiehn Hindernis ward für weiteres Ungestüm. Ihre Majestät hatten das leise Prickeln wohl verspürt, welches den königlich preußischen Schenkel und deutschen kaiserlichen entlanglief. Und sie kam recht sinnig auf Traum, indem sie dachte, daß es der kleine Finger von ihrem Wilhelm sein könnte, wie vor Jahren, da er noch in Glut und so schön fest und ganz und gar beim Prinzenmachen. Aber das war lange her. Er liebte die Politik und kam nur noch einmal im Jahr auf Tour, wenn Hochzeitstag war und sie ihn aufjückelte, daß er mal beweisen sollte, was ein deutscher Kaiser kann. »Ich bin schon zu alt dafür:« sagte er dann errötend. Sie aber lachte ihn aus und sagte: »Ach, Wilhelm, wieso alt? Auch das wahre Alter kennet seine Schönheit. Noch dieses eine Mal, damit ich weiß, was dir gewachsen!« Dann wurde er sehr edel und bewies ihr seinen Großmut, auch wenn er einen kurzen Arm hatte. An dieses dachte Ihre Majestät, als es so kribbelte. Es kribbelte aber gleich darauf in Merseburg. Da sprang sie auf von der Berschere und schrie »Mich hat ein Floh!« Sie schellte nach der Hofdame und bat händeringend um sofortige Lausung. Alle Kledaschen sanken zu Boden, sie stand nackert, wie sie der Herzog von Augustenburg geschaffen, vor der Hofdame und befahl mit kaiserlicher Stimme: »Suchen Sie!« Nun hub ein inniges Suchen an, nichts blieb außer Achtung, alles mußte durchgesehen und tief durchgeprüft werden, aber es fand sich keine Spalte und kein Platz, wo etwas entdeckt wurde, was zu diesem Vorfall die Bereitung getan.
Da schämte sich Pulex und er beschloß, ein Meertürer zu werden wie viele Christen, als die Römer sie mit Pech übergossen und angesteckt hatten. »Ich bin ein Meertürer!« sagte er tapfer zu sich. Er sang noch schnell: »So nimm denn meine Hände und führe mich bis an mein selig Ende ...« Dann sprang er auf den kaiserlichen Busen, welcher ein sehr gediegener und bildhauerischer war, und wurde mit Zähneknirschen von Ihrer Majestät höchstderoselbst zwischen den Fingernägeln zerschwiemelt. So endete Pulex, wahrlich kaiserlich!

Der Mann wie ein Donnerschlag

Ballenstedt am Harz, den 25. Mai 1907: Großmächtiges Schicksal, daß mir noch einmal dieses ward! Die Knille-Kuhloo ist auf Altenteil, so daß sie nicht mehr spänt. Alle anderen sind nicht mehr hier, was schade ist, indem sie meinen herrschaftlichen Auftritt nicht mehr verfolgen können. Ich habe sieben Kleider und acht Garnituren mit und bin richtig die Ganz-Vornehme. Mein Quartier ist bei Frau Klappenbach, welche eine feine Pension mit acht Chambres und Salon führt. Mein Nachbar ist Herr Geheimrat Schumann aus München, welcher in Mußestunden über Musik schreibt, aber so blöde, daß man den Veitstanz vor Gelächter kriegen kann. Wie kann man auch Schumann heißen – wie der göttliche Robert – und über Musik schreiben! Er geniert sich gar nicht und macht mit seinem Namen Flatulenz, was ihn ordinair auszeichnet. Er ißt den Käse mit Rinde, woran man sehen kann, daß er nicht einmal mit dem Einfachsten zu hantieren weiß.
Ballenstedt, den 26. Mai: Doktor Bierschwale hat mich untersucht und gesagt, daß ich ohne Bepfunde sei, was ich mir auch nicht denken konnte, daß ich zugenommen haben sollte. Ich habe es mit den Lungenspitzen, weswegen ich viel Milch und Grünes zu mir nehmen soll.
Bin ich eine Ziege?
Doktor Bierschwale ist ein Zweihundertpfünder und von gemütlichem Antlitz, weswegen ich mich auch ohne Geniertheit vor ihm ausziehen konnte. Er hat nur mit seinem Telephon das abgehorcht, was er hören wollte. Doktor Bierschwale hat mich zu einer Dichtungs-Offensive eingeladen, an welcher einige Herren von Adel und Geld teilnehmen, die auch hier zur Kur weilen, zum Beispiel ein Herr von Münchhausen, welcher über Garten und Gemüse schreibt und alte Generäle, die aus Preußen kamen. Ich werde mein lindfarbenes Bijou-Kleid anziehen.
Den 28. Mai 1907: Ich bin verloren! Amor hat mir achtundzwanzig Pfeile in den Corpus geschossen. Ich bin dahin ... ganz zerflossen.

Ballenstedt, den 29. Mai 1907: An den Bewußten.
Hochedelgeborener Herr und Poet! Indem ich die Feder ergreife, ergreife ich auch meinen ganzen Mut, welcher einer zarten Frau nicht immer zu Gebote steht, vor allem dann nicht, wenn sie es mit den Spitzen hat, um Euch zu sagen, wie sehr ich von Eurer Poesei angetan bin. Es schmerzt mich tief, nicht eine Zeile davon aufgeschrieben oder gedruckt davon zu besitzen, vom Dichter, der die schönsten Verse geschmiedet und mit seinen schönen Augen gesehen hat, was er damit anrichtet.
Ich bitte den hochedelgeborenen Herren und Poeten untertänigst, er wolle mir bei unbeabsichtigter Gelegenheit ein Gedicht von sich zukommen lassen, sei es, daß es mir zugebracht, aber auch von mir abgeholt werden kann. Ich bin im Augenblick postlagernd, da ich nicht weiß, ob Frau Klappenbach die Briefe vorher einsieht, welche bei mir eingehen, indem sie die Kufferts unter heißem Dampfe öffnet und dann wieder zuklebt, was ich nicht wünsche.
Ich hoffe, daß Sie, gnädigster Herr Poet, mir diesen Wunsch in Erfüllung gehen lassen wollen, was Ihnen Gott und ich zu danken haben. Vielleicht interessiert es, daß ich schon gewissen Umgang mit den adeligen Geschlechtern gepflogen, indem ich zu Hamburg der Frau Königin von Rumänien, Majestät, vorgestellt worden bin, welche auch so schöne Gedichte macht. Dieses wollte Ihnen mitgeteilt haben Julie Schrader,
zur Zeit Pensionistin bei Frau Rat Klappenbach, Wiesenstraße 2, Hier.

Ballenstedt, den 1. Juni 1907: Mein liebes Buch der Geheimnisse, Du wirst Augen machen, wenn Du nun erfährst, daß der Herr Baron mir eine gründliche Aufwartung gemacht hat, in verfolg derer mich eine plötzliche Unruhe befallen hat. Er wird doch nicht ...? Ich sage Dir: er hat. Feuer hat er gefangen. Das habe ich an seinen Gesten und Worten wohl bemerkt, welche die eines Gymnasiasten waren. Mecker-mecker ... sagt die Ziege. Mecker-mecker ... sagt der Bock. Mecker-mecker ... sagt der Herr Baron, welcher von guten Eltern ist!
Ballenstedt ist meine Fügung. Ach, Emil ...! Dein gedenk ich, treuer Ritter, da Du für eine Zeit die Beugen meines Lebens übtest. Und jetzt mir der ...? Da will ich Gott danken, daß er mich geschaffen hat für den Adel, welcher höher ist denn alle Vernunft. Amen.
Den 2. Juni 1907: Er hat vor mir auf den Knien gelegen. Und ich habe ihn zu mir hinaufgezogen. Mein Specht, Du weißt, wo Du klopfen

mußt? Oh, ich schöner Baum...! Wieviel Spechte werden es noch sein, die mich zur Wohnung nehmen? Dieser ist ein Buntspecht, denn er hat einen roten Rücken und grüne Federn, und am Schwanz ist sein Gefieder plusterig und albern.

Den 3. Juni 1907: Kaum war der Morgen da, da hat er mich verlassen, damit es nicht auffällt. Er ist von dem Balkone wie ein Dieb. Mein Räuber, Du! Was hast Du alles mir geraubt in diesen paar Tagen. Bis nächsten Dienstag bin ich bankerotta, so Du mich weiter plünderst, mein Helot. Willst Du mit mir Tannenbaum spielen? Die Glöckchen schellen? Dich in den Kugeln spiegeln? Mit Engelhaar Dich umspinnen? Die Wunderkerzen anzünden? Wie das... mitten im Sommer, da Amor nackigt durch die Auen zieht und keine Influenza seinen Körper schindet? Oh, Du machst alles in mir durcheinander. Ich weiß nicht mehr, ob gestern Ostern war und morgen Pfingsten ist. Vielleicht, mein Schatz, ist übermorgen Totensonntag. Dann ist es aus mit Glockenschlag und duft'gen Blumen.

Sag' einer mir, es gäbe kein Rezept für Mürbeteig: Ich bin es selber, die aus dieser Sache geknetet... und fein belegt mit köstlich' Obst von deutschem Adel!

Ballenstedt, den 5. Juni 1907: Gott steh' mir bei, ich bin verhext. Schon morgen steht es in der Zeitung, daß ich zu einer Dreschmaschine worden bin.

Den 7. Juni 1907: Mein Pavian kommt heute zum Tee. Ein Zoo diese Welt: Ich werd' ihm Zucker geben... aus der Hand. Er schleckt sie sauber bis zum letzten Rest!

Den 7. Juni abends: Mein Herzensaffe! Kein Zucker mehr, das Obst dahin. Ich denke an die Schalen der Banane... Des Lebens Abfall, und ich habe es mit den Drüsen.

Den 8. Juni:

Münchhausen!
Mann wie ein Donnerschlag,
Dichter, der Lob Du singest.
Ach, ich denke an den Tag,
Da Du mich hold empfingest.

Münchhausen!
Mann wie ein Herostrat,
Sänger, Du singest vom Leben.
Ach, welch eine schöne Tat,
Da ich mich Dir ergeben.

Münchhausen!
Mann wie kein zweiter Mann,
Lieber, der zart Du lenktest.
Ach, ich seh' das Bildnis an,
Das Du einst mir schenktest.

Münchhausen!
Mann, der die Sehnsucht kennt,
Morpheus, laß' mich entschlafen.
Wenn mein Lebenslicht verbrennt,
Soll mich Dein Herz bestrafen.

Ballenstedt am Harze, den 10. Juni 1907: Er liebt mich rasend. Es ist schon fast eine Strafe, unter seinem Augenmerk zu stehen. Da hat er einen Freund, welcher Sygmar heißt und aus Schweden stammt. Der fällt mich auf der Straße an und sagt, ob es mir gut bekäme. Seine Deutscherei ist schlecht, so daß er es wohl nicht so gemeint hat. Ich habe es *ihm* gesagt, da war er außer sich und will Sygmaren verachten.
Der Junker aber flüsterte seinem Freund ins nordisch-edle Ohr: »Sie ist wie frisches Brot, backofengebacken auf dem Lande; knackige Kruste gebrochen; Inneres von ihr: famos! Selbiges erlebt; viel unaufgegangene Hefe, aber ein Duft, ein Aroma! Von keinem Stück dieses ›Brotes‹ Kügelchen gedreht. Céleste . . .! Das liegt auf der Zunge wie edel Weinschaum und Bergamotte. Ganz rasender Roland, mein Lieber. Galopp, Galopp! Feste soll man feiern, wie sie fallen, wie?«
Währenddessen widmete sich Julchen ihrer Lebensphilosophie, die sie in einem besonderen Tagebuch, Wie dieses Leben auf mich wirkt *betitelt, niederlegte.*
Da heißt es:
Es geht Montag auf Montag und Dienstag auf Dienstag bis zum schnöden Sonnabend, welcher recht bald einen weiteren Sonnabend nach sich zieht wie ein Schnupfen gelegentlich eine dumme Influenza. Wo käme ich dahin, durchlitte ich all diese Tage wie ein Köhlerweib?
Nein, nein! Ich gestehe Euch, geliebte, lauschige Seiten dieses Buches: Ich erhebe die Tage, mache das Dumme zu goldiger Kurzweil und lade mir Amor ein, daß er mich entzücke und ich ihn.
Nun freilich wissen wir, daß der kleine Liebesmeister auf dem Olympe zu schaffen hat, wo er sich die dicken Göttinnen gefügig

macht, welches ihm Kraft und Mark kostet, denn die Liebe der Dicken erringt man wie einen gewaltigen Berg, welcher arge Klippen und schnöde Tücken hat, was auch dem lieben Wolfgang Goethe bei der Frau von Stein passierte, welche mit fleischlichen Pfunden geradezu unmäßig wucherte!

Es kann mir also der liebliche Amor beim Billard des Lebens mit seiner Queue keine Gesellschaft geben, tut er doch erhabenen Dienst an seinen Vorsteherinnen und Meisterinnen.

So labe ich mich denn an seinen Boten, welche zahlreich in der Welt sind und sich in mancherlei Gestalt entpuppen.

Siehe, da ist der keusche Dichter, welcher zum Pfau wird, wenn ihn der Morgenröte Liebesfinger anrührt. Ist da nicht auch der Konditor, welcher seine Zuckerspritze auf die rohe Torte lenkt, da er nun aber plötzlich angefüllt wird mit Liebes-Tollheit... die Garnierung verdirbt und mir seinen Zucker in den Mund drückt, daß mein Labegaumen die Wohltat aufsäugt wie das Kitz sich am Zitz der Mutter verlustiert...!

Und kommt nicht auch – sage und schreibe – mein Landmann am Mittwoch, welcher uns Rebhühner und Fasanen anbietet! Hach, Freunde, es mischt sich fürstlich sein Hautgôut mit den Düften des Wildbrets, daß Du nicht weißt bei der Vermengelierung, welches ihm und welches dem Truthahn zugehört. Oh, welch köstliche Tage, mein Heils-Kalender...

Soweit die leidenschaftliche Chronistin über ihren Wochenablauf. Wir bemerken sogleich, daß sie den Sonntag ausgespart hat. Vielleicht liegt es daran, daß sie mit diesem Tag Besonderes anzufangen gedachte. Das Poem Moral *gibt darüber Auskunft:*

Und in der Sonntagsfrühe
Will ich moralisch sein.
Vielleicht bringt diese Mühe
Mich in den Himmel rein.

Selbst in dem bösen Spiegel
Will ich mich nicht beseh'n.
Der teuren Salben Tiegel
Laß' ich verächtlich steh'n.

Den Kaffee ohne Sahne
Trink' ich um halber acht.
Ich rieche nicht die Fahne,
Die Otto mitgebracht.

Da liegt das Ohrgehänge
In seiner güldnen Pracht.
Und auch des Mieders Zwänge –
Sie werden heut' verlacht.

Die heil'ge Genofeva
Ist nichts an meiner Seit'.
Ich bin so keusch wie Eva
Noch vor der Apfelzeit.

Ja, in der Sonntagsfrühe,
Wenn ich moralisch bin,
Dann hat der Teufel Mühe
Zu ändern meinen Sinn.

So wollte Julchen den Sonntag heiligen: Es ist der Tag, an welchem sich der Mensch schonen soll. Er soll nicht pflügen, dreschen und nicht prassen und nicht allzu viel lieben... nur ein Quentlein, damit das Herz nicht zu kurz kommt. Aber: er soll sich der Muße hingeben wie ein feiner Prinz seiner Kurtisane, er soll im Dämmern den geheimnisvollen Stimmen lauschen, welche um uns herum sind in Fülle, er soll dichten und nachdenken und Gott, dem Herrn, nahe sein... wie es auch unser sehr geehrter Louis Harms gesagt hat. Und wer so dem Gotte nahe ist, den sucht er heim mit Sonntags-Gedichten.

So ein Sonntagsgedicht Julie Schraders ist das »Drama«, das die Überschrift Die Natter *trägt.* Mein Herzensbarönchen hatte mir gesagt, ich solle einen Roman von Sienkiewicz lesen, welcher mit Kaiser Caesar von Rom und der Cleopathra zu tun hat. Ich habe ihn gelesen. Und ich finde, daß zu diesem Monarchen viel schöner die Nofretete gepaßt hätte, indem sie edler und spendierfreudiger war als die Cleopathra, was mir Herr Rat Böhme in Bremen gesagt hat, welcher die Geschichten studiert hat und sie am Gymnasium den Jungens unterbreitet.

Die Natter

Caesar sprach zu Nofretete:
»Pan bläst auf der Silberflöte!
Laß' uns dieserhalb hienieden
Wandeln durch die Pyramiden.

An der Gruft mit Hohenpriestern
Soll die Liebe uns verbiestern!«

Nichts gibt es für Nofretete,
Das sie heute lieber täte.
»Herzchen«, haucht sie, heiß von Sinnen,
»Gerne will ich mit Dir minnen,
Schenkst Du mir den güld'nen Käfer
Von der Witwe Nefer-Nefer.«

»Jedermann soll die Juwelen
Prunkend Dir am Busen zählen!«
Rufet Caesar. Ach, wie lüstern!
An die Gruft mit Hohenpriestern
Kommen beide äußerst schnelle.
Schon mißt Caesar mit der Elle.

Bei der Liebe holdem Klange
Wacht im Grabe auf die Schlange,
Die seit Adams Sündenfalle
Naget an der Menschheit Galle.
Keiner dieser holden Gatter
Sieht die aufgebäumte Natter.

Plötzlich schießt das Biest in fronto
Wie die Schuldzahl auf dem Konto,
Sticht die arme Nofretete,
Die sich färbt wie Rote Beete.
Caesar fragt: »Was macht Dich zagen?
Ist genant Dir mein Betragen?«

»Nein!« haucht sie, »Verehrter Gatter,
Es war nur der Stich der Natter...«
Caesar: »Darob sei nicht bange,
So sticht jede Römer-Schlange.
Bald läßt sie zufrieden dich,
Siehste woll, schon krümmt sie sich!«

Doch das Gift läßt sie erbleichen.
Hin ist sie. Kein Lebenszeichen!
Schweiß perlt auf des Caesars Glatze,
Als er auf sie blickt en face.
»Nofretete, komme wieder!«
Schon erstarren ihre Glieder.

Tod ist hier der letzte Gatter.
In die Gruft entflieht die Natter.
Einer von den Hohenpriestern
Läßt mit Geisterstimme flüstern:
»Trauer kommt Dir, Mensch, und Plage,
Liebst Du auf dem Sarkophage!«

In ihrem Buch der Geheimnisse vermerkt Julchen nach der Abtreibung dieser Strophen von meiner Seele:
Der liebe Gott hat eine riesige geistige Klistierspritze, welche er, wenn du zum Schlafe abgesunken und die Welt nicht mehr verspürst, in Deinen Dichtermund hineinbringt, um Dir den wunderbaren Balsam in den Körper zu tun, welcher es macht, daß Du die Genien erblickst und mit ihnen poetischen Umgang hast. Auch ist es der Sinn und die wohltuende Wirkung des Balsams, daß er in Dir die lieblichen Gedichte schafft, welche nun aus Deinem Munde hervorquellen wie ein Zauberbach. Es quirrlt und hat nichts gemein mit dem häßlichen Odem, welchen der gewöhnliche Kutscher ausstößt, welcher nicht Gottes Klistier empfangen und daher ohne poetische Macht bleiben muß, was auch dem Herzog oder Kaiser so ergehen mag, wenn Gott ihm die Ladung nicht reichen möchte. Da gleichen sich dann Kutscher und Kaiser.
Ballenstedt, den 17. Juni 1907: Der Kuchen geht auf! Riecht Ihr es nicht, Erynnien, Elfen, Neidgeister? Ja, ja, ich bin geliebt... und wie! Wir tümmeln uns wie die Papageien... und einer sagt nach, was der andere ihm vorsagt. Mein Junikäferchen, mein Herzensbaron, mein Dichter.
Und Du hast keinen Blinddarm mehr...! Welch eine hübsche Narbe! Alles an Dir ist hübsch. Oh, könnte ich Millionen von Narben an Dir suchen, ich würd' nicht müde, es zu tun.
Den 18. Juni 1907: Und seine Frau Gemahlin? Er bricht ihr die Treue. Das sechste Gebot ist ein Satansgebot! Es stimmt nicht hinten und nicht vorne, wo es bei mir und bei *ihm* – Gottlob! – stimmt.
Den 19. Juni 1907: Ich liebe die Blume Je-länger-je-lieber! Sie ist mein Patron! Sie rankt um meine Sinne. Ich bin von Sinnen! Und der mich von Sinnen bringt, ist noch mehr von Sinnen. Wie sinnlos!
Ballenstedt, den 21. Juni 1907: Er ist auf Sygmar eifersüchtig. Gut! Gut! So bleibt der Braten frisch und die Soße läuft nicht aus.
Den 22. Juni 1907: Er hat gesagt, daß ich eine Naive sei. Ich will's ihm zeigen!

Den 23. Juni: Ich habe es ihm den ganzen Tag gezeigt. Jetzt kann ich sagen: Naiv ist er! Nicht einmal das naivste französische Kartenspiel versteht er. Nun gut: bis zum nächsten Wochenende wird er in »Neunundsechzig« perfekt sein.
Den 26. Juni: Perfekt ist kein Ausdruck! Bald kommt er verkehrt herum die Tür herein. Ich bin eine gute Lehrerin.
Den 27. Juni 1907: Er hat es mit dem Magen. Sagt er. Ich weiß aber, womit er's hat! Es ist kein guter König, der soviel regiert, daß er zuletzt die Krone verliert. Er wird ein wenig fade.

Des Lebens Tinte

Das ist des Lebens Tinte,
Von Gott für Dich gemacht.
Du tunkst hinein die Feder,
Bei Tag und in der Nacht.

Mal tunkst Du ziemlich kräftig,
Mal tunkst Du zart und lind.
Du tunkst Dein ganzes Leben:
Im Alter und als Kind.

Das ist des Lebens Gallus,
Den Du am Sticken hast.
Mal bist Du sehr ihm dankbar,
Mal ist sein Fluß Dir Last.

Ach, liebe, gute Tinte,
Du schaffst Dich um mich sehr.
Du regelst meine Briefe
Und meinen Hauptverkehr.

Ist einst das Faß am Ende,
Dann, Tinte, bist Du hin.
Du darfst Dir aber sagen:
»Ich floß nach Amors Sinn.

Ich floß aus lauter Liebe,
Aus milder Herzlichkeit.
Jetzt bin ich Himmelstinte,
Das Blau der Ewigkeit!«

Die Boten des lieben Gottes

Ballenstedt am Harze, den 15ten Mai 1898

Liebste schönste Grummuttée!
Wenn Du fragst, daß ich mich fromm und redlich tue, so will ich Dir schreiben, daß Ballenstedt am Harze besonders fromm und redlich macht und Dich zu schöner Andacht zwingt. Der liebe Gott geht hier durch die Wiesen und sitzen die Engeln auf den Bergen, von welchen Dir Hilfe kommt. Frau Knille-Kuhloo sagt auch, daß sie Gottes Allmacht jeden Tag spürt und er ist immer bei ihr alle Zeit und sie fühlt sich gesegnet.
Ich fühle mich auch gesegnet. Wenn wir gegessen haben, senkt sich der heilige Geist auf uns nieder, daß Du die Stachelbeern oder Puntich *(Pudding)* nicht mehr anrühren willst und auch Frau Vorsteherin sagt, Stachelbeern mit heiliger Geist soll man nicht essen, erst anderntag, wo es sie dann nochmal gibt. Der Herr Pastor ist hier ein Herr Pfarrer, aber auch nicht katholisch und hat es dick im Fleische.
Er predigt sehr lange, aber schön von Worten und singt auch schön, daß es Dir in die Knie geht und Du ganz schwach bist. Vorige Woche hat er mir die Hand auf den Kopf gelegt und gesagt, daß ich ein schönes Schäfchen bin. Er kennet seine Schafe und weiß, wo sie gesegnet sein wollen. Ja, der liebe Gott ist in mir und nun weißt Du es ganz gewiß, daß ich fromm und redlich bin. Gehet hin in alle Welt, auch nach Ballenstedt am Harze!
Es grüßt Dich vielmals Dein Töchterlein Julie, Pensionistin.

Ballenstedt, den 20ten Junius 1899

Liebste beste Grummuttée!
Herr Paf, welches der Pfarrer von hier ist, der neu, sagt, daß ich Dich vielmals grüßen soll. Du stehst im Herrn, welcher Himmel und Erde gemacht hat. Ich stehe auch im Herrn und im Herrn Pfarrer Paf, welcher ein sehr schöner Mann ist, noch nicht auf Ehe und sehr von größter Tugend.

Lenchen Sutitt macht ihm schöne blaue Augen, die er aber nicht will. Er ist überhaupt nicht auf Augen, auch nicht auf den Küster, der zuviel Bier trinkt und Plattfuß hat.
Sage Emmakindchen, daß sie »Goldene Äpfel« lesen soll, was eine Erbauung ist. Du hast ja die Äpfel auf Deiner Commode, daß Du sie ihr geben kannst. Willi ist für die Äpfel noch zu klein, aber wenn er schießt, kannst Du sie ihm auch geben. Unser lieber Louis! Er war einer wie Herr Pfarrer Paf!
Kannst Du mir zwei Mark Kuhrant schicken, daß ich eine Schürze kaufe, wo zum Sticken ist, weil wir dasselbe bei Mademoiselle Klappoteck durchnehmen.
Schicke mir sie bald. Die Gnade des Höchsten thront auf Dich! Deine liebe Julie, Pensionistin.

I

Goldene Äpfel in silbernen Schalen,
Die uns von Gottes Gnade malen,
Louis Harms hat sie gepflückt
Und uns sehr damit beglückt!

Herrliche Verse in munterem Reigen,
Die uns auf Engelshaar was geigen,
Louis Harms hat sie erdacht,
Was uns große Freude macht!

Heilige Worte aus heiligen Schriften,
Daß wir der Mission was stiften,
Louis Harms, der nimmt das Geld,
Zieht damit in alle Welt!

Heiße Gebete aus bebendem Herzen
Züngeln empor zu der Wahrheit Kerzen...
Louis Harms hat sie entfacht,
Gottes Lohn uns ewig lacht!

Trauliche Lieder aus göttlichen Kehlen
Bilden die Chöre von Allerseelen...
Louis Harms stimmt froh sie an,
Unser edler Gottesmann!

Schwärzeste Menschen aus südlichen Zonen,
Die auf den Bäumen in Africa wohnen...
Louis Harms holt sie herunter,
Christi Gnade macht sie munter!

Goldschwere Münzen aus gebenden Händen
Sollen der Mission was spenden.
Louis Harms ist die Mission,
Kniet jetzt längst vor Gottes Thron!

Jauchzende Engel mit wehenden Flügeln
Lullen ihn ein auf den ewigen Hügeln...
Louis Harms in Gottes Huld
Schläft für aller Menschen Schuld!

Erst die Geräusche von lauten Posaunen
Holen ihn wieder aus himmlischen Daunen...
Louis Harms, beim Jüngsten Gericht
Spürst Du den Zorn des Herren nicht.

Himmlische Glori in silbernen Schalen
Tut für Dich entgegenstrahlen!
Louis Harms, Du bist erweckt...!
Mission hat dies bezweckt.

II

Ode auf Pastor Louis Harms, dem Hirten der Heide, zu Hermannsburg, dem Jünger Christi, welcher die Mission erfand, auf daß alle, die an ihn glauben, nicht verloren werden. Amen.

Durch die stille, braune Heide,
Wo die Birke einsam steht,
Schweißgebückt im Pfarrerskleide
Jemand durch die Fluren geht.

Auf dem Rücken, dem gebeugten,
Trägt er eine schwere Last:
Sünden, welche and're zeugten,
Drücken ihm die Gurgel fast.

Ach, er trägt sie ohne Murren,
Denn er ist ein Heiliger,
Durch die Auen, durch die Fluren,
Fraget nicht: »Wer ist denn der?«

Wißt Ihr's nicht, Ihr Menschenkinder,
Wer sich da für Euch so müht?
Ach, Ihr armen, armen Sünder...,
Finster seid Ihr im Gemüth!

Sonne scheint ihm auf die Stirne,
Schweiß sich dort zusammenwringt.
Doch in seinem heil'gen Hirne
Er nur fromme Lieder singt.

Ja, er ist's! Er ist der eine,
Der für uns die Lasten trägt!
Unter seinem Heil'genscheine
Großes Herz Vergebung schlägt!

Oelerse, den 20. August 1927

Sehr geehrter Herr von Schweinitz!
Es ist sehr aufmerksam von Ihnen, daß Sie sich meiner erinnern. Wie haben Sie denn nur meine Adresse herausgekriegt? Wegen meiner Dichtungen muß ich Ihnen leider abschreiben, will aber für das Gedächtnisbuch auf A. gern ein Gedicht beisteuern, was ich in diesem Juli geschrieben habe. Vielleicht gefällt es Ihnen.
Mit besten Wünschen Ihre Julie Niewerth, geb. Schrader.

Über den Sternen, da wird es einst tagen
Da wird Dein Hoffen, Dein Sehnen gestillt
Was Du gelitten und was Du getragen,
Dort ein allmächtiges Wesen vergilt –

Über den Sternen, da schwindet die Täuschung
Da siehst Du alles enträtselt – enthüllt –
Was Du erwartet, des Himmels Verheißung –
Dort wird es herrlich und ewig erfüllt.

Über den Sternen, da finden sich wieder – –
Wesen die feindlich das Schicksal getrennt – –

Dort sinkt die hemmende Scheidewand nieder
Seele und Seele sich freudig erkennt.

Über den Sternen, da wehen die Palmen
Himmlische Kühlung, o Dulder, Dir zu
Engel begleiten mit heiligen Psalmen
Totmüde Herzen zur ewigen Ruh – – –

Juli 1927
Julie Niewerth

Alter Knecht der Liebe

Die Ballade von der Weihnachtskraft

Nun ist der Tag des Licht's erschienen,
Wie glänzt die Stube hell und schön!
Und selbst auf den Moireegardinen
Kann man den Weihnachtszauber seh'n.

Erfrischt sind alle Sophakissen,
Der Pitschpien ist gesalbt mit Wachs.
Wie hat die Hausfrau büßen müssen!
Nein, Weihnachten, das ist kein Klacks!

Bevor sie mit der Glocke bimmelt,
Damit Bescherung wird vollbracht,
Hat sie den Gatten angehimmelt,
Wie sie's schon viele Jahre macht.

»Nun führ' herein die schönen Knaben!«
Sagt sie zu ihm. »Das Personal
Soll nachher auch ein wenig haben,
Jedoch im Domestikensaal!«

Er hört ihr Wort und ist betroffen.
»Lass' sie doch heut' zu uns herein!
Es gibt doch nur ein Weihnachtshoffen,
Gleich, ob man reich oder gemein!«

»Mein Wilhelm!« ruft sie schier entgeistert.
»Was kommt dir da in deinen Sinn?
Ich habe alles wohl gemeistert,
Erlaube, daß ich müde bin!

Ich will jetzt keine Domestiken.
Wir bleiben in Familie.
Soll Knecht und Magd ich nun erblicken?«
»Du bist sehr hart, Ottilie!«

Die Knaben wollen nicht mehr warten,
Sie stürzen in den Weihnachtssaal,
Wo ihre Eltern offenbarten,
Wie schön und hoch die Contozahl.

Auf Wilhelms Stirne liegt Verdrießen,
Er möchte mit dem ganzen Haus
Den Weihnachtsabend froh genießen.
Ottilie schimpft ihn darob aus.

»Weißt du denn nichts von höh'rem Stande?«
Schreit sie beim hellen Kerzenschein.
»Ich finde deine Art blamande,
Du mußt von nied'rer Herkunft sein!«

Da spricht er ohne Federlesen
In klarem, starkem Männerton:
»Bevor ich Milljonär gewesen,
Da war ich einer Waschfrau Sohn!

Ich habe ziemlich hart gewerket,
Eh' ich zu dem Vermögen kam,
Das meine Positur gestärket,
Mit der ich dich zur Gattin nahm!«

Ein Schrei ertönt von ihren Lippen,
Die Knaben sind der Ohnmacht nah'.
Sie drohte auf den Stuhl zu kippen,
Weil sie sich so ernied'rigt sah.

»O Gott!« ruft sie. »War ich verblendet?
Ich war für einen Fürsten gut!
An wen hab' ich mich da verschwendet
In aufgewühlter Liebesglut?

Ich kehr' zurück zu meinem Vater,
Und auch die Knaben nehm' ich mit!«

Sie macht noch stundenlang Theater,
Doch Wilhelm denkt bei sich: »Igitt,

Was ist denn das bloß für ein Drachen,
Den ich zu meinem Weib gekürt?«
Der Anblick aller Weihnachtssachen
Hat ihm die Kehle zugeschnürt.

Er fragt nicht mehr nach ihren Worten,
Geht in die Küche, wo am Herd
Die Domestiken Äpfel schmorten,
Wie man sie Weihnachten verzehrt.

»Ach, laßt mich mit euch Äpfel essen!«
Schluchzt er. »Dann hab' ich endlich Ruh'!
Ich will den Reichtum rasch vergessen.«
Er langt auch wirklich kräftig zu.

Da er gespeist, gibt er fünf Märker
An jeden ohne Unterschied,
Denn seine Weihnachtskraft war stärker
Als die der Gattin, die ihn mied.

Sie raffte noch an jenem Feste,
Was alles sie nur raffen konnt'.
Zurück ließ sie verschied'ne Reste,
Um die es sich zu müh'n nicht lohnt.

Doch Wilhelm tat das Herz nicht brechen,
Ging mit der Magd ins Gotteshaus,
Um mit dem heil'gen Geist zu sprechen.
Ihm schüttete das Herz er aus.

»Du hast dich mit Vernunft entschieden!«
So spricht zu ihm die höchste Kraft.
»Es ehrt dich, daß du nicht gemieden
Zur heil'gen Nacht die Dienerschaft!

Von wahrer Weihnachtskraft durchdrungen,
Hast du die heil'ge Schrift erfüllt!«
Dann hat er »Stille Nacht« gesungen.
So ward' des Frommen Leid gestillt.

Und als der Klingelbeutel schließlich
Vor seinem Leibe machte Halt,
Da hat der Wilhelm unverdrießlich
Dreitausend Mark hineingezahlt.

Der edle Spender hochbeherzt
Schritt heim in seine Wohnung;
Man sieht, daß er schon wieder scherzt.
Und himmlische Entlohnung

Ward Neujahr seinem Leib beschert,
Als ihm die Magd bekannte,
Daß sie schon lange ihn begehrt.
Darauf er flugs entbrannte.

Der Schnee

Der Schnee fällt auf die Türme,
Fällt auf die Dächer gar.
Welch' märchenhafte Stürme,
Wie ist das wunderbar!

Er fällt Dir auf das Haupte
Und krönt Dich hehr und licht.
Du bist die Vollgestaubte
Und kennst Dich selber nicht.

Bald hängt am Ohr Dir Eise,
Die Nase tröpfelt schlimm.
Du hörst der Eng'lein Weise:
Klimbim! Klimbim! Klimbim!

Du siehst nicht mehr die Orte,
Die sonst im Schmutz erstarrt.
Wie Sahne auf der Torte
Liegt unser Schnee. Apart!

Der Erde wildem Fluche
Hat die Natur gebeut.
Mit ihrem Tafeltuche
Hat Dunkles sie zerstreut.

Ja, lieber Schnee, Du milder,
Du änderst uns're Welt.
Ich hab' mir tausend Bilder
Von Deinem Fall bestellt.

Knecht der Liebe

Vielgeliebter Nikolaus,
Alter Knecht der Liebe!
Holst Du Deine Rute 'raus
Und versetzt mir Hiebe?

Wo ich doch so tugendsam
Und so voll Gebete,
Frömmer noch als Abraham,
Ete und petete!

Ach, Du drohst mir schelmisch nur,
Stellst mich auf die Probe?
Das ist eine böse Tour,
Die ich mir nicht lobe!

Öffne lieber Deinen Sack,
Zeig' mir die Presente!
Ist da nichts nach mein'm Geschmack,
Zahlst Du Alimente!

An Sankt Nikolaus

Morgen kommt Sankt Nikolaus,
Bringt mir gold'ne Nüsse,
Chocolade, Knusperhaus
Und des Himmels Grüße.

Was er hat in seinem Sack,
Tät' mich int'ressieren.
Er trägt diesen huckepack
Ohne zu schimpfieren.

Gottes Wunder füllt ihn neu,
Ist er ausgeplündert.
So empfängst Du allzeit treu
Weihnacht unvermindert.

Soldatenweihnacht

Was schenkt Euch heut' der Kaiser
Zum heil'gen Weihnachtsfest?
Ein paar verkrümmte Reiser
Und einen Kürbisrest?

Den Saft von Roten Beeten,
Der Euer Blut ersetzt?
Er segnet die Musketen,
Weil er das Töten schätzt!

Und Halleluja-Strophen,
Die singt er für Euch laut!
Im großen Todesofen
Ihr bald das Jenseits schaut.

Da gibt es keinen Kaiser
Und keine Weihnacht nicht.
Dort ist auch niemand heiser
Und ohne ein Gesicht.

Dort wachsen wieder Beine,
Die Euch der Kaiser nahm.
Das kommt von ganz alleine.
Dort gibt es Fett und Rahm!

Dort gibt es wieder Weihnacht,
Wie's früher Ihr gekannt.
Ein Paradies, das frei macht,
Regiert von Gottes Hand.

Hermann

Suderburg, den 12. Dezember 1911: In diesem Neste, welches an die zweihundert Einwohner und sieben Spitzbuben hat, findet man eine originelle Schule, welche sich Wiesenbauschule nennt. Sie ist behufs Erbringung von besserem und vermehrtem Heu eingerichtet worden, weil ein gewisser Hillmer es vor Jahrzehnten in Erfahrung gebracht hat, daß man unter gewissen Umständen von einer Wiese statt zwei Fuder sechs Fuder Heu kriegen kann. Die Umstände sind mit dem Wasser verquickt, welches man durch eine Drehnage preßt und dann wieder losläßt. Und davon kommt das viele Heu. Die Herren, welche das Wiesen-Institut besuchen, pflegt man als Scheulers zu bezeichnen, was eine plattdeutsche Veränderung des hochdeutschen Begriffes Schüler ist. Sie sind aber keine Schüler im eigentlichen Sinne, sondern so etwas wie halbe Studenten, weil die Wiesenbauschule zwischen einer gemeinen Schule und der Universität schwankt, was auch daraus hervorgeht, daß sie ganze gemeine Dorfschullehrer zum Unterricht haben, aber auch Menschen von höherer Bildung, welche Rat heißen und manche auch Doktor genannt werden.

Obwohl sie nur halbe Studenten sind, machen sie doch einen famosen Eindruck, indem sie nämlich sehr naiv und prall sind, meist vom Lande kommen und sehr viel Geld in den Taschen haben, was sie schnell wieder ausgeben in den Kneipen des Dorfes, die schlimmer als die Lasterhöhlen in Berlin und Bremen sind, weil man in ihnen nichts gewinnen kann als ordinaires Bier und klaren Schnaps, den sie Köhm nennen, weil er ihnen so gut bekömmt.

Die Scheulers veranstalten einen Ball, an dem Julchen mit ihrer Schwester Emma und ihrem Schwager Bernhard teilnimmt. Ich habe ein Kleid aus Chiffon gewählt, lindgrün, mit vielen Bijous und feinem Pelz, welches man auch robe de cour nennen könnte, weil es in Berlin hergestellt und für höchste Anlässe geschaffen wurde.

Mit robe de cour fällt unser Fräulein ganz und gar aus dem Rahmen des dörflichen Balles, zu dem sie ein Herr Niewerth führt, der von edler Positur, eckiger Deutlichkeit im Gesichte und sehr klug redet, obwohl er aus einem Bauernhaus zu Oelerse stammt, welches am Ende der Welt zu liegen scheint. *Herr Niewerth ist sofort von der städtischen Julie beeindruckt.* Wenn er mir die Hand gibt, pflegt er zuvor wieder Glacées anzuziehen, die sonst in seiner Tasche stecken. Wenn keiner zusieht, gibt er mir einen Handkuß, wobei er sehr errötet, denn dieses Manöver ist er nicht gewohnt. Er trinkt mäßig, raucht aber viel, was mir nichts ausmacht, denn das gibt dem Manne erst das richtige Parfum. Es geht nichts über Männerhosen und Jaquets, die vollgesogen sind von Priem und Beize. Da hat mich der Herr Gutsbesitzer Beplate zum Tanze gefordert, welcher eine stattliche Figura macht und ein studierter Mensch ist, und mir gesagt, daß ich eine Zierde des Balles sei und die Palme des Abends verdient hätte. Auch alle anderen Honoratioren sind mit mir auf dem Parkette gewesen, was hier von einfachem Pinienholz, aber gewachst ist.

Dann haben sie Polonaise gemacht, welche die Frau Direktor der Wiesenbauschule mit einem der Scheulers angeführt hat. Mich aber hat Herr Niewerth placiert, und er war dabei von solch einer Zierlichkeit und Charmiererei, daß ich's ihm gar nicht zugetraut, denn welcher Bauernsprößling geht schon auf's Eis tanzen!

Nachher hat er mir was ins Poesiealbum geschrieben, was mich sehr erfreut hat. Er ist Feuer und Flamme, doch reserviere ich mich, denn was kann er mir schon bieten, dieser kleine Studiosus. Höchstens einen Muff. Zu einem Mantel wird es nie reichen!

Dann war er hinter meinem Fenster und hat geflötet wie der alte Fritz vor der Mühle von Sanssouci. Doch die schöne Müllerin ist ihm nicht kommen. Wo ginge das denn zu!

Ich bin nun wie zwischen Tür und Angel, Himmel und Erde, Gott und Teufel, Syrup und Schmalz... Er ist sehr ehrlich und reingescheuert, macht sich tadellos, aber ich brenne nicht. Werde ich durch ihn der Tannenbaum, der weithin strahlt und ein Gleichnis der Schönheit und Liebe ist? Ich weiß es nicht und finde keine Ruhe. Sie ist hin! Wahrlich. Ist das die rechte Liebe? Sie kommt auf Sammetsohlen und nicht so tölperich und mulschflötterig. Diese Liebe ist wie Mandelseife auf meinem Körper, ach, so milde und fromm. Ist das das Richtige für mich? Ich brauche doch den Stier, der Europa ohne Hindernisse nimmt, den Schwan, der Ledas Grotte mit einem Stoß aufstößt. Dieser Hermann? Ich werde ihn und meine Gefühle für ihn ein wenig auf die lange Bank schieben. Dann mag sich ergeben, ob dieser Geschobene mir bestimmt ist oder nicht. Die Liebe, welche so einfach zu nehmen ist, ist nichts für mich. Nicht ich will nehmen, sondern will genommen sein.

Blankenese, den 18. April 1912

Mein Hermann!

Rosenfinger lacht am Morgen,
Kosemund bringt Glück herein!
Fort der Kummer, fort die Sorgen,
Dafür aber Sonnenschein!

Ach, ich bin geliebt, wie selig!
Dieser eine ist mir gut.
Und ich sehe ein allmählich,
Was mir solche Liebe tut!

Feingewickelt im Papiere
Haucht mich Marzipänchen an!
Gar nicht ich mich mehr geniere:
Schwupps, der Happen ist vertan!

Ach, es war ein Liebeshäppchen,
Das mir jetzt im Magen ruht!
Rosenfingers Ohrenläppchen...
Kosemund es gnappeln tut!

Jetzund folgt ein Stück mit Nüssen,
Wundermild liegt es im Mund!
Meine Zunge tut es küssen,
Bis es aufgeweicht im Schlund.

Noisette! Himmelstörtchen...!
Ach, was schlecke ich Dich ab!
Allzuviel ... Ein stilles Örtchen
Wird alsbald Dein kühles Grab!

Phybe

Ich schreite mit Dir, mein Süßer!
Ich bin Dir, was Du willst!
Seh' ich Dich gar als Büßer,
Der alte Taten filzt?

Nein, Goldchen, lass' die Finger
Von der Vergangenheit!
Die alten, bösen Dinger
Vergißt man mit der Zeit!

Denk' nur an Deine Liebe,
Die Dir so üppig blüht!
Es grüßt Dich Deine Phybe,
Die sich in Hochzeit übt!

Blankenese, den 14. September 1912: Manchmal denke ich an den niedlichen, propperen Hermann Niewerth. Er hat jetzt schon zu Suderburg examiniert und geht bald als Ingmann in die Fremde. Vor acht Tagen hat er zu Hamburg geweilt. Da bin ich hin. Er war ganz aufgelöst, ist mager geworden. Ich ließ ihn, wie er ist. Das ist besser. Als er ging, hatte er seine Gamasche verloren...

Die Gamasche

In Hermanns lederner Tasche,
Die mit ihm vom Zuge kam,
Lag eine grüne Gamasche,
Die mir den Atem benahm.

Das war seine Atmosphäre,
Die mir da entgegenkroch.
Wie lange schon ich entbehre
Ein Stück, das nach Hermann roch!

Oh, teure Ledergamasche,
Ich drücke Dich an mein Herz!
So oft ich den Duft erhasche,
Ist Hermann mir gegenwärts.

Ich möchte Dich täglich tragen,
Doch fehlt mir der Männerfuß.
Ich könnte das Schicksal schlagen,
So staut sich in mir Verdruß!

Die Blankeneser Herrschaft ist nicht so recht nach Julies Geschmack:
Herr Klüsenbohm ist ein freundlicher Mensch, aber sehr jähzornig, was immer seine Tochter zu spüren bekommt, die einundzwanzig Lenze alt ist und wie eine Scheuerfrau aussieht. Mir ist er sehr gewogen. Wenn er mir in das Kleid fassen will, spiele ich die Ganz-Feine und mache ihm eine Ohnmacht, wie man sie an keinem Theater der Welt besser findet. Dann ist er aufgelöst und jammert, daß er eine gewisse Kulpa auf sich geladen, was ich nicht ganz begreife, denn diese Kulpa ist mir fremd.
Von wichtigem Belange ist, daß Herr Klüsenbohm mit der herrlichen Poetantin Frida Schanz harmoniert hat. Nun war sie da, die Tochter des Parnaß! Welch eine Fügung des Schicksals, daß ich sie hier erblicken durfte. Sie hat in meinen Blättern gewühlt und sich »Herrn Böhlau« herausgesucht, welcher nun in einem Blatte zu Köln erscheinen wird, von welchem Frau Schanz eine große Meinung hat. Sie hat mir gesagt, daß ich auf dem Wege sei, eine große Dichterin zu werden. Da bin ich errötet und habe ihr heimlich die Hand geküßt. Da hat sie mich gesegnet und ihre Lippen in mein Haar gekuschelt, daß es mir über den Körper gelaufen ist wie heißer Honig.

Blankenese, den 11. Oktober 1912

An meinen Gott!

Dein Bild, so wunderlieb gezeichnet,
Mir jeden Tag entgegenlacht!
Ich bin von aller Welt enteignet,
Hab' einen neuen Bund gemacht.

Ich bin gesegnet durch Dein Leben,
Oh, Trauter, soll ich sagen Dir,
Daß alles, was Du mir gegeben,
Ist Himmelsbalsam und Pläsier.

Ich knote Dich in meine Tücher,
Ich binde Dich in meinen Strauß,
Ich schreib' Dich ein in meine Bücher
Und trage Dich ins Feld hinaus.

Du bist mein Gott, der Herr von Ferne!
Ich knie' vor Dir aus Herzenslust.

Du Kleinod, meine Heilslaterne,
Du Diamant an meiner Brust!

Was ich auch tu', ich tu's um Deiner,
Denn Regung kommt mir nur von Dir.
Im Geiste bist Du etwas kleiner,
Ansonsten aber eine Zier!

Du hast, was nie ich hab' gefunden!
Mein Gott, welch eine Heldfigur!
Um Dich zu lieben braucht man Stunden...!
Mein Herzensmann, wie kömmt das nur?

Du Siegfried, ehern und mit Schwerte,
Trutz' allem Irrwahn jederzeit!
Bin ich für Dich nicht die Verkehrte?
Ach nein! Es ist vermaledeit...!

Wie oft kommt mir in Zagerstunden
So eine schmerzliche Wehmut...
Jedoch: Du hast mich festgebunden,
Du nahmst mich unter Deiner Hut!

Mein Gott heißt Hermann und er meistert
Auch mein Geschick mit kühnem Sinn.
Die böse Welt ist zugekleistert,
Seitdem ich Dein Dorettchen bin.

Ich will in Deiner Lieb' ersterben,
Mein Heiland, sei mir ewig hold!
Du brauchst mir nie den Rücken gerben,
Denn Julchen ist aus lauter Gold!

Blankenese, den 20. November 1912

Oh, Mein Gott!

Im Traum bist Du mir oft erschienen,
Du hast den Mund mit Kuß genetzt.
Wir waren wie zwei munt're Bienen,
Die sich mit Nektar abgewetzt.

Mein Schmetterling, jetzt wird es kalter,
Ganz hart umtost ... Novemberwind.
Ich bin zur Zeit ein Trauerfalter
Und habe bleichen Wangenschwind.

Bringst Du mir Frühling nächstens wieder,
Schenkst Du mir Sommer in das Herz?
Ach, singe mir zwei Liebeslieder,
Dann geht es wieder aufewärts.

Mich kühlt die Trennung, liebster Herold.
Das ist's, was mir zu schaffen macht.
Auch Dialog mit Fräulein Gerold
Kein Feuer mehr in mir entfacht.

Mach' mich entzündet, lass' mich brennen,
In Deinen Armen wie ein Schwel!!!
Du kannst mich – wie Du willst – dann nennen ...
Sei mir der Zucker zum Kanehl.

Blankenese, den 14. Dezember 1912: Hermann Niewerth hat sich wieder durch Brief gemeldet. Er leidet. Ich mit ihm. Oh, Hermann ...!
Den 15. Dezember: Jetzt kommt bald wieder die Bescherung. Ich werde sie zu Suderburg genießen. Oh, Hermann, beschertest Du mich! Nur einen Zuckerkringel aus Deinen Händen, es wäre wie bei Romeo und Julia oder bei Adam und Eva mit dem Paradiesapfel, obgleich wir keine Schlange fürchten brauchen um den falschen Bissen.
Blankenese, den 17. Dezember 1912: Hermann bekniet mich tagtäglich. Er ist bald wie ein Kaninchen, welches das intime Schnuppern nicht lassen kann. Soll ich ihm gefügig sein? Zum Jahresende eine Verlobung? Was ernte ich, was will das Schicksal? Oh, ihr Erynnien von Griechenland, macht mir den Poseidon nicht so stark, damit mein Lebensschiff nicht an den Klippen dieses Mannes birst!

An Hermann:
So sei es. Ich binde mich an Dich, Säule meines Lebens. Führe mich gut, denn ich bin ein Porzellänchen, das leicht zerbrochen ist. Ich

will Dir folgen in Deine Einöde und Dir sein, was Du haben willst: Frau, Himmel und Erde, Göttin und Freundin zugleich, auch ab und an Dein Hürchen, wenn es sein muß.

Blankenese, den 19. Dezember: Noch zwei Tage hier. Ich bin voller Aufregung. Ich gehe einem neuen Leben entgegen. Ich habe es dem Klüsenbohm gesagt, und er hat geantwortet, daß ihm Hermann zuvorgekommen. Ich solle mir's überlegen, ob ich nicht lieber ihn, Klüsenbohm, wolle. Nein, sage ich. Wie kann ich einen Hering wollen, der am Kopfe stinkt und schon den Moder am Schwanze hat? Nun ist Hermann mein Panier. Dorothea wird ihm dienen.

An ihre Schwester Emma schreibt Julie:
Mein Schmuseengelchen! Deine Herzensjule wird demnächst im Himmel landen. Du weißt es, daß ihr lieber Gott Hermann heißt. Ja, ja, ihn will ich jetzt! Ich habe eingesehen, daß Fürsten nicht taugen und Barone, nicht große Dichter und Compositeure, nicht die Diener Gottes, welche den schwarzen Rock über ihrer Keckheit tragen, nicht Kaufherren oder feine Pagen. Nur einer taugt ... und das ist Hermann. Ich will an seiner Seite bescheiden werden und ihm folgen in das einfache Leben, welches mir nun zum Schicksal gesetzt ist.
Wenn es Silvester im Kalender angezeigt ist, werd ich eine Braut sein und einen Ring am Finger tragen. Ach, wie bin ich glücklich! Es herzt Dich Deine demnächstige Braut Julie.

Im Traum erscheinen unserem Fräulein noch einmal die Kavaliere von einst, die ihr das junge Glück streitig machen wollen. Vor allem Vetter Karl raubt ihr eine Nachtruhe:

Pumade

Gestern sah ich Karl im Traum'
Mit sehr scharfen Krallen.
Und er saß auf einem Baum,
Tat nicht runterfallen.

Karl war gar ein Pumatier,
Hatte gluhe Augen,
Wie sie oft mit viel Pläsier
Bei der Liebe taugen.

Haare wuchsen überall,
Selbst auf seinem Rücken.
Seine Taille war recht schmal,
Reizte zum Entzücken.

G'rade wollt' ich streicheln ihn –
Ach, wie war das schade!
Bums! Da war mein Traum dahin,
Aus war die Pumade.

Sie träumte auch von Maestro Paul Lincke. Er hatte mir Wildes im Traume zugeraunt, und ich war aufgewacht, wie durch das Wasser der Elbe gezogen. Ja, wenn ... ja, wenn! Aber mit ihm hat es nicht sollen sein. Vielleicht hätte ich sozialdemokratisch oder katholisch sein müssen, um ihn zu umgarnen. Das Garn der Protestanten ist dafür zu schwach. Dann hätte ich einen Rosenkranz gebetet oder etwas Schweinisches gesagt ... und Paul wäre mein gewesen.

Ich muß zum Herren beten
Den langen Rosenkranz.
Befreit von allen Nöten
Geht's dann zum Lebenstanz.

Die sechste Perl', Marien,
Sei heute Dir geweiht;
Denn abends will ich fliehen,
Weil Liebe in mir schreit.

Mit Paul auf Fliederwegen
Will ich im Monde geh'n.
Es soll mit Deinem Segen
Und Deinem Heil gescheh'n.

Die Hecke von Liguster
Birgt uns im Dämmer dann.
Ach, Paul, er ist ein Muster,
Ein Bild von einem Mann!

Wenn Du, Marie, ihn schautest,
Wie er die Liebe macht,
Du Hütten für ihn bautest
Für das Gebet der Nacht.

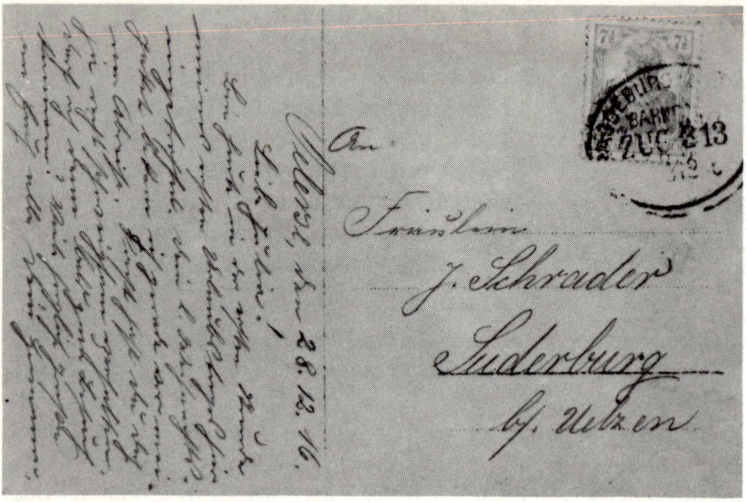

Weihnachten, zu Suderburg, im Jahre des Herrn 1912: Oh, du fröhliche, oh, du selige, gnadenbringende Weihnachtszeit...! Wie schön war die Bescherung, wie schön das alles. In einer Woche wird es noch schöner, wenn Hermann mich beschert!
Zweiter Weihnachtstag: Hermann hat geschrieben und ein Präsent geschickt. Wie liebevoll und sehnsuchtsriechend! Parfum und eine Bauernwurst von seltener Delikatesse, welche ich am liebsten mit ins Bett nähme, was man ja aber nicht tut, weil es eine Wurst ist. Was kann sie dazu?

Oh, Wurst von meinem Hermann,
Oh, Wurst mit Thymian!
Wenn ich in Dich nur beiße,
Sieht mich sein Antlitz an.

Ich sehe Dich in allem,
Was ist auf dieser Welt.
Mein Hermann, Du mein Konto
Mit lauter Liebesgeld!

Suderberg, den 30. Dezember 1912: Noch einen Tag und mein Herz bleibt stehen! Mich hat eine dumme Influenza in den Därmen

gepackt. Kein Doktor, keine Medizin ... die Milben heißen Hermann. Morgen sind sie fort.
Den 31. Dezember 1912: Ah, ah, ah! Dies ist der Tag, den der Herr gemacht hat! Amen.
Neujahr 1913: Wo war ich? In einer anderen Welt? Habe ich das Jenseits erreicht, den siebenten Himmel? Ja, ja! Mein Heiland ist mir kommen. Die alte Welt ist dahin, auf ewig. Nun grünt die neue mit *ihm*. Du machst alles heil für mich: die Erinnerungen, meinen armen Körper, mein Gemüt. Mein Hermann, Du bist meine heile Welt.

...Indem es den rührend kleinbürgerlich-traurigen Hintergrund der auf ungewollte Weise geistvollen Poetantin ins Bild bringt, wird aus einer Schießbuden-Figur ein lebendiger, vom Leiden vor allem an der Weiblichkeit gezeichneter Mensch, fast repräsentativ für ihre Zeit, ihre kleinbürgerliche Klasse, ihr Geschlecht.
(Friedrich Minssen, 21. Juni 1977)

Anni Julie Wessling
Tante Julchen

Erinnerungen schweben stets zwischen Dichtung und Wahrheit. Aber es gibt ja doch einen objektiven Kern, und man merkt immer, wann und wo der Autor von der Wahrhaftigkeit abrückt. Natürlich verklären und verwischen sich im Laufe der Jahrzehnte die Bilder und Ereignisse. Sie vergilben ... und man vergilbt mit. Es gehört allerdings auch zur Optik des Alters, daß die Bilder bisweilen besonders deutlich vor dem geistigen Auge erscheinen. Warum das so ist, weiß ich nicht. Ich habe es nur festgestellt. Als ich jetzt mit meinem Sohn dabei war, das vorliegende Buch zusammenzustellen, da standen mir plötzlich Erlebnisse vor Augen, an die ich lange, lange nicht mehr gedacht hatte. Sie verwirklichten sich praktisch noch einmal.
Ich bin in den letzten Jahren oft gebeten worden, etwas Authentisches über Tante Julchen zu sagen und zu schreiben. Erstens einmal bin ich keine Schriftstellerin. Ich kann's gar nicht so stilistisch einwandfrei und plausibel darstellen, wie ich's möchte. Aber ich dachte doch, daß es gut wäre, dieses und jenes zu sagen, um es der Nachwelt zu überliefern, die ja so enormen – und ich möchte sagen: redlichen Anteil an dem Geschehen um Tante Julchen nimmt. Und außerdem wollte ich's auch meinem Sohn zur Hand geben, denn er kann ja nicht »aus erster Hand« informiert sein, weil er knapp vier Jahre alt war, als Tante Julchen starb.
Demjenigen, der zu den »Jüngern« Tante Julchens gehört, ist bekannt, wie sehr bestimmte Leute darauf aus waren, den ganzen »Julchen-Rummel« – wie sie's nannten – als Legende hinzustellen. Die einen behaupteten, ich hätte die Verse und die Prosa erfunden; andere erhoben meinen Sohn auf den Schild und machten ihn zu »Tante Julchen«. Ich kenne die großen literarischen Fähigkeiten meines Sohnes, aber die liegen nun gewiß nicht auf dem Gebiet der Persiflage oder der Camouflage. Es hat Jahre gebraucht, ehe ich ihn davon überzeugen konnte, daß Tante Julchens Gedichte nicht nur seltener Kitsch waren, sondern Zeit-Dokumente.
Julie Schrader (1881–1939) war meine Großtante, die Schwester meiner Mutter. Als »Welfischer Schwan«, der Titel stammt von

Börries von Münchhausen, oder als »Pusteblümchen«, der Titel stammt vom früheren Piper-Cheflektor Walter Fritzsche, ist sie längst in die Literatur-Geschichte eingegangen. Es rührt mich tief, wenn ich in den vielen Briefen und Kritiken der Zustimmung lese. Wie käme der Verleger Unseld vom Suhrkamp-Verlag wohl dazu, das Folgende zu schreiben, wenn es nicht so gewesen wäre? »Kein geringerer als Rudolf Alexander Schröder hat mir von dieser ungewöhnlichen Dame erzählt! Das ist wirklich eine ungewöhnliche Sache und die Gedichte eine tolle Gratwanderung zwischen k. und k. Unüberbietbar das Tolstoi-Gedicht über den russischsten Russen ... die super-lyrische Poetin! Und dann wieder eine scharfe gesellschaftliche Kritik in dem Gedicht, in welchem in der Hungersnot der Vorschlag gemacht wird, den Kaiser zu braten. Ich gratuliere ...!«

Julie wurde am 9. Dezember 1881 in Hannover geboren, und zwar lag das Haus in der Jacobystraße. Es steht wohl heute noch, denn diese Gegend hat im Zweiten Weltkrieg nicht soviel abbekommen. Meine Großeltern hatten sich eine geräumige Wohnung gemietet, denn immerhin bestand die Familie aus dem Ehepaar Schrader und damals vier Kindern: Emma, Julie, Irene und Frieda. Meine Großmutter, eine stattliche, lebensbewußte, vornehme Frau – manchmal sogar etwas hochmütig – stammte aus dem Bauerngeschlecht der Lüders. Ihre Vorfahren lebten in der Lüneburger Heide, genauer gesagt: in dem Heidedörfchen Rosche im Kreise Uelzen. Alle ihre Geschwister wanderten in frühen Jahren nach Amerika aus und brachten es »drüben« zu hohem Ansehen. Elisabeth Lüders also, meine Großmutter (wir Kinder nannten sie »Grummuttée«), wurde von ihren Eltern gezwungen, einen Eisenbahn-Beamten zu heiraten. Das war Philipp Dietrich Schrader aus Neustadt am Rübenberge. Sie hat diesen Mann nicht geliebt, aber aus ihrer Herzensnot eine Tugend gemacht. Immerhin kamen ja vier Kinder aus dieser Verbindung zur Welt. An einem Weihnachtsabend verunglückte Philipp Dietrich Schrader auf dem hannöverschen Hauptbahnhof tödlich. Im gleichen Jahr starben die Kinder Irene und Frieda an Diphtherie. Die solchermaßen heimgesuchte Elisabeth Schrader zog rasch mit den ihr verbliebenen beiden Töchtern nach Rosche in die Heide zurück. Sie erhielt eine gute Pension und verdiente sich nebenbei als Schneiderin und Putzmacherin ein schönes Stück Geld.

In Rosche oder einem der Nachbardörfer verliebte sich Elisabeth Schrader in einen Schulmeister. Dieser Lehrer dichtete. Er hat eine Reihe von schlimmen Blut- und Bodenstücken verfaßt, darunter

»Schulten Marie«, ein Stück, das überall von den Laiengruppen gespielt wurde. Das Ergebnis: Ein Sohn, Willy, ging aus dieser heimlichen Verbindung hervor. Er war der Stolz der Familie! 1916 fiel er in Frankreich. Das war der Untergang Grummuttée Schraders, die im Jahr meiner Konfirmation an Halskrebs dahinging. Eine außergewöhnlich gläubige Frau. Ich war bei ihrem Tode zugegen: Mit einem Frohlocken, überirdischen Glanz in den Augen, ging sie in Gottes Herrlichkeit ein. Damit war für Tante Julchen der wohl wichtigste Halt ihres Lebens dahin.

In Rosche wuchsen also Emma, die meine Mutter werden sollte, und Julchen heran. Julchen kam mit etwa 16 Jahren in ein Internat zu Ballenstedt am Harze, um – wie das damals üblich war – etwas Bildung mitzubekommen. Über die Dinge, die sich dann weiterhin ereigneten, wurde in unserer Familie nie gesprochen. Seltsam, daß man eine große Scheu besaß, daß man all die Probleme totschwieg, mit denen man doch unmittelbar zu tun hatte!

Interessiert an allem, was sich begeben hat, war ich immer darauf angewiesen, unter irgendwelchen Vorwänden etwas herauszubekommen. Meine Mutter war es, die mich dann später gut über Tante Julchens Eigenarten aufklärte. Und Tante Julchen selber, deren einzige Vertraute ich in ihren letzten Lebensjahren war.

Es war ein sehr, sehr bewegtes Leben, das Julie Schrader in jungen Jahren führte. Es war aber keineswegs so unmoralisch, wie es manche sehen möchten. Die Flirts, auf die sie sich einließ, führten nicht immer zum Endgültigen. In ihrer blühenden Phantasie hat sie manches weitergesponnen, hat sie die Dinge weiterentwickelt: so wie es hätte sein können, wenn ... Ich weiß eigentlich nur, daß Leo Fall der einzige Mann vor Hermann Niewerth gewesen ist, den sie wirklich liebte. Als er die »Madame Pompadour« komponierte, war die Beziehung recht eng. Es mag auch zu einer anderen Zeit gewesen sein, aber ich kann mich recht deutlich erinnern, daß sie oft am Klavier saß – sie spielte recht und schlecht – und Falls Melodien spielte. Die Notenblätter waren über und über mit Hymnen auf das »göttliche Julchen« übersät. Solche Hymnen kamen auch von anderen, nicht weniger einflußreichen Männern; aber ich glaube nicht, daß Tante Julchen sie ausnutzte. Dafür war sie – bei aller Diplomatie – ein viel zu dummes Schaf! Sie hat sich nicht einfach »verkauft«! Dafür war sie wiederum zu stolz und zu eitel.

Ich erinnere mich kaum, in meiner Jugend eine andere Frau gesehen zu haben, die so schön war, so außergewöhnlich schön! Sie war mittelgroß, betont schlank, hatte eine regelrechte Wespen-

taille, dunkles, sattes Haar, dunkle Augen, ein überaus ebenmäßiges Gesicht. Alles verriet ihre zum Teil levantinische Herkunft. Sie fiel aus dem Rahmen. Kein Wunder, daß sich die Männer nach ihr umdrehten. Die Schönheit wurde ihr dann gelegentlich zum Verhängnis, weil die Männer sie dann doch ausnutzten, wenn sie nicht aufpaßte, und sie zum Augenblicks-Objekt ihrer Launen machten. Im Grunde genommen hat Tante Julchen das alles schwer verdaut! All die Reinfälle, die Ausnutzungen, die Entgleisungen haben sich in ihrem Inneren niedergeschlagen – und sie belastet. Nicht umsonst war sie – etwa ab 1913 – nervenkrank. Schon zu Zeiten ihrer Verlobung und Heirat hatte sie enorme Depressionen. Sie war ein Opfer ihrer Umwelt und ihrer Sinnenfreudigkeit. Daß Hermann Niewerth sie so spät ehelichte, lag daran, daß ein Kind unterwegs war. Hermann Junior war ein außerordentlich begabter Junge, dem es dann eines Tages, 1939, zufiel, seine in dem Fluß Fuhse ertrunkene Mutter zu finden. Er fiel übrigens gleich zu Beginn des Zweiten Weltkrieges.

Ich kann nicht sagen, daß die Ehe mit Hermann Niewerth unglücklich war; aber die Glut erkaltete doch rasch. In frühen Jahren hatte er das schöne Julchen auf Distanz geliebt. Er war ja immer mal wieder von ihr getrennt gewesen, hatte sie Monate hindurch nicht gesehen. Nun mußte er mit ihr plötzlich zusammenleben, täglich. Das ging dem wenig romantischen, grundehrlichen, aber doch eben bäuerischen Mann gründlich auf die Nerven. Zudem waren's schlechte Zeiten. Der Meliorations-Ingenieur mußte zusehen, wo er Arbeit fand. Es gab kleine und kleinste Aufträge. Mitarbeiter waren kaum zu bezahlen. So kam es vor, daß Tante Julchen mit auf die Wiesen mußte, um zu helfen und damit hart zu arbeiten, was sie überhaupt nicht gewohnt war. Vom »Hofe« kam wenig Hilfe, denn Onkel Hermann war der zweite Sohn. Der älteste Niewerth, Otto, regierte auf dem stattlichen Anwesen in Oelerse. Hinzu kam, daß die Niewerths ohnehin recht scheel auf das arme Julchen herabsahen, das sich – nach ihrer Meinung – den Hermann eingefangen hatte. Sie hätten sich für Hermann lieber eine reiche Bauerntochter gewünscht, keine Schönheit. Solche mit niedersächsischen Plattfüßen, aber »Schmalz in der Kruke«.

Tante Julchen litt maßlos unter der Behandlung, die man ihr vom »Hofe« angedeihen ließ. Hermann tat nichts, um die Situation erträglicher zu machen. Er hatte wohl eingesehen, daß seine Frau nicht für die Gegend taugte, aber er hatte sie ja nun einmal geheiratet, das Kind war da, also was tun? Er ließ die Dinge

laufen ... Tante Julchen hingegen verfiel. Sie hatte große Freude an ihrem Buben, aber auch der hatte nicht das Gespür für ihr poetisches, nach innen gekehrtes Wesen. So blieb Tante Julchen allein, und wenn ich sie besuchte, was auch selten vorkam, weinte sie mir stundenlang ihre Kümmernisse heraus. Es war schrecklich! Hätte sie doch den Mut gefunden, sich von Oelerse zu trennen! Das Mißtrauen und die Abneigung ihr gegenüber blieben auch nach ihrem Tode. Was haben wir für Schwierigkeiten damit gehabt, ihre Grabstätte am Rande des Dorffriedhofes beweinkaufen zu dürfen! Ungezählte Briefe mußten geschrieben werden. Unter den fadenscheinigsten Ausreden umschlich man den »heißen Brei«, bis wir einfach die Regierung in Hannover und das Landeskirchenamt bemühten. Da drehte man in der Gemeinde Oelerse den Spieß um und erklärte, wir hätten die Gemeinde verleumdct. Ein merkwürdiges Volk, diese eigenwilligen, kompromißlosen Niedersachsen! Die Hauptsache ist, daß das Grab nun erhalten bleibt. Es hat eine einfache Sandsteinplatte erhalten. Oft wird es besucht, denn inzwischen wissen die Heimatverbände und die vielen Julchen-Freunde in aller Welt, wo man ein wenig Andacht für das »Pusteblümchen« halten kann.
In den frühen Zwanzigern raffte sich Tante Julchen noch einmal auf und ließ in zwei weiteren Tagebüchern ihr Leben Revue passieren. Sie vermengte alles mit Gegenwartseindrücken, und so ist es schwierig, die Vergangenheit von dem damals Gegenwärtigen zu trennen. Gerade diese späten Tagebücher muß ich der Öffentlichkeit vorenthalten, denn sie betreffen den »Welfischen Schwan« am allerwenigsten. Diesen späten Journalen haben wir auch entnommen, daß sie hier und dort in Zeitschriften publiziert hatte. Warum sollten wir das anzweifeln? Es ging ja auch nicht darum, eine wissenschaftliche Biographie zu verfassen. Dann hätte man freilich etwas näher an die Quellen heranrücken müssen.

Erstaunt war ich, als uns kürzlich Briefe Julchens zugeschickt wurden, die sich mit Hermann Löns befassen. Nie zuvor hatte ich gehört, daß sich Tante Julchen mit dem überhaupt befaßt hatte. Ein Gedicht existierte und der erste Teil der Erzählung »Das Löns-Liebchen«; aber das war auch alles. Und öffnete sich ein weiteres Fenster ... Wer weiß, wie nahe ihr »Hermann der Vielgeliebte« gewesen ist. Daß sie ihn »mein Jesus aus der Heide« nannte, besagt gar nichts. Sie war so. Jeder kriegte seine Kosenamen, jeder wurde mit Phantasiebegriffen belegt. Sie wird also »ihren« Löns nur von Ferne angebetet haben. War's anders, was täte es ...!

Zwei Erzählungen Julchens sind nicht vollendet, beziehungsweise, es fehlen die letzten Seiten. Die eine ist – wie schon erwähnt »Das Löns-Liebchen« überschrieben, die andere »Der Mond«. Vollständig aber sind die übrigen Erzählungen und Geschichten, die in diesem Band abgedruckt worden sind. Ich habe lange überlegt, ob es sinnvoll sein könnte, diese Prosa-Stücke meiner Tante auch der Öffentlichkeit vorzulegen. Die Erzählungen sind so abgedruckt worden, wie sie aufgeschrieben wurden, mit orthographischen Eigentümlichkeiten und grammatikalischen Fehlern. Nur so be-

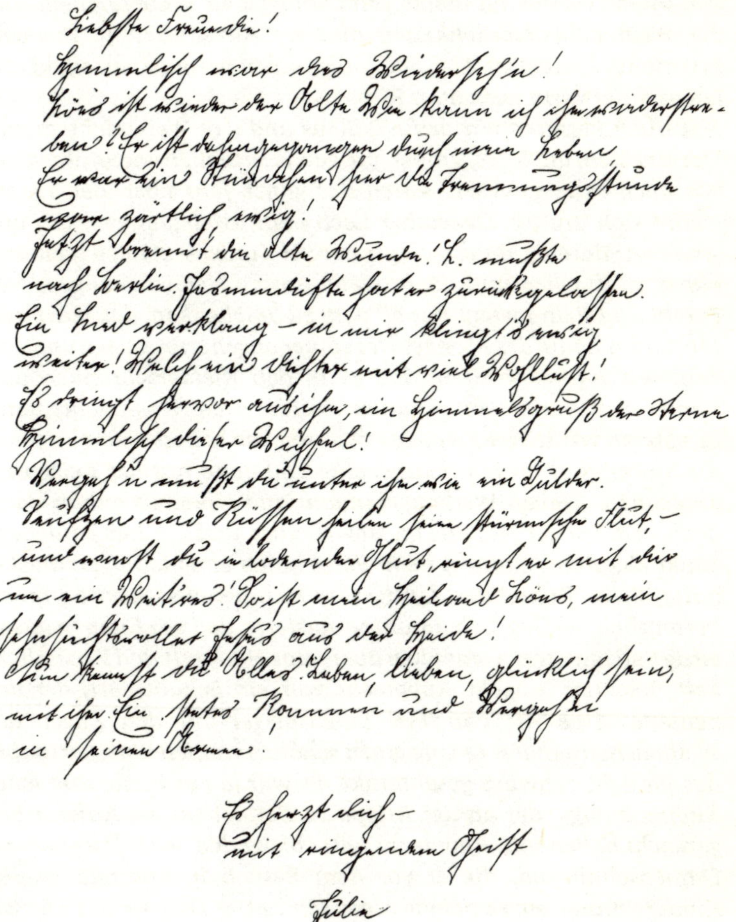
Liebste Freundin!
Himmlisch war das Wiedersehn!
Löns ist wieder der Alte. Wie kann ich ihm widerstre-
ben! Er ist dahergezogen durch mein Leben
Es war ein Stündchen vor der Trennungsstunde
unser zärtlich ewig!
Jetzt brennt die alte Wunde! L. mußte
nach Berlin. [illegible] hat er zurückgelassen.
Ein Lied verklang – in mir klingt's ewig
weiter! Welch ein Dichter mit viel Wollust!
Es dringt hervor aus ihm, ein Himmelsgruß der Sterne
Himmlisch dieser Wechsel!
Vergehen mußt du unter ihm wie ein Dulder.
Seufzen und Küssen heilen seine stürmische Flut, –
und wenn du in lodernder Glut, ringt er mit dir
um ein Weitres. Er ist mein Heiland Löns, mein
sehnsuchtsvoller Jesus aus der Heide!
Nun kannst du Alles: Leben, lieben, glücklich sein,
mit ihm. Ein stetes Kommen und Vergehen
in seinen Armen!

So herzt dich –
mit ringendem Geist
Julia

Hannover, 23ten Febr 1906

kommt man einen wirklichen Eindruck von der Schriftstellerin Julie Schrader und ihrem Bildungsstatus. In der Erzählung über Hermann Bang haben wir lediglich vier Ausdrücke ausgewechselt, die offensichtlich aus dem Jiddischen kommen und niemandem verständlich gewesen wären. So ging's übrigens auch in der »Genoveva«. Da hat mein Sohn einmal nachempfunden: »Sie läßt sich bepennen«. In Wirklichkeit heißt es: »tat mit ihr trennen«, also beischlafen. Das hätte kaum jemand begriffen, das wäre vorbeigerauscht. »Bepennen« ist zwar nicht sehr hübsch, aber um des Reimes und der Klarheit willen ... Der Lacher war da.
Am intensivsten sind meine Erinnerungen an Tante Julchen, was die Weihnachtsfeierlichkeiten und die Adventszeit in meinem Elternhause anbetraf. Das hatte alles einen besonderen, effektvollen und tief verinnerlichten Ritus.
Natürlich kannten wir den Nikolaus und den Weihnachtsmann. Der eine kam am 6. Dezember, um gewissermaßen vorzufühlen, ob wir auch artig gewesen waren das ganze Jahr über, der andere stellte sich am 24. Dezember nach dem Kirchgang ein, um uns – wie wir damals glaubten, wir naiven Kinder – zunächst einmal bange zu machen und dann, wenn unsere Herzen genügend vor Furcht und Pein rasten, mit all dem zu beschenken, das Vater und Mutter im Laufe des Monats Dezember angehortet hatten und von dem wir längst wußten, daß es in den Kleiderschränken und Kommoden verborgen gehalten wurde. Den Weihnachtsmann fürchteten wir sehr. Er war so etwas wie die höhere Gerechtigkeit, die uns einmal im Jahr heimsuchte und dann mit der Reisigrute abrechnete. Neben Weihnachtsmann und Nikolaus gab es dann noch den Knecht Rupprecht, die Thomse und ... Tante Julchen! Sankt Nikolaus, zumeist mein Vater hinter einer launigen Maske, hatte etwas Rührendes, Gütiges an sich, denn er lachte immer. Vermutlich, weil er sich darüber amüsierte, daß wir Kleinen uns so eifrig und lautstark Gedanken über seine Herkunft und Persönlichkeit machten. Knecht Rupprecht war ein Schalksnarr, der uns beutelte. Eine Art von Tyll Eulenspiegel mit den Zügen des Weihnachtsmannes. Er trug einen schönen weißen Bart, hatte aber das Gesicht schwarz geschminkt. Er war ja ein Nachfahre jenes Mohrenkönigs, der an der Krippe zu Bethlehem die Aufwartung gemacht haben soll. Rupprecht hatte bisweilen, jedenfalls bei uns, Damenschuhe an, die er vor dem Besuch in unserem großen Kinderzimmer auszuziehen vergessen hatte. Daß sie der Dienstmagd gehörten oder »Schuster-Meyers Liesbeth«, fiel uns sofort auf; aber wir sagten nichts, denn in unserem tiefsten Inneren

hegten wir die Furcht, daß Rupprecht sonst im kommenden Jahr womöglich nicht wiederkommen würde. Ja, und dann Tante Julchen! Sobald die Tage kürzer wurden und damit naturgegeben die Nächte länger, kam sie auf allerhand Ideen. Vor allem reizte es sie, uns Kinder fürchterlich zu ängstigen. Ich kann mir heute noch keinen Vers darauf machen, was sie wohl bewogen hat, abends stundenlang vor unseren Betten zu hocken und zu kriechen und gruselige Stimmen zu machen. Die Skala ihrer Schreckenslaute war enorm. Sie lehrte uns, daß es Geister und Gespenster gab. Es machte ihr Spaß, befriedigte sie, uns Kleine so zu schockieren, daß wir zuletzt laut aufweinten und spontan nach der Mutter oder dem Vater verlangten. Tante Julchen las uns auch mit Leidenschaft aus gruseligen Büchern vor, die ihrem Sinn für das Spiritistische und Makabre entgegenkamen. Da wimmelte es an Kobolden, Stimmen aus dem Jenseits, an Erscheinungen und verrückten Menschen. Zuerst hatte sie uns mit Rübezahl und Rumpelstilzchen geängstigt. Das waren zwei ihrer Favoriten aus der Märchenkiste, dann kamen Vampyre und ähnliche Spukfiguren aus der Romantik dran. Manchmal mußten wir uns an einen Tisch setzen, das Licht wurde ausgemacht, und plötzlich ging eine Totenhand um: Tante Julchen hatte einen Gummihandschuh mit Wasser oder Sägespänen gefüllt und ließ ihn kreisen. Je mehr wir kreischten und schrien, desto eifriger war sie in ihrem Element. Nun wäre es verkehrt, zu behaupten, daß Tante Julchen nur solchen »spinnigen« Kram mit uns im Sinne hatte. Nein, sie war so etwas wie eine richtige Weihnachtstante! Manchmal kam sie erst wenige Tage vor dem Fest in Suderburg an. Wir holten sie, wenn Schnee lag, mit dem Pferdeschlitten von der Bahn ab, die rund einen Kilometer von unserem großen Hause entfernt lag. Dann sah sie schmuck aus wie eine Prinzessin! Ihre Mäntel waren aus feiner Wolle und mit Feenpelz abgesetzt. Eine dicke Kapuze umrahmte ihr schönes Gesicht. Das Gepäck war unübersehbar. Schachteln und Netze und Koffer und Kisten... Alles verriet, daß sie in den ersten Geschäften Hannovers, Berlins oder Bremens eingekauft hatte. Ich möchte annehmen, daß sie das ganze Jahr über kräftig sparte, um uns, die wir ohnehin von den Eltern überaus verwöhnt wurden, auf großstädtisch zu bescheren. Es gab herrliche Puppen mit Glasköpfen und austauschbarer Garderobe, es gab piekfeine Stoffe für uns und die Mutter, es gab Brummkreisel und aufziehbare Tiere, Ziehharmonikas und Glockenspiele, Tamburins und alle möglichen Sorten von Konfekt. Natürlich erzählte sie uns die tollsten Geschichten über das Woher und Wohin und daß sie in Berlin

– vermutlich auf dem Kurfürstendamm oder Unter den Linden – den Weihnachtsmann höchstpersönlich getroffen und daß er sich bei ihr nach jedem von uns eingehend erkundigt habe. Ich glaubte stark und innig daran, daß in Berlin zur Advents- und Weihnachtszeit die Engel und die Zwerge, Sankt Nikolaus und Elfenköniginnen, Nymphen und Wichtel spazieren gingen und die Menschen mit Liebesgaben erfreuten. Von gewaltigen Kaufhäusern war die Rede, in denen sich die Köstlichkeiten dieser Erde türmten. So wurden Tietz und Wertheim in meiner Phantasie, alles genährt durch die Berichte Tante Julchens, zu den wahren paradiesischen Gefilden. Selbstverständlich spielten auch der Kaiser und die Kaiserin in diesen Geschichten eine große Rolle. Sie ritten auf Schimmeln, und die Engel und Zwerge breiteten rote Teppiche vor ihnen aus und streuten Tannen- und Palmzweige und behängten sie mit Feenhaar und Lametta. Ich muß schon sagen, daß uns Tante Julchen mit ihrer Phantasie geradezu verwöhnte, und auch dann noch, als wir längst nicht mehr an Märchen und all den hübschen Schabernak glaubten, hingen wir an ihren Lippen, wenn sie uns von den fernen Großstädten und dem Glanz und der Gloria berichtete, der die Menschen dort angeblich umgab. Es waren Geschichten aus einer heilen Welt. Immer natürlich das, was sich Tante Julchen so sehr ersehnte: Selber heil in dieser idealen Umgebung, die es ja in Wirklichkeit nicht gab, existieren zu können. Sie hat uns dadurch unsere Kindheit schön gemacht, denn es kam dann sehr bald ganz von selber, daß wir merkten und erfuhren, wie unheil die Welt war. Von Tante Julchen erhielt ich zum ersten Male ein Weihnachtstransparent. War das schön! Ich klebte es ans Fenster und ließ alle Dorfkinder an dem Ereignis teilhaben. Und Hauchbilder bekam ich von ihr und Liebesmarken und bunte Postkarten und die Hüllen von den Schokoladentafeln, die sie heimlich verzehrte. Das alles entzückte mein Herz. Das waren Heiligtümer! Auch das Weihnachtsfest selbst erhielt durch Tante Julchen besonderen Glanz. Mit meiner Mutter wetteiferte sie darin, das große Weihnachtszimmer auszuschmücken. Das war der Eßsaal unseres Hauses, der inmitten eine große, stützende Holzsäule hatte. Diese wurde mit Tannengrün und Girlanden umwunden und wunderschöne Papierrosen, die Tante Julchen mit den Mägden meiner Mutter anfertigte, wurden in das Grün gesteckt. Und dann kamen Schleifen dran und Zapfen und die damals in Mode kommenden durchsichtigen Eiszapfen aus Glas, die für die Kinder sehr gefährlich waren, weil sie scharfe Spitzen hatten und leicht zerbrachen. Neben der »Säule« stand dann am

Heiligen Abend der riesige Tannenbaum. In jedem Jahr gab es Streit zwischen meinen Eltern und Tante Julchen und Grummuttée um den Baum. Nie war er meiner Mutter schön genug. Manchmal mußte mein Vater drei oder vier Bäume kaufen, ehe sie zufrieden war. Und schon Monate vorher war Baumschmuck gekauft worden. Jedes Jahr kamen diverse Kästchen und Kasten hinzu. Es gab schließlich einen Weihnachtsschmuck-Schrank, der bis oben hin voll war. Es gab gläserne Posthörner und Schlitten, Weihnachtsmänner und Goldengel aus Wachs, umsponnene Kugeln, kleine Früchte aus Pappmaché wie Radieschen und Kohlrabi, dann gab's Glocken in Vielzahl, Krippen, Kugelketten – und zuletzt kamen lange, lange Seidenschleifen in den Baum mit der Aufschrift »Ehre sei Gott in der Höhe und Frieden auf Erden!« Wir Kinder tanzten um den prächtigen Weihnachtsbaum und sangen dazu die altvertrauten Lieder, die uns Tante Julchen vorher abgefragt und eingepaukt hatte. In ganz frühen Jahren merkte man sich alles dem Ohr nach, also phonetisch. Und da tat mir Gottvater im Himmel so entsetzlich leid, daß ich dauernd um ihn herzzerreißend weinte, denn er hatte ja so einen großen, unstillbaren Hunger: Schmacht, wie wir's nannten. Hieß es denn nicht am Ende eines alten Weihnachtsliedes: »Der Vater im Himmel vor Freude und Schmacht...!«? Erst ganz allmählich kam ich dahinter, daß es heißen mußte: »Der Vater im Himmel für Freude uns macht...!« Natürlich mußten wir Kinder auch die Weihnachtsgeschichte aufsagen, und Tante Julchen streute die Weissagungen aus dem Alten Testament und eigene Gedichte dazwischen. Das war dann höchst feierlich und wurde hinterher unter den Erwachsenen fortgesetzt, wenn wir Kinder mit unseren Lieblingsspielsachen zu Bett gebracht worden waren. Dann las Tante Julchen die Briefe vor, die zum Fest eingegangen waren. Briefe aus Amerika und sonst woher, deren Inhalt zumeist von Familienereignissen und Heimweh widerhallte. Als dann der Erste Weltkrieg ausbrach, war's mit dieser Weihnachtsseligkeit längst vorbei. Jedes Jahr riß größere Lücken in die Familie. Die Erwachsenen kamen aus den üblichen Trauerkleidern kaum noch heraus. Und da es Mode war, in Trauerjahren keine Kerzen am Weihnachtsabend zu entzünden, waren die Jahre zwischen 1914 und 1918 lichtlose Jahre. Aber ich muß doch sagen, daß sich in mir eine ganz bestimmte Weihnachtssehnsucht festgehalten hat, die ich nur darauf zurückführen kann, daß mich Tante Julchen lehrte, was der tiefere Sinn dieses Festes war und ist: Freude zu geben, Freude zu nehmen und für ein paar Tage so zu tun, als sei die alte Welt noch heil.

Gedichtverzeichnis